AF725671

I ragazzi hanno grandi sogni

Alì Ehsani, Francesco Casolo

I ragazzi hanno grandi sogni

Worterklärungen von Simona Carlucci, Roland Ißler, Sabine Lambergar, Tiziana Miceli, Rosa Ragucci und Linda Schroer

Ernst Klett Sprachen
Stuttgart

1. Auflage 1 5 4 3 2 1 | 2026 25 24 23 22

Alle Drucke dieser Auflage sind unverändert und können im Unterricht nebeneinander verwendet werden.
Die letzte Zahl bezeichnet das Jahr des Druckes. Das Werk und seine Teile sind urheberrechtlich geschützt. Jede Nutzung in anderen als den gesetzlich zugelassenen Fällen bedarf der vorherigen schriftlichen Einwilligung des Verlages.

Die in diesem Werk angegebenen Links wurden von der Redaktion sorgfältig geprüft, wohl wissend, dass sie sich ändern können. Die Redaktion erklärt hiermit ausdrücklich, dass zum Zeitpunkt der Linksetzung keine illegalen Inhalte auf den zu verlinkenden Seiten erkennbar waren. Auf die aktuelle und zukünftige Gestaltung, die Inhalte oder die Urheberschaft der verlinkten Seiten hat die Redaktion keinerlei Einfluss. Deshalb distanziert sie sich hiermit ausdrücklich von allen Inhalten aller verlinkten Seiten, die nach der Linksetzung verändert wurden. Diese Erklärung gilt für alle in diesem Werk aufgeführten Links.

© Giangiacomo Feltrinelli Editore Milano, 2018

© Ernst Klett Sprachen GmbH, Rotebühlstraße 77, 70178 Stuttgart, 2022.
Alle Rechte vorbehalten.
www.klett-sprachen.de

Worterklärungen von Simona Carlucci, Roland Ißler, Sabine Lambergar, Tiziana Miceli, Rosa Ragucci und Linda Schroer
Redaktion: Elena Bergmann
Gestaltung und Satz: Joachim Schrimm, ETYPO, Friolzheim
Umschlaggestaltung: Eva Lettenmayer
Titelbild: 123RF.com, Nidderau: (neirfy); (ufabizphoto); (weedezign)
Druck und Bindung: Plump Druck & Medien GmbH, Rheinbreitbach

Printed in Germany
ISBN 978-3-12-565906-3

Indice

A tutte le persone che si sentono vulnerabili,[1]
perché riescano a realizzare i loro sogni.

1 **vulnerạbile** verwundbar, verletzlich

1. Roma, 2004

Il Comune di Roma è un enorme palazzo di diversi piani e mille finestroni e io sono poco più che un ragazzino di quattordici anni che, ogni volta che vede una scalinata, vorrebbe fare i gradini a due a due. Ci arrampichiamo decisi fino in cima e poi con Michele, l'educatore del centro di accoglienza, entriamo in un atrio con delle statue di persone che non conosco, tutte con delle targhe ai piedi che vorrei provare a leggere senza averne il tempo. «Dai, forza,» dice Michele dopo aver incrociato il mio sguardo per un istante.

Avanza spedito, muovendosi sicuro lungo i corridoi. Mi tiene una mano sulla spalla, un po' per guidarmi e un po' per rassicurarmi mentre io continuo nervosamente a sistemarmi i capelli neanche stessimo andando a un concorso di bellezza.

«Dovete aspettare qui, l'avvocato è impegnato,» dice una signora in piedi davanti a una porta con sopra scritto qualcosa come «permessi/soggiorno». Conosce già Michele, si capisce da come gli parla, ma a interessarla è solo che nessuno passi davanti agli altri.

«Ti va qualcosa? C'è un distributore di sotto,» mi domanda Michele.

«E se poi ci chiama?» ribatto io teso, con la voglia di sbrigarmi che d'un tratto sopravanza la paura.

«Ok. Restiamo qui.»

Ho le mani fredde e sudate, e non so dove metterle. Le abbandono per un attimo sulle gambe ma muovo in continuazione anche quelle.

4 **arrampicare** klettern – 5 **un centro di accoglienza** garantisce prima accoglienza allo straniero rintracciato sul territorio nazionale per il tempo necessario alla sua identificazione e all'accertamento sulla regolarità della sua permanenza in Italia – 7 **una targa** Schild – 9 **per un istante** per un momento – 16 **un permesso** Erlaubnis, Genehmigung – 16 **un soggiorno** Aufenthalt – 21 **ribattere** difendersi con argomentazioni, contraddire

«Hai visto domenica il Napoli? L'Inter quest'anno non ce la fa.»

«Figurati,» taglio corto. Cerca di distrarmi ma non abbocco.

«Dopo ci prendiamo una pizza o un gelato,» dice, ma più mi guardo intorno e più mi è chiaro che in quella sala ad aspettare l'«avvocato» l'unico bambino sono io e nessuno sembra avere in mente il gelato che si mangerà dopo.

«E se non capisco?» gli chiedo all'improvviso.

«Se non capisci ci sono io,» mi rassicura.

«Se mi chiedono qualcosa che non so?»

«Uguale.»

«E se non mi credono?» insisto, e allora Michele sbuffa perché neppure lui può avere una risposta a tutto.

Dopo cinque minuti che sembrano cinquanta, la signora di prima interrompe il nostro silenzio e ci invita a entrare.

La stanza è grande e vecchia, con i muri tutti ingialliti anche se forse un tempo erano bianchi.

«Andrea,» dice l'avvocato, che rimane seduto dietro un'enorme scrivania. Mi allungo per dargli la mano senza riuscire a raggiungerlo, mentre la donna che era seduta vicino alla finestra si alza e mi viene incontro.

«Sono Lucia,» si presenta lei.

«Vediamo un po',» borbotta l'avvocato guardando lo schermo del computer.

«Bene,» comincia Lucia.

Bene?

«Bene,» le fa eco Michele e vorrei crederci anch'io, se non fossi impegnato a ripassare mentalmente quello che devo dire e a ripetermi i consigli degli altri ragazzi del centro di accoglienza.

1 **il Ṇapoli, l'Inter** squadre di calcio (Napoli, Milano) – 1 **fạrcela** riuscire – 3 **tagliare corto** *fam* sich kurz halten – 3 **abboccare** anbeißen – 12 **sbuffare** *qui:* sospirare – 16 **ingiallito** vergilbt (→ giallo) – 23 **borbottare** murmeln, grummeln

«Mai dire bugie: quelli del permesso di soggiorno ti scoprono. Metti che ti dimentichi cosa hai detto la volta prima e quella dopo racconti un'altra cosa...» mi hanno intimato.

«Sì, ma oltre a non dire bugie?» ho chiesto con tono angosciato.

«Be', oltre a non dire bugie... oltre a non dire bugie... ci vuole culo,» è stata la risposta.

«Vedo che vai a scuola. Sei bravo. Non ti preoccupare, ti dobbiamo solo fare qualche domanda.» La donna rompe finalmente il ghiaccio, mi si avvicina e io sbircio di nascosto la mia spalla su cui adesso ha posato la sua mano. È una mano che profuma di sapone, la mano di una persona buona e per un attimo vorrei smetterla di chiedermi cosa devo fare o rispondere. Vorrei dirle che non sono semplicemente preoccupato ma che ho paura. Una paura pazzesca.

«Ti trovi bene con i tuoi compagni?» continua lei.

«Sì.»

«E al centro?»

«Sì.»

Invece di ripetere sì o no, potrei andare dritto al punto e confessarle che sono terrorizzato. Che ho il terrore che mi caccino dall'Italia, come altri del centro di accoglienza che ho visto piangere perché avevano ricevuto il foglio di via. «Via» dove poi? Devo spiegarlo a Lucia, deve sapere che mi può aiutare: anche solo perché mi si fermi la gamba e le mani mi tornino normali.

«Sei bravo con l'italiano, quando sei arrivato a Roma? Ah, c'è scritto qui, scusa, più o meno un anno fa, giusto?» mi chiede lei.

Dove vado se non posso più stare qui?

«Perché non ce ne andiamo in Iran dove non c'è la guerra?» avevo chiesto una sera, in cortile, a papà, con le luci dei razzi

5 **angosciato** pauroso – 6 **ci vuole culo** *fam* man braucht Mut – 10 **sbirciare qc** *qui:* guardare qc – 23 **un foglio di via** Ausweisungsschein – 32 **un razzo** un missile (Rakete)

che brillavano nel cielo in lontananza e il frastuono di quando piombavano a terra.

«Perché un sasso è di casa nel suo posto,» mi aveva risposto nel suo solito modo misterioso.

«Cosa vuol dire papà? Non ti capisco,» avevo scosso la testa.

«Vuol dire che, nella tua terra, anche se hai delle difficoltà sei a casa. Ma se te ne vai, se cominci a rotolare altrove, poi non è facile fermarsi…»

Sono lontano con la mente, insieme a papà, in Afghanistan, ma qui nell'ufficio di Roma le domande proseguono. Dico al massimo mezza parola e poi torno a stare zitto, con in sottofondo il tac tac del piede che saltella sul pavimento e Michele che finisce le mie risposte.

Tac, tac, tac.

«Alì, hai voglia di disegnare qualcosa?» mi domanda a un certo punto Lucia e capisco che finalmente è cominciata l'interrogazione vera.

Balbetto una risposta, ma lei mi sta già passando una matita e un foglio bianco. Li afferro deciso e, forse perché è meglio che parlare o perché mi sembra che almeno faccio qualcosa, la mano parte da sola. Non stacco la matita dal foglio, tengo il braccio sinistro a coprire quello che sto disegnando come se non volessi far copiare un compagno. Disegno un bambino, ma quando lo guardo mi accorgo che c'è ancora un sacco di spazio sul foglio. Nella parte bianca, alle spalle del ragazzino, metto una casa distrutta e, in un angolo, un kalashnikov.

Lucia lo prende e gli dà un'occhiata; non fa nessuna faccia anche se io vorrei strapparle il foglio e riprendermelo indietro come quando consegno i compiti in classe. Che cosa ho combinato? Cosa credo di fare? E se per colpa di quel disegno…

1 **un frastuono** un rumore – 2 **piombare** *qui:* fallen, stürzen – 7 **rotolare** rollen – 12 **saltellare** ≠ fermarsi (→ saltare, un salto) – 18 **balbettare** stammeln, stottern – 19 **afferrare** prendere – 26 **un kalạshnikov** un'arma ideata in Unione Sovietica – 28 **strappare** *fig* entreißen

«Disegni bene, sei bravo,» commenta lei, mostrandolo all'uomo.

I due si scambiano uno sguardo eloquente. Quel giorno non so ancora che Lucia è una psicologa e probabilmente non so nemmeno cosa sia una psicologa. Ma so cos'è un avvocato. «Decide tutto l'avvocato,» mi hanno detto i ragazzi al centro.

«Chi è questo bambino? È un tuo amico? Uno della televisione?» mi domanda Lucia subito dopo quello sguardo.

Muto.

È un bambino che vuole uscire di qui, tornare al centro di accoglienza, fare i compiti, mangiare in mensa con altri ragazzi e poi dritto a letto, in camerata, senza il pensiero che persino questo sia troppo per lui.

«... e questa casa distrutta?» va avanti a chiedere, non avendo ricevuto risposta.

«Alì,» prova a spronarmi Michele, ma io resto zitto.

«Ti va una Coca?» propone Lucia, quando capisce che adesso a muoversi nervosamente sotto il tavolo ce ne sono due di gambe e che io sto lottando per non fare l'unica cosa che mi va da stamattina: singhiozzare, piangere, mollare tutto.

Mi porta al piano di sotto a prendere una Coca e la smette con le domande. Mi racconta invece di sé, che ha due bambini e che il più piccolo, il giorno prima, quando al corso di atletica gli hanno chiesto come si chiamava, ha risposto «Spiderman» e non ne ha voluto sapere di dire il suo vero nome. «Sai cosa mi ha chiesto stamattina in pigiama davanti allo specchio?» mi domanda Lucia con gli occhi che le ridono.

«No,» rispondo stando al gioco.

«Mamma, i poteri ci sono anche di mattina?»

Io sorrido e lei ce l'ha fatta.

«Vuoi una merendina?»

«No, grazie.»

16 **spronare** *fig* motivare – 20 **singhiozzare** schluchzen – 20 **mollare** lasciare (*loslassen*) – 28 **stare al gioco** partecipare al gioco – 31 **una merendina** un dolce confezionato

«Va meglio?»

«Sì.»

«Come si dice in afghano papà?» mi domanda quando pensa che io sia tornato calmo.

«*Padar.*»

«E mamma?»

«*Madar.*»

«*Madar*, *padar*, facile,» commenta e sorride.

Torniamo su e io salgo due gradini alla volta, è più forte di me, con Lucia che allunga il passo per starmi dietro. Rientriamo nella stanza e l'avvocato mi invita a sedermi di nuovo davanti a lui. La sedia è troppo grande o forse è il tavolo a esserlo e quindi prende la sua seggiola, la sistema accanto alla mia e adesso sembriamo due compagni che stanno lavorando insieme a una ricerca. Il mio disegno è sempre lì, sulla scrivania, l'avvocato lo prende in mano e lo tiene sollevato.

«Quindi cosa è successo a questo bambino?»

«Questo bambino era a scuola, poi torna qui,» dico indicando col dito la casa distrutta. «Ma non la trova. E si siede lì davanti,» continuo a spiegare, con lo sguardo fisso sul foglio.

«E cosa fa?»

«Prima gioca un po' e poi comincia ad aspettare. E dopo piange perché non arriva nessuno ed è solo.»

«Ha qualcuno?»

«Sì, suo fratello.»

«Nel disegno non c'è. Dove sta il fratello del bambino?»

«È al lavoro. Ma poi arriva e porta il bambino a casa di un amico perché i loro genitori sono morti. E la casa è distrutta.»

«Perché c'è un kalashnikov?»

Abbasso la testa.

«Hanno sparato ai genitori di questo bambino?»

9 **salire** ≠ scendere – 13 **una sẹggiola** una sedia – 30 **abbassare** senken (→ basso) – 31 **sparare a qu** auf jdn schießen

Non gli rispondo. Anzi, mi alzo di colpo. Voglio scappare. Lucia però è veloce e arriva alla porta prima di me. Non fa niente se non guardarmi e io torno alla sedia.

«E dove va quindi questo bambino dopo?»

«Va in Pakistan, sopra un furgone,» spiego, facendo il segno con il dito sul foglio come se stessi disegnando una mappa.

«Come 'sopra'?»

«Sopra. Sul tetto.»

«E se cadeva?»

«No, non cadeva.»

«Perché? Come fai a esserne sicuro?»

«Perché suo fratello era intelligente. E gli ha messo una corda tutto attorno.»

«E come la sapeva lui la strada se era un bambino?»

«La sapeva suo fratello.»

«E dopo?»

«Dopo sono andati in Iran, sulle montagne.»

«Puoi disegnare la strada?»

Faccio delle montagne con delle macchie sotto le cime per rappresentare la neve. Traccio due righe che partono da giù e salgono lungo la strada.

«Cosa c'è di là?» domanda l'avvocato mettendo un dito in corrispondenza della fine della strada.

«La Turchia.»

«Era bella?»

«Sì, c'era il mare, la spiaggia. 'Stiamo qui, stiamo qui,' diceva quel bambino a suo fratello.»

«E suo fratello?»

«Suo fratello no.»

«Perché?»

«Suo fratello voleva partire.»

«In che modo?»

«Non so la parola.»

1 **di colpo** improvvisamente – 5 **un furgone** un veịcolo per trasportare merci sulla strada – 12 **una corda** Seil

«Lo sai disegnare?» interviene Lucia.

Disegno un canotto ma anche quello è come la casa e mi viene che sembra mezzo distrutto.

Lascio cadere la matita, mi prendo la testa fra le mani, voglio andarmene lontano da qui. Guardo fuori: c'è un gabbiano che vola davanti alla finestra, è così leggero. Ne passa un altro, si incontrano e poi non li vedo più.

«Ma in Turchia questo bambino cosa fa? Studia? Ha degli amici, una casa?»

«No, non va a scuola.»

«Dove vive?»

«A casa di amici di suo fratello.»

«Ma suo fratello dov'è? Perché non sta con lui?»

«Perché è morto.»

Lucia ha la faccia di una che sta per piangere.

«Cos'ha fatto allora quel bambino?»

«È andato da solo in Grecia.»

«Come?»

«Con la barca. Si è rotta però. E lui non sapeva nuotare, ma in Grecia ci è arrivato lo stesso.»

«E in Grecia cosa faceva?»

Basta. Non sono un ladro. Non sono un criminale. Perché questo interrogatorio?

«Si è infilato sotto un camion che saliva su una nave,» mi obbligo comunque a rispondere.

«Come ha fatto?» chiede l'avvocato.

Lo guardo fisso.

«E poi? Dove è andato quel bambino?»

Penso alla faccia di Khaled, il mio amico, quello che è arrivato con me. Mi guarda da sotto il tir, dentro la nave. «Se non ce la fai tu a piedi, in Italia ti ci porto io a calci in culo,» mi dice.

2 **un canotto** una piccola barca, spesso in tela gommata – 5 **un gabbiano** un uccello che vive lungo le coste – 23 **un interrogatorio** Verhör – 24 **infilarsi** *qui*: sich verstecken – 24 **un camion** Lastwagen – 30 **un tir** un camion – 31 **un calcio in culo** *volg* Tritt in den Hintern

«Alì? Mi stai ascoltando?» l'avvocato prova a riportarmi lì con lui.

No, adesso proprio no. Mi alzo ma non per andarmene. Mi alzo solo perché non ricordo di aver mai ottenuto niente da seduto.

«Continuiamo?»

Sono altrove, fuori da questo ufficio senza aria, lontano da tutte queste domande alle quali rispondo da mesi. Non ho mai rubato, picchiato o ucciso: sono solo un bambino che vorrebbe avere suo padre accanto per chiedergli cosa deve fare.

«Papà, perché non ce ne andiamo dall'Afghanistan che c'è la guerra?»

«Perché questa è casa nostra.»

«Ma papà, forse se partiamo tutti insieme, anche un'altra diventerà casa nostra, pensaci.»

«Alì,» ripete l'avvocato che sta perdendo la pazienza. «Dov'è andato quel bambino?»

Sento di nuovo la sua voce come un'eco lontana.

Dov'è andato?

Mi manca Khaled, mi mancano persino le sue battute, i suoi «Alì, sei proprio una ragazzina, che fai? Imbranato, dove vuoi andare senza di me?».

Non vedo più l'avvocato, ma solo Khaled. Sono di nuovo con lui, a Roma. Fuori da questo ufficio, in una strada piena di luce e di vita. Di gente e di speranze che tutto possa essere più semplice.

Papà, per quanto tempo deve rotolare ancora questa pietra? Come sono stanco, papà.

«Alì, siediti. Vai avanti, cosa ha fatto questo bambino del disegno?»

«È arrivato a Venezia.»

«Raccontaci.»

4 **ottenere** erlangen, erzielen – 9 **picchiare** colpire, battere – 20 **persino** perfino, pure (*sogar*) – 20 **una battuta** *qui*: uno scherzo – 21 **un imbranato** *fam* Tollpatsch

Respiro. Cerco le parole e, all'improvviso, mi sento pieno di forza. Mi ritorna quella sensazione di avere due gambe forti, snelle, che avanzano sicure per le strade di Roma. Forse a darmi coraggio è il pensiero che è già passato un anno da quel primo giorno a Roma e che, nonostante tutta la paura che prova, quel ragazzino non ha perso i suoi sogni.

E quindi mollo gli ormeggi, prendo il mare aperto e mi butto, stufo di loro che fanno finta di non capire.

«Quel bambino, cioè io, da Venezia è salito su un treno. Era con un suo amico, Khaled. Quattro ore dopo siamo arrivati qui a Roma.

7 **mollare gli ormeggi** *fig* die Anker lichten, die Leinen losmachen – 7 **buttarsi** sich (hinein)stürzen – 8 **stufo di qc o qu** genervt von etw / jdm – 8 **fare finta di qc** pretendere qc

2. Dodici mesi prima

Roma è grande e bellissima, c'è tanta luce e viali enormi. Sono con Khaled e siamo scesi da poche ore alla stazione Termini. Io ho tredici anni e lui sedici. Camminiamo per le strade del centro, sono i primi di giugno, e siamo due afghani sputati in Italia dal ventre di un tir che provano a mescolarsi ai turisti contenti della primavera. Indossiamo gli stessi vestiti con cui siamo partiti da Patrasso quarantotto ore prima e, a eccezione di una sciacquata nei bagni della stazione, siamo esattamente come quando siamo emersi da tubi e lamiere. Con lo stesso odore e la stessa fame. Mi fanno ancora male tutti i muscoli e mi muovo in modo strano, come se la mia forza di volontà non avesse ancora registrato il fatto che non devo più sorreggermi alla pancia di un camion.

«Guarda, Alì, guarda,» Khaled mi indica eccitato le ragazze, ma quando alzo gli occhi verso di loro provo solo timore e vergogna per come siamo conciati.

Attraversiamo strade e piazze, fingiamo di osservare i monumenti, in verità dobbiamo trovare il posto dove ci sono quelli come noi il più in fretta possibile, prima che tramonti il sole, faccia freddo e la fame diventi insopportabile. Avanziamo e all'improvviso non sento più Khaled accanto a me; mi giro e quando lo intravedo fra la folla ha le mani infilate in un bidone della spazzatura. Estrae una scatola di biscotti, sembra nuova, ancora chiusa ma io mi vergogno e continuo a camminare costringendo anche lui a lasciar perdere.

5 **sputare** *fig* (aus)spucken – 5 **un ventre** una pancia – 7 **Patrasso** città portuale in Grecia – 8 **una sciacquata** *qui:* Katzenwäsche – 9 **emergere** *fig* auftauchen, aufsteigen – 9 **la lamiera** Blech – 13 **sorreggersi** sich stützen – 14 **eccitato** aufgeregt – 16 **conciato** ≠ curato – 17 **fingere** simulare – 20 **insopportabile** unerträglich – 22 **intravedere** vedere indistintamente – 22 **una folla** un grande numero di persone concentrate in un luogo – 22 **un bidone** Tonne – 23 **estrarre** tirare fuori – 25 **costringere** zwingen

Vaghiamo esausti, non sappiamo esattamente verso dove, ci chiediamo solo quale possa essere a Roma l'equivalente della tendopoli di Patrasso. Dove si trovano pasti caldi? E un letto? Non abbiamo niente, né un numero di telefono, né un indirizzo. Vorrei chiamare Bekir, il signore turco che mi ha aiutato ad arrivare in Grecia, vorrei dirgli che ce l'ho fatta, che sono in Italia, ma non ho soldi per telefonare. E, forse, prima di dirglielo, vorrei tanto capire cosa significa avercela fatta.

Siamo stanchi, sporchi e distrutti ma tanto ottimisti: siamo «di là», siamo in Europa, a Roma, quanto abbiamo sognato di esserci!

Ci riempiamo gli occhi e le orecchie con questi viali alberati, gli edifici imponenti, i taxi che strombazzano continuamente e il vociare dei turisti felici. Ci concentriamo sulle cose belle, cercando di non ascoltare i segnali che ci arrivano da muscoli e stomaco.

Stiamo ancora vagando senza meta quando finalmente intravediamo delle facce note. Ci riconoscono, ci vengono incontro e ci si stringono attorno. Un paio di ragazzi sono afghani come noi.

«Che bello vedervi,» dicono, e poi volano manate sulle spalle, piccoli schiaffetti sul viso. «Dai, andiamo,» ci spronano e d'un tratto non siamo più soli, siamo in cinque o sei e ci sentiamo più forti. Afghani, marocchini, iracheni, camminiamo allegri, siamo quelli della tendopoli che sono passati e non c'è più nulla che ci possa fare paura.

«Ci sono altri, siamo tutti insieme.»

«Chi c'è?» chiede Khaled. Davanti agli occhi ci scorrono i volti di una serie di ragazzi che abbiamo visto tentare di nascondersi sotto i tir e che speriamo siano arrivati tutti qui a Roma.

1 **vagare** umherziehen (→ un vagabondo) – 3 **una tendọpoli** una zona dove le persone vivono nelle tende – 12 **riempire** füllen – 13 **strombazzare** hupen – 14 **un vociare** le grida (→ una voce) – 17 **una meta** destinazione – 21 **le manate sulle spalle** *qui:* Schulterklopfen – 22 **uno schiaffo** Ohrfeige

«C'è Hassam. Eravate amici, no?» dice uno che si fruga in una tasca ed estrae un pezzo di pane al formaggio per noi.

«Certo!» rispondo, felice che ce l'abbia fatta.

«Andiamo vi portiamo da lui.»

Cinque minuti e mezzo chilometro dopo, riconosciamo Hassam in mezzo al prato di un parco comunale. È bello, diverso da come era alla tendopoli, adesso gli si legge in faccia la speranza o qualcosa di simile. O forse mi sembra bello per il fatto che è in questo parco tutto verde e con gli alberi alti e non fra le baracche e i bagni chimici della Grecia. C'è un filo di vento e l'aria è meravigliosamente tiepida. Istintivamente allunghiamo il passo e poi io gli corro incontro, lo abbraccio e per qualche secondo io, lui e Khaled sembriamo tre compagni di scuola appena rientrati dalle vacanze. Rimaniamo un po' a guardarci, Hassam è alto e forte e vicino a noi sembra un gigante.

«Avete visto che posto?» dice, e credo si riferisca a tutte le fontane sparse nel parco.

«Roma è un sogno,» aggiunge Khaled con il tono dell'intenditore.

«Avete fame, siete stanchi?»

«Sì,» rispondiamo in coro, allegri.

«Ce l'avete fatta. Persino tu, ragazzino,» dice Hassam esaltato, dandomi delle robuste manate sulla testa.

«E adesso? Dai, mangiate qualcosa che poi parliamo.»

Ci viene offerta un po' di pasta fredda con i pomodori e le olive, ci serviamo senza fare troppi complimenti e, dopo che ci siamo ingozzati a dovere, facciamo ridere questi «veterani» raccontando di come abbiamo usato gli ultimi tre euro per comprare un minuscolo hot dog.

1 **frugare** (herum)kramen – 10 **un bagno chịmico** Dixi-Klo – 11 **tiẹpido** lau(warm) – 19 **un intenditore** *m* Kenner – 28 **ingozzarsi a dovere** *qui:* mangiare molto – 30 **minụscolo** molto piccolo

«Come dei turisti. Ma si vive bene qui, basta imparare a muoversi, vedrete,» commenta Hassam su di giri.

Comincia a citare dei posti. Così come un altro citerebbe i propri ristoranti o bar preferiti, lui sembra avere una sua personale mappa fatta di chiese dove ricevere la colazione, dormitori dove ottenere una zuppa e centri di accoglienza dove chiedere ospitalità.

«Fra poco me ne vado in Svezia,» annuncia.

«Brrr,» scherza Khaled, che una battuta riesce a farla sempre.

«Fra quanto?» chiedo e Hassam, anche se non è ancora partito, già mi manca.

«Tempo che mi arrivano i soldi. Da quanto siete qui? Dove siete sbarcati?»

«Venezia,» provo a rispondere, ma Khaled, che è più grande di me, subito mi interrompe. Racconta che il traghetto ha fatto scalo a Venezia, che siamo stati bravi, che ci siamo divertiti.

«Se non c'ero io, questo era ancora a Patrasso,» aggiunge, dandomi una piccola sberla sulla nuca un po' troppo forte per essere divertente. È euforico, ma anche molto nervoso nonostante non voglia darlo a vedere.

«Non toccare mio fratello, chi tocca mio fratello muore,» dice con tono semiserio Hassam, che avverte della tensione ma non sa bene perché.

«Alì, hai ancora fame?» continua.

«Sì.»

«Di pasta non ce n'è più ma poi...»

«...andiamo al ristorante,» finisce la frase Khaled, facendo divertire tutti.

Khaled, accanto ad Hassam, è piccolo e meno uomo, così agitato com'è. Parla ad alta voce, sbraita, sbuffa, si csalta, ma non dice neanche una parola su quello che Hassam vorrebbe davvero sapere.

2 **su di giri** *fig* in uno stato d'animo particolarmente vivace e allegro, euforico – 13 **sbarcare** arrivare (in barca) – 15 **fare scalo** *qui:* fermarsi – 18 **una sberla** uno schiaffo – 22 **avvertire** *qui:* percepire, sentire – 30 **agitato** unruhig, aufgeregt – 30 **sbraitare** urlare – 30 **esaltarsi** sich (selbst) preisen

«Perché non venite con me in Svezia? Dai, ci porta uno che conosco,» insiste Hassam, come se avesse intuito qualcosa.

«Purtroppo a Venezia...» azzardo io. Voglio dirglielo. Voglio sapere se è vero che, siccome ci hanno preso le impronte, siamo fregati.* Voglio chiedergli se c'è un altro modo, una via d'uscita.

«Che palle che sei Alì,» sbotta Khaled zittendomi.

«Andiamo allora?» ci blocca Hassam.

«Guarda che tipe.» Khaled ricomincia a commentare le romane, che gli piacciono da morire. Fingo di ascoltarlo ma, in quel parco e dove siamo noi, secondo me, di italiane non ce n'è neanche una.

Ci incamminiamo, Hassam ha il passo veloce, si muove sicuro e noi arranchiamo fiduciosi alle sue spalle.

«Ecco, è lì,» dice quando arriviamo in una grande piazza con un prato e una statua in mezzo.

Siamo a Roma, ma la fila di persone a pochi metri da noi e lo sportellino in fondo, con una signora con il cappello da cuoca, ci sono subito familiari. Non ci importa d'altro, ci viene solo l'acquolina in bocca e cerchiamo di attraversare dove non c'è il semaforo per fare più in fretta. Mille e più auto ci suonano contro, io mi spavento e provo a tornare indietro verso il marciapiede attirandomi addosso ancora più proteste perché intralcio il traffico. Finalmente raggiungiamo il lato giusto e ci mettiamo in coda. Hassam alza la mano e saluta altri ragazzi un po' più avanti di noi, che sorridono come a una rimpatriata. Molte delle persone in fila sono anziane e parlottano fra loro. Non riesco a capire una parola, devono essere italiani. Più che affamati, sembrano tristi, soli o disperati. Ogni tanto alzano lo

3 **azzardare** wagen, riskieren – 4 **un'impronta** (digitaler) Fingerabdruck – 5 **ẹssere fregato** *fig* aufgeschmissen sein – 6 **che palle!** *volg* che noia! – 6 **zittire qu** far tacere qu – 13 **arrancare** procedere con fatica – 17 **uno sportellino** Klappe, Türchen – 23 **intralciare** behindern – 25 **una rimpatriata** un ritrovo tra amici che non si vedevano da molto tempo – 28 **affamato** → la fame

* *Info: La* ***Convenzione di Dublino*** *stabilisce che una persona in cerca di protezione deve chiedere asilo nello stato dove mette piede per la prima volta sul suolo europeo.*

sguardo verso di me, sono il più piccolo lì; una signora mi fa segno se voglio passare avanti ma io scuoto la testa perché voglio stare vicino ad Hassam.

A destra e a sinistra ci passano accanto quelli che sono stati serviti, camminano con in mano la scodella che fuma e si cercano un posto. Quando finalmente arriva il mio turno, mi ritrovo davanti una signora gentile che, da dietro una finestrella, riempie una scodella di zuppa pescando da un pentolone enorme e poi me la porge.

«Buon appetito,» dice, o almeno credo. Il suo sguardo è dolce e materno e sulla finestrella riconosco un adesivo con lo stesso simbolo della Caritas che avevo già visto nella tendopoli di Patrasso.

Divoro la zuppa in un secondo, seduto su un gradino, senza neppure aspettare Hassam e Khaled. Poi mi rimetto subito in coda e, quando la signora mi rivede, fa una faccia come per dire «non si può», ma in realtà non solo me ne dà subito un'altra porzione, ma si sporge anche con il braccio.

«Buon appetito,» sussurra di nuovo, approfittando per darmi una breve carezza sulla testa. Vedo che quasi piange ma sono già con il viso nella scodella e, solo dopo aver finito la seconda razione, finalmente mi sento sazio.

Lo stomaco è pieno, ci sentiamo meglio e parliamo un po' mentre torniamo verso quello che capisco essere il centro. Ci sono turisti dappertutto e adesso Roma non è solo bella ma straordinariamente luccicante: nel sole del pomeriggio, entriamo in una grande piazza, più lunga che larga, e procediamo dietro una carrozza con due cavalli neri altissimi guidati da un uomo che indica a una coppia di stranieri quello che stanno vedendo. Osservo delle bancarelle con un sacco di cianfrusaglie, ma a farmi rimanere senza parole sono le vetrine

2 **scuọtere la testa** dire di no con la testa – 5 **una scodella** Suppenteller – 9 **pọrgere** reichen – 11 **un adesivo** Sticker – 14 **divorare** mangiare in fretta – 22 **sazio** ≠ affamato – 31 **le cianfrusaglie** *pl* Krimskrams, Schnickschnack

dei negozi con delle donne manichino bellissime, con addosso dei vestiti costosissimi. Le guardiamo, ma farlo ci fa sentire più soli e allora ci spostiamo davanti a un'altra vetrina. Rimaniamo sbalorditi a osservare anelli e collane.

«Guarda quello,» dico ad Hassam, indicando un anello con dei diamanti.

Restiamo imbambolati per un po', finché un commesso della gioielleria esce e comincia a fissarci con uno sguardo che è tutto tranne che amichevole. È elegante nella sua uniforme di lusso, ma i suoi occhi sono cattivi.

«Cosa vuole questo?» dice Khaled, che reagisce con uno sguardo altrettanto minaccioso. Quello fa il gesto di prendere il telefono per chiamare qualcuno.

«Dai, andiamo,» lo esorta Hassam, che è tra noi quello con più testa.

Ci spostiamo in mezzo alla piazza, rivedo la carrozza con i turisti e riesco a pensare solo a quanto mi piacerebbe salirci e farmi portare comodo in giro.

Prendo dalla tasca un pezzo di pane che avevo conservato dalla mensa, lo divido con gli altri e ce lo mangiamo, osservando i turisti che si mettono in posa per fare le fotografie con il sole che sta cominciando a calare e l'aria che diventa più fresca.

«Sarete stanchi, volete andare a riposarvi?» ci chiede Hassam.

«Un po'.»

«Andiamo.»

Lo seguiamo di nuovo nella luce del crepuscolo, sempre tenendo il suo passo svelto, ma questa volta non abbiamo il coraggio di chiedergli dove ci stia portando. Sogno un letto, o forse anche solo un tetto, voglio allontanarmi da tutti questi sguardi, cambiarmi i vestiti, lavarmi, pensare che, ecco, sono

1 **un manichino** Schaufensterpuppe – 4 **sbalordito** erstaunt, verblüfft – 7 **imbambolato** rimanere immobile con gli occhi fissi per stupore – 12 **minaccioso** drohend – 14 **esortare** auffordern – 22 **calare** tramontare – 27 **un crepuscolo** Dämmerung

davvero arrivato a destinazione. Mi sento come un corridore che ha finito la maratona ma al traguardo trova qualcuno che gli dice che deve fare altri quaranta chilometri.

Arriviamo in una piazza con una piramide che ci lasciamo sulla destra, ed entriamo in un altro slargo con un grande edificio grigio davanti a noi. C'è un cartello con un disegno che indica «stazione» che ho già visto quando abbiamo preso il treno a Venezia. Intravedo, oltre un muretto, i binari.

«Un attimo,» dice Hassam, fermo davanti a una specie di gabbiotto a forma di torretta che credo serva come portineria del parcheggio accanto.

«Aiutami,» ordina a Khaled facendo segno che ci si deve arrampicare sopra.

Khaled mette le mani unite per creargli un punto di appoggio. Hassam ci mette sopra il piede e poi allunga le braccia per aggrapparsi al muro, sopra la testa. Quando lo osservo tirarsi su a fatica, mi si stringe lo stomaco. Ho visto troppe volte delle scene simili per non capire quale sarà la conclusione. Cerca qualcosa a tentoni e poi afferra un sacchetto che lancia direttamente a terra. Ci sono dentro delle coperte.

«Prendi,» intima a Khaled.

«Passatemi gli zaini.»

Facciamo quello che ci chiede e Hassam li nasconde nello stesso posto in cui ha preso il sacchetto. «Venite,» dice.

Cento metri dopo, siamo a «casa».

Il portico della stazione è ampio, lo spazio non manca e io provo a distrarmi guardando dei disegni sul pavimento in marmo. C'è un condottiero con attorno delle aquile e vorrei

1 **un corridore** una persona che corre (→ correre) – 2 **il traguardo** meta – 5 **uno slargo** *qui:* piazza – 8 **un binario** Gleis – 10 **un gabbiotto** Käfig, vergittertes Gestänge – 10 **una portineria** posto all'ingresso di edifici, in cui svolge le sue funzioni il portiere – 14 **un appoggio** Stütze, Halt – 16 **aggrapparsi a qc** sich an etw klammern – 19 **a tentoni** tastend – 26 **il portico della stazione** Bahnhofsvorhalle – 28 **un condottiero** Feldherr – 28 **un'aquila** grosso uccello rapace

chiedere a lui, o magari alle aquile, di portarmi via. Ci sono altri ragazzi, Hassam mi fa segno che mi posso mettere al suo posto, un angolo in fondo al portico che sembra più sicuro di altri. Lui è tranquillo, allegro, e io mi domando se non sia solo più bravo di me a farsi coraggio. Penso che sono in viaggio da cinque anni, che finalmente sono arrivato a Roma e che almeno oggi avrei voluto... lo penso, una, due, mille volte ma non lo dico.

Ci sediamo sulle coperte che abbiamo steso per terra, ci sono molti afghani, chiacchiero con un paio di ragazzi più grandi di me che vengono da Kabul. Parlano bene, hanno modi eleganti, vengono da quartieri belli e non capisco cosa ci facciano lì, con noi miserabili. Mi spiegano che hanno dei parenti in Germania e in Inghilterra, mi raccontano le solite storie di come sono passati da clandestini, dei tir, dei tentativi andati male. È una sorta di battesimo per tutti noi e, anche se abbiamo fatto tutti la stessa cosa, mentre lo raccontiamo ci sentiamo unici e speciali.

«Io me ne vado in Germania,» interviene Khaled, che non sta mai zitto.

«Dove?»

«In Germania, Germania. Che cavolo ne so, dove?» sbotta.

«Da Ventimiglia conviene prendere i regionali, su quelli non controllano...»

«Ah, ok.»

«Due miei amici sono appena passati oltreconfine. E poi stai in Francia. O dalla Francia entri in Germania, controllano pochissimo, fai Heidelberg,» spiega uno a Khaled. «Oppure a piedi,» aggiunge, «devi solo fare un sentiero sopra le gallerie e arrivi.»

«Ho un fratello in Svezia, e tu? Dove sono i tuoi?» mi chiede un altro. «Hai fame? Vuoi del cioccolato?» mi domanda nervosamente quando mi vede impallidire.

14 **un clandestino** chi è entrato e vive in un paese illegalmente, senza regolare permesso di soggiorno –15 **un battẹsimo** Taufe – 21 **che cạvolo** *volg* usato come sostitutivo di *che cazzo* nel linguaggio informale – 22 **un regionale** un treno regionale – 25 **oltreconfine** über die Grenze (→ confine) – 32 **impallidire** diventare bianco in volto

Gli racconto della Caritas e che ho già mangiato, ma lui tira fuori comunque una tavoletta.

«Prendi, ne ho quanto ne vuoi.»

Sono vestiti meglio di noi, non sembrano poveri, anzi.

«Perché dormite anche voi qui?» chiedo a un certo punto. E per l'ennesima volta sono un bambino capitato in una storia più grande di lui.

Quello di prima mi sorride e poi mi spiega che devono dormire fuori, in stazione o dove capita, perché non hanno documenti.

«Controllano anche in ostello,» aggiunge.

«Se qualcuno ci ferma o ci segnala, ci prendono le impronte...»

«E allora niente Svezia,» concludo io per far vedere che sono piccolo ma non del tutto stupido.

«Dai, non è così male qui, dormi,» mi incoraggia lui perché il mio tono è triste. «Sei a Roma, Alì, ci pensi?» insiste, ma non mi convince troppo.

Qualcuno si addormenta, non passa quasi nessuno, i treni probabilmente smettono di partire dopo una certa ora, ma quando l'orologio della stazione segna le due e trenta, mi accorgo di avere ancora gli occhi sbarrati. Crollo addormentato poco dopo, anche se non vorrei, perché ho paura di quello che mi può succedere.

Sono le cinque quando veniamo svegliati di soprassalto e sembra che io sia l'unico a esserne stupito.

«*Wake up, wake up*, svegliatevi,» dicono prima in inglese e poi in italiano. Sollevo la testa, vedo delle divise, dei manganelli e delle armi, per fortuna solo dentro la custodia nella cintura. Raccolgo rapido le mie cose, Hassam mi sorride e io cerco di non piangere.

6 **l'ennẹsima volta** corrisponde a un numero molto alto di una serie, ma non determinato – 21 **sbarrato** *qui:* aperto – 21 **crollare** zusammenbrechen – 24 **di soprassalto** *qui:* all'improvviso – 27 **una divisa** un'uniforme – 27 **un maganello** Knüppel

«Non succede niente, dura poco, non ti preoccupare, non ti preoccupare, Alì.»

«Forza, via,» dicono i poliziotti stancamente.

«Sono le cinque, cazzo,» protesta Khaled e la sua frase suona davvero surreale. Siamo in una stazione, per terra, il nostro armadio è una torretta in una piazza. Se lo ricorda o sta ancora sognando? mi domando mentre appallottolo il più velocemente possibile la mia coperta.

«Stai tranquillo, adesso se ne vanno,» dice Hassam.

È vero: appena ci vedono in piedi, si allontanano. Ma Hassam mi guarda, intuisce quello che mi passa per la testa e scuote il capo.

«No, fino a stasera ci dobbiamo comunque allontanare. Dammi la coperta, la metto su,» dice, avviandosi verso la torretta.

Rimango fermo, mogio. Un ragazzo si impietosisce e fruga in un sacco.

«Tieni, è buono,» cerca di consolarmi, passandomi una vaschetta e un cucchiaio, entrambi di plastica.

Assaggio senza guardare. Ma conosco quel sapore, certo che lo conosco: di colpo sono con mia madre che mi prepara la merenda per la scuola in estate. Una salsina bianca, come uno yogurt con dentro delle fette di cetrioli tagliati fini fini.

«Posso metterci il ghiaccio?» le chiedevo anche se non avevamo il frigo e dovevo sempre andare dalla vicina che estraeva dal frigorifero un sacchetto con dei cubetti, li pestava forte con un attrezzo di ferro e poi faceva scivolare con la mano queste scagliette piccole dentro il mio yogurt.

«Grazie, grazie tante,» dico al ragazzo con questo gusto di cetrioli ancora in bocca.

6 **una torretta** → una torre – 7 **appallottolare** zusammenknüllen – 14 **avviarsi** sich auf den Weg machen (→ via) – 16 **mogio** triste – 16 **impietosirsi** avere compassione (→ la pietà) – 16 **frugare** cercare – 19 **una vaschetta** un contenitore (→ una vasca) – 22 **una merenda** *qui:* il cibo – 27 **un attrezzo** Werkzeug – 28 **una scaglietta** Splitter

Sta albeggiando, cominciano a spuntare da dietro i tetti dei palazzi i primi raggi di sole. Ancora nella piazza della stazione, seduti su una panchina, cerco di pensare a cose belle: guardo l'edificio bianco davanti a me, guardo le finestre, provo a immaginarmi quale sia il salotto, dove stia la cucina, chi stia dormendo nelle camere da letto. Guardo e spero. Spero che un giorno sarò in una casa, mi sveglierò in un letto, avrò delle federe e delle lenzuola, andrò a scuola, avrò una famiglia. E smetterò di essere solo.

1 **albeggiare** dämmern (→ l'alba) – 8 **una fẹdera** Kissenbezug – 8 **le lenzuola** *pl* Bettwäsche

3. Fermati, non andare via

«Non uscire, è pericoloso,» sento mio fratello Mohammed ripetermi, come ogni mattina. Ma le giornate sono troppo lunghe, non passano mai, e quindi lo osservo allontanarsi per il cortile e poi, come faccio già da qualche tempo, esco anch'io.

Prendo la direzione opposta alla sua, la strada è grande e affollata e la gente a Teheran è così ostile, ma io mi muovo veloce sperando che non badino a me. Procedo per non so quanto, fra bazar e bancarelle, memorizzo quello che vedo, le insegne dei negozi, i nomi delle vie, cercando di non scordarmi il modo di tornare. Sto andando sempre più lontano, so che mi perderò però non voglio rinunciare perché rimanere da solo a casa mi fa ancora più paura. All'improvviso le strade si svuotano, il muezzin chiama alla preghiera del mezzogiorno e sul marciapiede rimangono solo donne e bambini. Ce n'è uno che avrà la mia età, dieci, forse undici anni, avanza lentamente con in mano un gelato enorme: una leccata, due leccate, non posso non osservarlo, le leccate sono sempre più grandi, è ottobre, il sole è ancora caldo e c'è il cioccolato che dal cono va a sporcargli le mani.

«Sei tutto marrone, sembra che hai la barba,» gli sta dicendo sua madre allegra quando mi avvicino. Adesso ride anche lui, prova a prendere un fazzoletto dalla tasca ma le sue mani sono piene di gelato e allora la mamma lo pulisce dolcemente.

Proseguono e io dietro: sono come una spia, come in un telefilm di polizia. Arriviamo in un grande parcheggio pieno di autobus, adesso del suo gelato è rimasto solo il cono, e io mi distraggo ad ammirare tutti questi pullman: ce ne sono di tanti modelli diversi, alcuni piccoli e vecchi, altri grandi e nuovi. Mamma e figlio si dirigono verso quello che è il più grande e il

6 **ostile** ≠ amichevole – 7 **badare a qu** sich um jdn kümmern, auf jdn achtgeben – 9 **scordarsi qc** dimenticare qc – 11 **rinunciare a qc** auf etw verzichten – 16 **una leccata** (Ab)Lecken – 26 **distrarsi** sich ablenken lassen – 29 **dirigersi** muoversi verso un luogo

più nuovo di tutti: dicono qualcosa all'autista che prende una piccola valigia dalle mani della mamma, e poi si fruga in tasca ed estrae un mazzo di chiavi con il quale va verso il portellone laterale. Io sono a pochi metri da loro e fra me e le porte del pullman non c'è nulla. Ma proprio nulla. Guardo prima a destra e poi a sinistra.

Nulla. Nulla. Nulla.

Salgo a bordo.

Veloce.

Scattante.

Solo per dare un'occhiata.

Sono dentro ed è bellissimo. Supero il posto di guida, il motore del pullman è acceso e ognuna delle singole cose che vedo è meravigliosa: i comandi dell'autista, le mille spie con le luci rosse, il volante enorme con una specie di manopola per fare, credo, le manovre difficili. O forse solo quelle più faticose, quando deve girare su se stesso.

Mi inoltro nel pullman, ci sono altre luci sul soffitto del corridoio e in corrispondenza dei finestrini. È lunghissimo, file e file da due di poltrone grandi, ognuna con il portabevande e il poggiapiedi e un giornale appoggiato. Voglio solo guardare, poi scendo, giuro a me stesso. Ma voglio provare come si sta e, quando vedo un posto che mi piace, uno da cui si vede l'autista, il volante e la strada, mi fermo. Mi siedo, sono accanto al finestrino, reclino il sedile, è incredibile, diventa quasi un letto, mentre quando lo tiro su mi devo curvare in avanti come se qualcuno stesse giocando a spingermi da dietro. Trovo la posizione giusta, a contatto con la pelle del sedile avverto un buon profumo di pulito, come la biancheria a casa a Kabul, apro il giornale, incrocio le gambe e provo a leggere. Sto cercando qualcosa che mi interessi, qualcosa che sono in grado di capire, quando vedo passare il bambino: il gelato è finito, il

3 **un mazzo di chiavi** Schlüsselbund – 10 **scattante** rapido – 15 **un volante** Lenkrad – 15 **una manọpola** Handgriff (→ mano) – 18 **un soffitto** Decke – 21 **un poggiapiedi** Fußbank (→ piede) – 25 **reclinare** *qui:* zurückklappen – 29 **la biancherịa** Wäsche

viso è tutto pulito e sua mamma gli sta dicendo di sceglierci un posto.

«Andiamo in fondo,» dice lui, e li osservo sistemarsi nella penultima fila.

Nessuno si mette accanto a me, il pullman parte e io non penso più a loro, né alle persone che salgono. Osservo rapito la città da quella posizione sopraelevata, finché mi accorgo di avere la mano di qualcuno appoggiata sulla spalla.

Faccio un piccolo salto sul sedile e mi giro di colpo.

«Prego,» mi dice un uomo con una specie di divisa elegante prima che abbia il tempo di spaventarmi. Alzo la mano e afferro un panino enorme dentro un tovagliolo rosso, bellissimo.

«Grazie,» sussurro, quasi incapace di parlare.

Ha una specie di cassetta a tracolla: «Coca o Fanta?» mi domanda.

«Coca,» rispondo rapido prima che possa cambiare idea.

Prende dalla cintura un apribottiglie, me la apre e la infila nel portabevande.

«Buon appetito,» dice prima di proseguire il giro.

Addento il panino, è un falafel, ha un gusto delizioso e io sono semplicemente il bambino più fortunato del mondo: fuori dal finestrino c'è il caos delle strade di Teheran e dentro, ad accompagnare il mio pranzo, una leggera musica di sottofondo. Mi viene sete, prendo la Coca alla mia destra, la sorseggio piano come se fossi abituato a berne a litri. Mi dico che non vedo l'ora di raccontarlo a mio fratello e agli zii che ci ospitano da quando siamo a Teheran.

Proseguiamo e intanto un meraviglioso tramonto si staglia sulla periferia di Teheran: file di case, una diversa dall'altra, bazar, moschee, un paesaggio sempre uguale che mai mi era sembrato tanto bello.

6 **rapito** affascinato – 7 **sopraelevato** erhöht – 14 **una cassetta a tracolla** *qui:* Bauchladen – 20 **addentare** hineinbeißen (→ un dente) – 24 **sorseggiare** bere lentamente – 28 **stagliarsi** sich abzeichnen

Percorriamo molti altri chilometri prima che mi accorga che devo accendere la lucina in alto per controllare l'ora. Si sta facendo buio e fatico a vedere anche il bambino con il gelato che si è addormentato nelle braccia di sua madre. È quasi notte e il pullman procede la sua corsa ma... Dio, Dio, dove siamo? Dove sono? Che cosa ho fatto? Mi sveglio come da un sogno.

Il pullman non si è mai fermato: come posso non essermene reso conto prima? E fuori non c'è più Teheran: le case si sono diradate e stiamo attraversando una strada asfaltata male e piena di cacche di pecore, probabilmente quelle che vedo pascolare in una radura che prosegue a perdita d'occhio.

La strada comincia a salire, mi metto in ginocchio sul mio sedile, fingo di giocare e intanto guardo in tutte le direzioni sperando di riconoscere qualcosa, ma non vedo altro che una distesa di case su cui svettano mille e più minareti, uno uguale all'altro. Dov'è Teheran, dov'è la città, dove stiamo andando?

La salita si fa più ripida, il pullman si inerpica su una strada più stretta e al primo tornante, quando apro leggermente il finestrino, entra un'aria gelida.

Sono perduto.

«Chiudi, bambino, chiudi per favore,» mi dice una signora.

Chiudo e poi rimango immobile. Perché non torna indietro al capolinea? Come faccio a chiedere? No, capiranno che sono senza biglietto, che sono da solo, che sono un bambino afghano e clandestino che sta vagando da solo per l'Iran. Mi butteranno giù, fra le pecore, in mezzo alla campagna.

Il pullman continua a salire, ogni tanto incrocia automobili che procedono in senso contrario e allora rallenta e le lascia passare lungo questa strada tutta tornanti affacciata sul precipizio. Non è ancora notte ma non ci sono lampioni né luci lungo il percorso, non si vede più nulla a eccezione dei fari e

8 **rẹndersi conto di qc** etw bemerken, sich einer Sache bewusst werden – 9 **diradare** diventare meno numeroso – 11 **pascolare** grasen – 11 **una radura** Lichtung – 15 **una distesa di case** *fig* ein Meer von Häusern – 15 **svettare** empor-, aufragen – 17 **inerpicarsi su qc** an etw hochklettern – 19 **gẹlido** freddissimo – 30 **un precipizio** Abgrund – 31 **un faro** Scheinwerfer

di macchie di neve di una qualche nevicata dei giorni precedenti. Ho solo una maglietta, neppure una felpa, ho freddo, provo ad accendere la manopolina del riscaldamento sopra la mia testa ed esce un venticello tiepido che non mi aiuta. Accanto a me tutti adesso indossano golf e giacche.

Sono nel panico quando il silenzio del viaggio viene spezzato dalla voce dell'autista: «Gentili passeggeri, fra dieci minuti saremo a Tabriz, prepararsi a scendere».

Scorgo in lontananza le luci della città, leggo Tabriz su un cartello e per me quel nome significa solo paura. A casa, a Teheran, Mohammed, gli zii e gli altri afghani che passano dall'appartamento parlano spesso di Tabriz: è sulla strada per la Turchia, è sulla rotta per passare il confine.

«Non bisogna fermarsi, solo passarci,» ripetono.

«È una città di frontiera, è pericolosa,» dice Mohammed.

«Cosa vuol dire?» chiedo.

«Che di là c'è la Turchia… e che la gente vive di furti, di contrabbando, di imbrogli alle persone che sono lì solo per passare la frontiera.»

«Tabriz, Tabriz,» ripete di nuovo l'autista svoltando a destra per infilarsi in un terminal simile a quello di Teheran.

«Per chi prosegue, dieci minuti di pausa e ripartiamo,» grida.

Un attimo dopo il pullman si svuota. Scorgo la mamma con il bambino andare incontro a un uomo. Quando vedo che si sfiorano, so che quello è il padre del piccolo. Lo prende in braccio, il bambino è mezzo addormentato ma apre gli occhi e, quando lo riconosce, gli fa un sorriso enorme. Vorrei stare vicino a loro, mi scappa la pipì fortissimo ma quando scendo vedo che sono già lontani, li osservo salire su una macchina e partire fra gli sputi della marmitta. Ho paura, ho paura ad allontanarmi dal pullman: penso a come sono disperato, che

2 **una felpa** Sweatshirt – 5 **un golf** maglia da indossare sopra la camicia, di lana o cotone – 8 **Tabriz** grande città in Iran, più di 600 km da Teheran, già a poca distanza dal confine della Turchia – 9 **scọrgere** riuscire a vedere – 17 **un furto** Diebstahl – 18 **un contrabbando** Schmuggel – 18 **un imbroglio** Betrug – 24 **sfiorarsi** toccarsi – 30 **lo sputo** Spucken – 30 **una marmitta** Auspuff

non ho soldi, che non posso chiedere a nessuno come tornare a Teheran. E che qualsiasi cosa è meglio di quel parcheggio. A Tabriz.

Corro in bagno e torno di corsa al pullman. Tremo, ho le lacrime agli occhi e mi maledico per non aver ascoltato mio fratello. Come ho potuto essere così scemo?

Risalgo e il pullman riparte poco dopo: prego Dio che torni indietro, prego che faccia Teheran-Tabriz andata e ritorno ma la maggior parte delle persone che sono partite con me è ancora a bordo. Non ha senso: chi farebbe una cosa del genere se non un bambino che si annoiava a Teheran? Voglio tornare a casa, Mohammed, vieni a prendermi, ti prego. Aiutami.

In quel buio pesto, con il passare dei minuti, mi sento troppo stanco anche per essere angosciato: come un bambino che ha strillato e pianto troppo a lungo, piombo improvvisamente in un sonno profondissimo, cullato dai movimenti del pullman.

Mi sveglio forse un'ora o due dopo. C'è una mano grossa che prima mi picchietta su una spalla e poi mi afferra la maglietta e la tira su e giù. Ho freddo, sono rannicchiato su me stesso e, quando apro gli occhi, mi metto a tremare perché scopro di essere su un pullman completamente vuoto. C'è un poliziotto in piedi davanti a me, che mi punta una torcia sulla faccia. Ha capito chi sono, e il suo tono è del tutto diverso da quello del signore delle bibite e del panino.

«Cosa fai? Su, documenti, scendi.»

Ha una voce piena di fastidio per quello che ha intuito, accanto a lui c'è l'autista che per la prima volta sembra essersi accorto di aver portato in giro da quindici ore un bambino da solo. E senza biglietto.

«Dove sono i tuoi genitori?» mi domanda.

4 **tremare** zittern – 6 **scemo** stupido – 13 **buio pesto** molto buio – 15 **strillare** urlare – 15 **piombare** cadere – 16 **cullare** wiegen, schaukeln – 19 **rannicchiato** zusammengekauert – 22 **una torcia** una lampada tascabile

Rimango senza parole.

«Dove diavolo sono i tuoi genitori?» ripete quando vede che non gli rispondo.

«Dove vuoi andare?»

Mi afferra e mi scuote.

«Di qui si va in Turchia, dove diavolo pensi di andare?»

«Devo tornare a Teheran,» frigno.

«Sei afghano, vero?»

«Sì.»

«Dove sono allora gli altri? Dove sono i tuoi amici?»

«Sono da solo.»

«Non mi prendere in giro, non scherzare con me,» grida mettendo mano al manganello legato alla cintura.

Abbasso la testa in attesa di un colpo che però non arriva. «Scendi subito,» si limita a dire. C'è un altro dietro di lui, mi spingono tirandomi per la maglietta, mi buttano giù dal pullman con tale foga che cado e devo proteggermi la faccia mettendo avanti le mani sulla terra gelida.

«Come mai non sei sceso come i tuoi amici?»

Non capisco di cosa stia parlando.

«Sono da solo,» ripeto.

«Stai attento. Attento a quello che dici,» dice di nuovo il primo agente, strattonandomi.

Adesso mi chiamano «afghano di merda», come i ragazzini quando gioco a calcio a Teheran, ma so che questi poliziotti sono gli unici che mi possono salvare. Se mi lasciano qui, a quest'ora e con questo freddo, in questa zona di criminali, sono finito.

«Aiutatemi,» ripeto.

«Cosa ne facciamo?» domanda il cattivo all'altro che fino a questo momento è stato zitto.

7 **frignare** quengeln – 13 **un manganello** Schlagstock – 17 **la foga** Eifer, Ungestüm – 23 **strattonare qu** jdm einen Stoß geben

«Lasciamolo qui. Se lo verranno a prendere.»

«Vi prego, no, sono da solo!» mi metto a urlare come un pazzo, terrorizzato.

«Cosa succede?» dice all'improvviso una voce a qualche metro da noi.

I due si girano e cambiano immediatamente tono. Capisco da come gli si rivolgono che deve essere il loro capo.

«Come ti chiami? Cosa fai qui?» mi chiede gentile quest'uomo. Mi mette una mano sulla testa e da lì scende al viso. È fredda, ma quel suo accenno di carezza mi dà coraggio.

«Sono afghano. Sono salito ma non pensavo andasse fuori Teheran.»

«Chi? Spiegami, non sto capendo.»

«Il pullman. Mio fratello è a Teheran. Sono salito e quando me ne sono reso conto non sapevo come scendere.»

L'uomo rimane un momento a guardarmi negli occhi come se avesse una vista magica che sa riconoscere le bugie. «Ma il biglietto?»

«Non ce l'ho. Non pensavo andasse lontano. Pensavo rimanesse a Teheran.»

Scuote la testa: gli sembra una bugia troppo grande perché me la sia inventata. Si china su di me: è molto alto, grosso, una specie di orso buono che forse ha deciso di salvarmi.

«Vieni qui,» ordina a un tassista che mi squadra da qualche minuto. Ha la faccia cattiva, dura, ma quando il poliziotto lo chiama risponde come uno scolaretto.

«Mi dica, agente,» domanda impaurito.

«Tieni,» gli spiega quello mettendogli un po' di soldi in mano. «Portalo a Tabriz... e da lì mettilo su un pullman.»

«Come ti chiami?»

«Amjad,» risponde e poi dice anche il cognome.

10 **un accenno** Anzeichen – 22 **chinarsi** sich bücken – 26 **uno scolaretto** un alunno (→ una scuola)

«Segnalo. Anche il cognome,» ordina al suo sottoposto. «Insieme al numero del taxi.»

Amjad adesso tiene lo sguardo basso.

«Il ragazzo arriva a Tabriz. E da lì a Teheran, ok? Ho i tuoi dati,» dice minaccioso, come se potesse veramente controllare dove mi porta.

«Certo, agente, certo.»

«Vieni qui,» mi dice l'agente.

«Hai fame? Hai mangiato qualcosa?»

«Sì... il panino sul pullman,» rispondo e per un momento mi sento meno disperato.

«Hai sete?»

«Un po'. Non così tanta.»

«Ehi,» dice per chiamare uno dei suoi. «Prendigli una Coca,» ordina.

«Grazie, grazie tante.»

Vorrei abbracciarlo, piangere, ma non è finita. Salgo sul taxi, ma un momento dopo l'orso lo ferma.

«Prendi,» dice e mi mette in mano una coperta. «Si gela qui,» aggiunge.

Il tassista mette in moto, per qualche chilometro con noi c'è uno dei due poliziotti che mi hanno svegliato, poi scende lasciandomi solo con quest'uomo. Il poliziotto orso ha i suoi dati ma, penso, non ha i miei e il tassista sa benissimo che nessuno verrà a cercarmi.

L'auto ha le portiere posteriori che non si aprono dall'interno, come quelle per i bambini: con un salto mi porto subito davanti. Il tassista mi guarda strano, mette la marcia e riparte.

«Vuoi andare in Turchia? Ti ci porto io,» mi propone. «O in Azerbaijan, è bello l'Azerbaijan.»

È ancora convinto che abbia mentito all'agente.

1 **segnare** annotare – 1 **un sottoposto** Untergebener – 19 **gelare** frieren (→ gelato) – 28 **mettere la marcia** den Gang einlegen – 31 **mentire** dire bugie

«Dove sono i tuoi amici? Sei piccolo ma furbo. Molto furbo. Come li hai fregati?»

Appoggia una mano sul mio ginocchio, la muove lentamente e in modo innaturale. Socchiudo subito la portiera, pronto a buttarmi.

«Cosa fai, cosa fai?» grida.

«Salto giù, giuro che lo faccio.»

Lo urlo convinto, ma non solo ho paura di saltare giù, non so cosa farei lì in mezzo al nulla sulle montagne fra l'Iran e la Turchia. Per fortuna, lui toglie la mano.

«Guarda,» mi dice. Indica delle luci, c'è una fila di quattro o cinque persone che si arrampica su un sentiero nel buio pesto con in mano delle torce. È notte e c'è un'unica ragione perché si trovino lì.

«Vuoi andare con loro? Ti va?» chiede.

«Tabriz,» è tutto quello che gli dico.

Adesso la portiera è quasi aperta. Mi reggo con l'altra mano al sedile per non volare fuori e intanto penso ai racconti di bambini venduti. Non voglio essere uno di loro.

Tremo ma è come se anche lui ora fosse spaventato: sono un bambino, un bambino pronto a tutto.

Quando scorgiamo in lontananza le luci di Tabriz, ormai albeggia. Un sole pallido comincia a stendere i suoi raggi sulla macchina, un leggero calore si posa sulle mie braccia rosse dal gelo. Il tassista estrae un coltellino dalla tasca. Impallidisco, ma un momento dopo apre uno sportellino e prende una mela che comincia a sbucciare. Non mi chiede se ne voglio un po': si è dimenticato di me, ha le mani occupate a mangiare e guida tenendo dritto il volante con le ginocchia senza minimamente diminuire la velocità.

1 **furbo** intelligente – 2 **fregare qu** *fam* jdn anschmieren, hereinlegen – 4 **socchiụdere** halb schließen, anlehnen (→ chiudere) – 7 **giurare** schwören – 17 **rẹggersi** sich (fest) halten – 23 **albeggiare** dämmern (→ l'alba) – 24 **il calore** il caldo – 27 **sbucciare** schälen

«Sei furbo,» ripete di nuovo divertito e ormai rassegnato a non fare soldi con me. «Mai visto un bambino mentire così bene.»

«Non sono un bugiardo,» borbotto pieno di rabbia, ma quello scoppia comunque a ridere.

Dieci minuti dopo, mi lascia al parcheggio e mi mette in mano il denaro per il pullman.

«Contento?» bofonchia. «Levati dai piedi, ragazzino.»

Riprendo un pullman uguale a quello dell'andata ma l'euforia non c'è più. Bevo Coca e mangio falafel con il solo desiderio di tornare a casa.

«Dove vai, bambino?» mi chiede una signora e questa volta per fortuna lo so.

«A Teheran, da mio fratello,» dico contento.

Qualche ora dopo, la città comincia a profilarsi all'orizzonte con le sue enormi strade sempre affollate di auto strombazzanti. Rispetto alle montagne, rispetto a Tabriz, Teheran mi sembra un paradiso. Quando prendo la metropolitana per tornare a casa, la paura se n'è andata, la mia avventura sembra lontana e mi rimane solo il desiderio di raccontare la parte bella.

Faccio le scale di corsa, «Mohammed, Mohammed!» mi metto a chiamare mentre ancora sto salendo. Corro ma, quando arrivo sulla soglia la porta del nostro appartamento è aperta. Entro deciso e mi accorgo che non c'è nessuno. «Zii, zii,» provo a chiamare ma c'è solo silenzio e vuoto.

«Dove siete? Venite fuori!» urlo di nuovo fra la cucina e il salotto senza ottenere risposta.

Torno verso il cortile con il fiato corto e improvvisamente lo vedo. Mohammed. È più adulto di come me lo ricordo, è diventato un uomo, indossa una camicia di lino chiaro e un paio di pantaloni dello stesso colore.

1 **rassegnato** resigniert – 4 **un bugiardo** persona che dice bugie (→ una bugia) – 5 **scoppiare a ridere** *fig* in Lachen ausbrechen – 8 **bofonchiare** murren, brummen – 24 **una soglia** Schwelle – 29 **con il fiato corto** kurzatmig (→ **il fiato** Atem)

«Mohammed, Mohammed!» grido felice.

Forse non mi sente perché lo vedo allontanarsi. Corro veloce, ce la metto tutta per stargli dietro ma è distante. Non lo raggiungo. Anzi. Non lo vedo più.

«Fermati, non andare via!» urlo. «Fermati, ti prego!» urlo di nuovo, con tutta la forza che ho in corpo. «Dove sei? Dove sei finito?»

Mi sento scuotere.

«Alì, svegliati! Alì!»

«Mohammed, fermati...» grido di nuovo.

«Alì, sono qui. Sono Hassam, svegliati.»

8 **scuọtere qu** jdn auf-, wachrütteln

4. Un letto a Roma

«Mohammed!» grido un'ultima volta prima di tornare faticosamente nel mio corpo, lì, a Roma, su quella panchina. Quando lentamente apro gli occhi, il mondo mi appare in una strana luce leggera e con pochissime ombre. Ho il viso freddo, il naso soprattutto, e mani e braccia sono imprigionate dentro una coperta in cui Hassam mi deve aver avvolto.

«Stavi sognando...» dice liberandomi le braccia. «Parlavi di un pullman. Di Tabriz. E poi hai cominciato a gridare.»

Lo guardo stupito.

«Non era un sogno. Una volta a Teheran sono davvero salito da solo su un pullman.»

«Perché?»

«Perché era bello. Ero sempre da solo e pensavo che il giorno sarebbe passato più veloce se fossi andato a fare un giro su quel pullman.»

«E poi?» mi incalza Hassam.

«E poi sono rimasto a bordo per delle ore tutto contento finché ho capito che ero a centinaia di chilometri da Teheran.»

«Dio santo. Quanti anni avevi?»

«Undici, credo, forse dieci.»

«Urlavi qualcosa di tuo fratello.»

«Sì, quella parte me la ricordo. Perché invece non è mai successa.»

«Anche sotto il tir parlava sempre da solo, è mezzo matto.» Non è la voce di Hassam, alzo la testa e c'è Khaled accanto a noi.

«Ho sognato che quando sono tornato a casa, vedevo Mohammed ma in realtà non c'era.»

«Vedi, te l'ho detto,» rincara la dose Khaled.

5 **imprigionato** eingesperrt, eingeschlossen (→ una prigione) – 6 **avvọlgere** (ein)wickeln – 16 **incalzare qu** jdn drängen, bedrängen – 29 **rincarare qc** *qui:* etw erhöhen

Hassam mi fissa, aspetta che vada avanti.

«Mi aveva cercato ovunque per quasi due giorni.»

«Sarà stato disperato,» dice Hassam come se fosse successo a lui.

«Era convinto che mi avessero rapito, ma continuava a cercare senza sapere dove.»

«Dio mio...»

«Ho una fame pazzesca,» ci interrompe Khaled.

Ci alziamo ma Hassam non è ancora soddisfatto.

«E poi?» mi domanda.

«E poi quando sono tornato mi ha riempito di botte.»

«Giusto,» dicono questa volta Khaled e Hassam all'unisono.

«Hassam...»

«Cosa?»

«Grazie, grazie tante,» dico.

«Perché?» mi chiede stupito.

«La coperta... grazie di avermela messa,» dico, ma Hassam scuote la testa.

«Tremavi, tremavi tutto,» sbuffa Khaled, come se si vergognasse di averlo fatto.

«Non avevi fame? Andiamo, dai,» taglia corto Hassam.

Ci mettiamo in moto ma siamo lenti, intontiti. Solo Hassam prova a scherzare, dice che sembriamo degli zombie, che siamo tre lupi mannari afghani a Roma. «Arrrrrrg,» urla, e con il suo solito buon umore ci convince che dopo sarà meglio.

Ci crediamo per un po', ma Khaled è nervoso e agitato più del solito. Si mette a camminare giù dal marciapiede, quasi in mezzo alla strada, i romani gli suonano dietro e lui reagisce con degli insulti. Lo guardiamo senza capire, per un po' gli diciamo di piantarla, non ci ascolta e allora ci teniamo a distanza di sicurezza per evitare che ci coinvolga nei suoi guai.

11 **riempire qu di botte** picchiare qu – 22 **mettersi in moto** *fig* sich aufmachen, sich in Bewegung setzen – 22 **intontito** benommen – 24 **un lupo mannaro** Werwolf – 30 **piantarla** smetterla – 31 **coinvolgere** verwickeln, hineinziehen – 31 **il guaio** Ärger, Schwierigkeit

«Che c'è?» gli domando.

«Niente.»

«Dai, dimmi, cosa c'è? Sei arrabbiato? Cosa ti ho fatto? Parlami,» insisto.

«C'è che mi stai troppo addosso,» mi risponde e le sue parole mi colpiscono al volto come una sberla.

«Khaled, siamo arrivati qui insieme,» penso, ma preferisco stare zitto perché la sua rabbia ora mi spaventa.

Andiamo avanti così ancora per un po', sempre sperando che non esploda e ancora non so che quella sua frase «mi stai troppo addosso», sarà l'ultima cosa che mi dirà per tanti anni perché, consumata una colazione in silenzio a Santa Maria Maggiore, implorata per pranzo una zuppa dietro l'altra alla Caritas, fatto qualche ulteriore commento sulle ragazze romane, Khaled scompare.

Un attimo prima c'è, siamo seduti su una panchina in una piazza tutti e tre, e quello dopo giriamo un angolo e non lo vediamo più.

Con Hassam lo cerchiamo dappertutto, fingiamo di credere che possa essersi perso. Proviamo a scorgerlo in mezzo alla folla, come se Khaled, sporco e lacero com'è, possa confondersi fra la gente comune. Ci proviamo per un po' ma poi lasciamo perdere perché persino io accetto che non lo vedremo più. E non perché si è perso. Ma perché non vuole essere trovato.

La piazza in cui ci arrendiamo è grande e adesso che siamo solo in due ci prende tanta malinconia. Non ci va più di camminare e ci sediamo su un muretto. Non parliamo per qualche minuto, non sappiamo da dove cominciare finché sono io a riempire per Hassam i buchi di questa storia. Gli racconto di Venezia, della mia disperata stanchezza dopo una notte aggrappati alla pancia di un tir. Di Khaled, che mi strappa da

5 **stare (troppo) addosso a qu** jdm zu nahe kommen – 13 **implorare** *qui:* erbitten – 21 **lạcero** zerlumpt, zerrissen – 25 **arrẹndersi** *qui*: (die Suche) aufgeben – 26 **la malinconịa** tristezza – 29 **un buco** Loch, Lücke

sotto il camion quando quello si ferma a un semaforo, nei dintorni di Venezia. Di me, che non sono più capace di muovermi e dell'auto della polizia che arriva pochi minuti dopo, chiamata da qualcuno spaventato nel vedere due ragazzini in quello stato.

«È lì che vi hanno preso le impronte?» mi domanda Hassam, che già conosce la risposta. Lo sa da ieri, lo sa probabilmente da subito che siamo fregati. Mi sento mancare le forze, ho di nuovo la sensazione di essere all'inizio del viaggio e nemmeno Hassam sembra più tanto ottimista. Guardo le sue braccia muscolose ma ho paura a incrociarne lo sguardo, fisso un tombino ai miei piedi, vorrei tanto che Khaled ricomparisse dal nulla e riavvolgesse il nastro.

«Poteva almeno salutare,» borbotto dopo un po', ancora con davanti agli occhi l'amico che se ne è andato.

«Poteva salutare, no?» ripeto alzando la voce, convinto che Hassam non mi abbia sentito. «Hassam...»

«No che non poteva.»

«Perché?»

«Non lo capisci da solo?»

Scuoto la testa.

«Perché gli avremmo ripetuto quello che non gli andava di sentire... che da qui non se ne poteva andare. Hanno le sue impronte, ormai la sua vita è in Italia.»

«Lui però se n'è andato,» piagnucolo.

«Vagli dietro se vuoi.»

«Vuoi che me ne vada?» sbraito di colpo come un bimbetto, ma adesso è Hassam che scuote la testa.

«Scusa,» provo a dirgli.

«Ragiona. Immagina che vai in Germania, in Francia, Olanda, dove ti pare. Dai un nome falso e per un po' te la cavi.

1 **nei dintorni di** in der Umgebung von – 12 **un tombino** Gully – 12 **ricomparire** wieder erscheinen, wiederauftauchen – 13 **riavvolgere il nastro** *fig* das Band zurückspulen – 25 **piagnucolare** wimmern, quengeln (→ piangere) – 27 **sbraitare** gridare – 30 **ragionare** (nach)denken (→ la ragione) – 31 **cavarsela** *fam* davonkommen, zurechtkommen

Cinque mesi, tre anni. Magari persino dieci. Finché un giorno, magari proprio quando ti sei fatto una vita, hai una moglie che ti ama, un figlio piccolo da mandare a scuola, fanno un controllo.»

Hassam prende fiato e poi prosegue ma io so già la fine.

«Lei non si chiama Omar, si chiama Khaled, ci ha mentito. Nell'estate del 2003 le hanno preso le impronte a Venezia, non può stare qui.»

«È stata colpa mia, poteva mollarmi lì. Mi avrebbe preso la polizia e lui sarebbe potuto andare dove voleva,» dico dopo averci pensato un po'.

«Sarebbe stato peggio.»

«Perché?»

«Perché avrebbe perso quello che era.»

«Cos'era?»

«Un bravo ragazzo,» dice Hassam, e io spero che almeno noi due non ci perderemo mai.

«Però ce l'aveva lo stesso con me,» dico dopo un po'.

«Non ce l'aveva con te. Ti trattava male. Ma solo perché aveva già deciso.»

«Cosa?»

«Di andarsene.»

«E allora?»

«E allora per andarsene aveva bisogno di odiarti.»

Ci alziamo, proviamo a distrarci, a parlare d'altro, e piano piano anche il tono di Hassam cambia. Sento che anche lui si sta staccando, penso a com'è dura questa nostra vita, in cui ci aiutiamo ma poi ognuno deve cavarsela da sé. D'un tratto mi parla come uno che fra poco se ne andrà anche se sa di dover prima mettere in salvo il suo fratellino piccolo. Mi spiega del cir, il Centro internazionale per i rifugiati, mi garantisce che stanotte potrò dormire in un letto, ma l'idea di essere di nuovo da solo mi blocca lo stomaco.

27 **staccarsi da qc** sich von etw lösen, sich trennen – 30 **mẹttere in salvo** portare in un posto sicuro (→ salvare)

«Vedrai che ti mettono in un bel posto.» Prova a convincermi che sia per il mio bene. «Sarà pieno di afghani,» insiste.

Arriviamo a una fermata e, mentre aspettiamo che arrivi l'autobus, Hassam mi spiega che i controllori non ci sono quasi mai e spesso a noi «ragazzi» ci lasciano stare perché sanno che non abbiamo documenti.

«Salti giù e non ti dicono nulla,» continua di nuovo allegro. Sembra una bella notizia, una cosa divertente ma, una volta a bordo, noto la marea dei romani che si ritrae e si allontana da noi. Fingono di non guardarci ma si spostano come un sol uomo all'estremo opposto. Ai loro occhi siamo ladri, strani, stranieri. Forse solo poveri.

Si pigiano tutti da una parte ed è una scena quasi comica. Se fossimo su una barca ci saremmo già ribaltati, penso dal punto in cui siamo noi, in cui c'è un sacco di spazio per chiacchierare, stendere le gambe e guardare fuori.

Provo a stare composto e intanto osservo la mia immagine riflessa nel finestrino: sono un ragazzino senza neanche un filo di barba, che paura possono avere? Una signora borbotta qualcosa con il vicino: non capisco una parola ma mi convinco che stia parlando di me e Hassam.

Finalmente scendiamo e ritrovarmi di nuovo in strada è una liberazione.

Hassam parla, mi spiega tante cose, capita che improvvisamente si interrompa per accarezzarmi la testa o appoggiarmi il braccio intorno alle spalle. Sono sempre il più piccolo e sembra che ogni tanto, guardandomi, tutti i ragazzi ripensino ai loro fratellini che hanno lasciato a casa. Lo ascolto ma in realtà so che più è affettuoso e più ci avviciniamo al cir c prima bisogna che mi prepari a un nuovo addio.

9 **una marẹa** *fig* una moltitudine – 9 **ritrarsi** sich zurückziehen – 13 **pigiare** drücken, drängen – 14 **ribaltarsi** kentern – 25 **accarezzare** dare carezze (*streicheln*) – 30 **un addịo** Abschied

Superiamo un ponte grandissimo e io vorrei scambiare tutta questa bellezza che ci circonda con un giorno in più accanto al mio amico. Ma lui cammina veloce e ha già in testa tutto il programma: costeggiamo il fiume, ci lasciamo alle spalle un venditore di palloncini colorati e poi Hassam mi indica il cir, un edificio grigio a pochi metri da un grande stradone che scorre lungo il Tevere.

«Siamo arrivati,» dice secco.

«Non sembra una casa,» commento, come se mi fossi aspettato di trovare un posto dove si entra e ci si sdraia su un letto.

«È un ufficio, ti prendono i dati e poi ti portano da qualche parte. Fidati.»

«E tu?»

«E io ti guardo mentre entri, come a scuola,» prova a scherzare Hassam.

«Da me gli insegnanti avevano il kalashnikov.»

«Anche da me,» ride lui. «Dai, non ti preoccupare.»

«Come faccio, come faccio da solo?» ho chiesto a mio fratello a Istanbul quando è partito. Vorrei domandare la stessa cosa ad Hassam, qui, a Roma, ma tanto so che neanche stavolta cambierebbe niente.

«Ok.»

«Vuoi che ti aspetti?»

«No, ce la faccio.»

«Meglio se non mi faccio troppo vedere, se no addio Svezia,» scherza di nuovo. Ma ha il tono triste di quando ci si separa. E i suoi piedi non si muovono.

«Vai allora.»

Neanche i miei piedi si muovono, però.

«Vieni qui un momento.»

4 **costeggiare** camminare lungo qc – 10 **sdraiarsi** sich (hin)legen – 13 **fidarsi** sich trauen, Vertrauen haben (→ la fiducia) – 25 **fạrcela** *fam* avere successo, riuscire

Si abbassa come se fossi un bambino e non un ragazzino. Mi sistema i capelli con la mano ma quelli tornano subito come prima.

«Aspetta,» dice e corre verso la fontana. Quando torna ha le mani bagnate e me li pettina facendo la riga da una parte.

«Sei un amore,» ride.

«Piantala.»

«Ce la fai?»

«Certo,» mi vanto per un momento.

«Per stasera hai un letto...»

«E tu?»

«Io ancora qualche settimana... e poi viaaa.»

Il suo «viaaa» mi colpisce come un pugno nello stomaco.

«Vieni a Termini, appena puoi. Ci vediamo lì, di pomeriggio ci passo sempre un po' di tempo...»

«Sì.»

«Ti ricordi i posti che ti ho fatto vedere? Chiedi di me, gli afghani mi conoscono. Non ci dobbiamo perdere. Se vado in Svezia prima, lascio un messaggio per te ai ragazzi.»

«Ok. E poi?»

«E poi un giorno, quando ti sarai sistemato, mi vieni a trovare.»

Come mi manchi già, penso.

«Ma prima chiama.»

«Perché?»

«Metti che sono lì con Astrid. O Ingrid.»

«Chi?»

Hassam mi lancia per un istante un'occhiata simile a quelle di Khaled, ma questa volta so che me la merito.

«Dai, scherzo, vieni qui,» dice, cambiando espressione.

Mi abbraccia forte. Mi lascio stringere, con le braccia abbandonate lungo i fianchi, impietrito dalla paura.

5 **una riga** *qui:* Scheitel – 6 **un amore** *qui:* un'incorporazione di Amor, il dio romano dell'amore – 9 **vantarsi** prahlen, sich brüsten – 29 **meritare** verdienen – 32 **il fianco** la parte laterale del corpo

«Ti aiutano, vedrai, ti aiuteranno, Alì,» mi incoraggia. Si volta verso la strada, si incammina verso il ponte. Lo osservo andarsene ma prima di attraversare si gira di scatto.

«Che c'è?» urlo.

«Alììì.»

«Cosa?»

«Non è vero che ti ha portato fin qui Khaled. Ci sei arrivato tu. Non te lo dimenticareee.»

La faccia mi ride, rido fino alla pancia, ma adesso via, lontano da Hassam, lontano dai complimenti se no dove lo trovo il coraggio di andare da solo verso quel portone? Faccio due passi e per fortuna spunta un uomo sulla soglia. Mi osserva per qualche secondo e poi mi viene incontro a passo deciso. Devo avere un aspetto orribile, nessuno sembra un rifugiato più di me, non mi lavo né mi cambio da giorni. Mi chiede qualcosa, credo mi domandi come sto, provo a orientarmi nel suo inglese.

«Afghanistan, Afghanistan,» dico a un certo punto e quello subito mi fa segno di aspettare.

Attorno a me si crea un piccolo capannello di persone. Sono gentili, affettuosi ma sono così stanco che registro le carezze senza distinguere né le facce né da chi vengano. Devo sembrare stordito, forse temono che svenga, mi portano dentro, mi accompagnano verso una poltrona e io mi ci lascio cadere sopra. Mi offrono del tè caldo e poi qualche biscotto finché non arriva una donna iraniana che mi parla in farsi e finalmente posso capire cosa mi stanno dicendo.

«Come ti chiami?» mi chiede riportandomi da Marte sul pianeta Terra.

«Alì, Alì.» Ripeto più volte il mio nome per poi precipitare fra le sue braccia.

2 **incamminarsi** sich auf den Weg machen (→ camminare, → un cammino) – 3 **di scatto** all'improvviso – 12 **spuntare** *qui:* auftauchen, erscheinen – 19 **un capannello** un gruppo di persone – 22 **stordito** verwirrt, benommen – 22 **svenire** perdere coscienza (in Ohnmacht fallen) – 25 **il farsi** lingua persiana – 29 **precipitare** stürzen

Dall'ufficio, da quel mare di parole incomprensibili e di gesti che cerco di decifrare, intuisco a un certo punto che mi portano altrove e poco dopo sono sul sedile posteriore di un'auto della polizia che procede lentamente. Ci allontaniamo dal centro, dalla gente che attraversa ovunque e dalla folla dei motorini, e imbocchiamo uno stradone di periferia a due corsie con in mezzo un vecchio tram che passa. Provano a spiegarmi dove siamo diretti, capisco la parola «*bed*/letto» e già mi dico che sarà un posto migliore di quello da cui vengo. Nonostante i vetri un po' più scuri del normale, a ogni semaforo gli automobilisti guardano verso di me, si chiedono chi possa essere quel ragazzino di cui vedono spuntare la testa e cosa ci fa seduto da solo sul sedile posteriore. Non c'è sirena, non c'è alcuna fretta. Riconosco il Colosseo di cui Hassam mi ha parlato il giorno prima, abbasso leggermente la testa come se le due persone che mi conoscono a Roma potessero vedermi e pensare che sono stato arrestato.

L'auto svolta, entra in un cortile, scorgo qualche ragazzo allontanarsi, qualcuno al vederci scappa e, anche quando in lontananza mi vedono scendere dal veicolo, un piccoletto impaurito, rimangono per un po' a distanza, guardinghi. Uno tiene una mano sul muretto, pronto a scavalcarlo e a fuggire lontano.

Ci fermiamo davanti a un grande edificio fra il giallo e il marrone, ha delle crepe sulla facciata, ma dopo il campo di prigionia dell'Iran e la tendopoli di Patrasso, questo posto mi sembra la cosa più vicina a una casa che possa immaginarmi.

«Vieni,» mi fa strada il poliziotto. È gentile e penso che per la prima volta sono con un uomo in divisa e non devo averne paura. Ci viene incontro una ragazza che mi accoglie con modi

2 **intuire** *qui:* capire – 6 **imboccare (una strada)** in eine Straße einbiegen – 6 **una corsịa** Fahrspur – 21 **guardingo** behutsam, umsichtig (→ guardare) – 22 **scavalcare qc** über etw klettern – 25 **una crepa** Riss – 25 **un campo di prigionịa** Gefangenenlager (→ una prigione) – 30 **accọgliere** aufnehmen, empfangen (→ un'accoglienza)

cortesi mentre io me ne sto dietro le spalle dell'agente come un bimbetto che si nasconde fra le gambe della madre.

«Alì, Alì,» dice, e il modo in cui lo dice mi piace. Adesso che è chiaro che la polizia è qui solo per accompagnarmi, anche quelli che erano rimasti a distanza spuntano attorno a me. Sono maschi e femmine curiosi, tutti più grandi di me. Mi faccio il più vicino possibile alla ragazza e ai suoi modi affettuosi.

«Sono Alberta,» e questo almeno lo capisco.

«Alì,» ripeto, nonostante sia l'unica parola che continua a dirmi.

Tutti parlano e intanto io sogno un letto, ripercorro le ultime settimane, gli ultimi mesi e l'unico materasso quasi vero che mi viene in mente è quello del centro di accoglienza a Lesbo quasi un anno fa. Poi brande, brandine, terra, pavimento della stazione, coperte pulciose, sedili di treni e pullman.

Aspetto, ma con il passare dei minuti non mi reggo più in piedi. Fisso con aria disperata la ragazza che intuisce quello che mi passa per la testa e cerca di spiegarmi qualcosa senza riuscirci. Mi si avvicinano due ragazzi afghani: dicono che devo aspettare, che le camere sono chiuse e poi ridono e fanno un gesto inequivocabile con cui finalmente capisco. È tutto sbarrato, gli educatori hanno paura che i ragazzi e le ragazze si appartino, si bacino, facciano l'amore. Perfino io so di cosa si tratta.

Mi portano in un salone grande, con dei disegni alle pareti e accanto delle parole per quelli che studiano italiano. Ci mettiamo a sedere, uno dei due afghani mi racconta che è arrivato da due giorni mentre l'altro è lì da un mese e mezzo.

«E gli altri?»

5 **spuntare** hervorkommen, auftauchen – 11 **ripercọrrere** *fig* durchgehen – 13 **Lesbo** un'isola della Grecia situata nel Mar Egeo, vicino alla costa turca – 14 **una branda** Liege – 15 **pulcioso** voller Flöhe (→ una pulce) – 21 **inequivocạbile** unmissverständlich, eindeutig – 22 **sbarrato** chiuso – 25 **una parete** Wand

«Gli altri sono marocchini, albanesi, rumeni… lei è italiana,» dice, indicando una ragazza mora non troppo alta. «Si sta bene qui, poi ti mandano a scuola, adesso però c'è vacanza.»

«Come siete arrivati?»

«Hop,» rispondono in coro, mimando il gesto di nascondersi sotto il tir.

«Mi chiamo Alì / *My name is Alì,*» prova a insegnarmi qualche frase Alberta.

«Ibrahim,» mi fa segno un ragazzo con lo sguardo furbo.

«Andiamo, Alì, ti faccio vedere dove dormi,» mi dice finalmente Alberta, facendomi segno di seguirla.

«Ti servono dei vestiti?» chiede, sempre a gesti. Dentro di me la ringrazio per il fatto di fingere di non conoscere la risposta. Sono lercio.

Estrae dalla tasca un grande mazzo di chiavi e apre una porticina che dà su una specie di ripostiglio cieco.

«Che taglia hai?» mi chiede, mostrandomi dei vestiti chiusi dentro dei sacchetti di plastica. Prendo dei pantaloni, una maglietta, delle mutande e delle calze e con questi in mano proseguo verso la mia stanza, scortato dai due afghani che, arrivati alla camera, vanno a sedersi sui rispettivi letti: il mio è quello in mezzo ai loro, così come l'armadietto dove mettere le cose. Alberta prova a spiegarmi ma poi fa segno ai due afghani di pensarci loro e corre via. È un angelo.

Uno dei ragazzi mi spiega un po' come funziona, mi dice che la scuola inizia a settembre e che entrerò in classe direttamente con quelli della mia età.

«Ma come faccio con l'italiano?»

«Lo impari,» dice distrattamente, per poi passare a quello che gli sta più a cuore.

«Questa è la scopa, la stanza domani la pulisco io dato che è il tuo primo giorno. Ma poi facciamo a turno, bisogna tenere pulito e in ordine se no si arrabbiano,» spiega.

2 **moro** dunkelhäutig – 14 **lercio** sporco – 16 **un ripostiglio** stanzino in cui riporre oggetti – 19 **le mutande** *pl* Unterhose – 20 **scortato** geleitet, eskortiert – 31 **una scopa** Besen

Mi indicano il bagno, la doccia. Mi spoglio, sono giorni che non lo faccio, è bellissimo togliersi di nuovo i vestiti, il pavimento è tiepido, così come la temperatura dell'acqua che, appena apro il rubinetto, è subito quella giusta. C'è un buon profumo di sapone e disinfettante, rimango a farmi cullare dall'acqua tiepida molto più del dovuto. Mi godo come una benedizione il getto che dai capelli scende lungo tutto il corpo, il petto, la pancia, le gambe e infine i piedi. Avvolto nell'asciugamano mi sento subito più rilassato, tranquillo. Per qualche ora il semplice fatto di non essere più in strada mi dà la sensazione di essere arrivato da qualche parte, mi fa essere ottimista.

Il letto è comodo, fin troppo, è quasi strano esserci sopra. Mi sveglio verso l'alba, ho bisogno di andare in bagno, mi alzo, attraverso il corridoio. Evito un educatore che dorme vestito su una branda buttata a terra. Credo sia lì per controllarci, ma quando entro in bagno non sono da solo. C'è Ibrahim, quello con lo sguardo furbo. È di spalle e non si accorge di me. Non vorrei spiarlo ma non posso non notarlo mentre sposta piano una piastrella del bagno e tira fuori un sacchettino. Rimango un po' impalato ad aspettare, ma rischio di farmela addosso e quindi gli passo accanto facendo finta di niente. Si accorge di me, si gira di scatto, mi guarda fisso negli occhi e subito si porta un dito alla bocca intimandomi il silenzio.

Per un momento ho paura, ma anche nella penombra il suo è il volto di un ragazzo cresciuto troppo in fretta, non di un criminale. Prima di andarmene, mi vedo riflesso nello specchio sopra il lavandino e mi domando quale sia invece il mio volto. E chi voglio scegliere di essere.

1 **spogliarsi** ≠ vestirsi – 7 **un getto** *qui:* (Wasser)Strahl – 16 **una branda** Liege – 19 **spiare** beobachten, ausspionieren (→ uno spia) – 20 **una piastrella** Fliese, Kachel – 21 **impalato** immobile – 25 **una penombra** Halbschatten – 28 **un lavandino** Waschbecken (→ lavare)

5. Una giornata al lago

Il giorno dopo mi sveglio riposato e da quel momento in avanti il tempo, quello stesso tempo che in meno di una settimana mi ha portato dalla tendopoli di Patrasso a Venezia, poi a Roma sul pavimento di una stazione e infine a farmi una doccia in un centro di accoglienza, prima rallenta e a un tratto quasi si ferma.

Ora dopo ora, le forze mi ritornano, mangio e dormo, dormo e mangio, ma è proprio quando riprendo le energie che le giornate si fanno lunghissime: siamo ai primi di luglio, l'inizio della scuola è lontano e non c'è altro per me che impegnarmi a imparare l'italiano e capire dove sono sbarcato. La stanza che divido con i due ragazzi afghani è in fondo a un corridoio lungo, e fuori da lì ci sono, oltre ad altri come me che vengono da varie parti del mondo, operatori, cuochi, camerieri, inservienti, ognuno con le proprie abitudini. Se i ragazzi etiopi se ne stanno in un angolo del giardino a suonare musica tutto il giorno, i marocchini fumano sulle panchine e gli iracheni giocano a calcio balilla.

«Ciao Alì, cosa fai? Ti serve qualcosa, Alì?» mi domandano continuamente gli operatori. I ragazzi vanno e vengono, si comportano bene o male, ma da parte di chi lavora ci sono sempre gentilezza e cura e non mancano i momenti di divertimento come quando, stufi di gesticolare, ci esercitiamo con l'inglese, finendo quasi sempre a ridere per quanto siamo tutti ugualmente imbranati.

Andiamo avanti così per qualche settimana, con il giorno dopo uguale a quello prima finché, intorno alla metà di luglio, mi accorgo che per gli italiani il tempo, diversamente che per noi, tutto a un tratto scorre via in fretta, molto più in fretta. Noi, gli afghani, i marocchini, gli albanesi, i rumeni, siamo

18 **il calcio balilla** Tischfußball – 23 **ẹssere stufo di qc** non avere voglia di qc – 25 **imbranato** *fam* una persona che si comporta in modo maldestro

come parcheggiati, bloccati in un'area di sosta, mentre per gli italiani si mette in moto una sorta di conto alla rovescia. Le conversazioni fra loro cambiano, di colpo parlano sempre più spesso di andare in vacanza, di partire, di come faccia caldo e di come siano stanchi dell'anno che per loro volge al termine. Vanno al mare, in montagna, nominano località e poi ne discutono, qualcuno ci è già stato o ci vorrebbe andare,si susseguono nei loro discorsi nomi di città di cui ho solo un'idea vaga.

Il mio italiano migliora, almeno nella comprensione, e con quello intuisco cose nuove, capisco quanto qui siano importanti le vacanze anche solo per non farsi trovare impreparati di fronte a quel continuo chiedere «Quando parti, dove vai, quanto stai via, con chi parti?». È tutto così incredibilmente nuovo e non ci metto tanto ad appassionarmi alle loro scelte. Chiedo, scherzo sul fatto che anch'io sono stato in Grecia, parlo di Patrasso, che è dove mi sono infilato dentro una nave nascosto sotto un tir, o di Lesbo, dove sono arrivato portato da un contrabbandiere. Oppure racconto di come mi piaceva giocare sul pratone davanti al Bosforo a Istanbul, faccio ridere tutti con i miei guai fra Iran e Turchia e mi soffermo solo sulle cose belle perché non voglio che si imbarazzino a dire che partono a qualcuno che ha fatto tanto per arrivare lì da dove loro cercano in tutti i modi di scappare.

In quel cortile assolato sono il più piccolo e se i ragazzi mi guardano poco, gli adulti, quelli che lavorano al centro, mi prendono in simpatia. Mi fanno dei piccoli regali, perdono del tempo a chiacchierare con me e a farmi delle carezze che io mi godo beato, come un affamato davanti a una tavola imbandita.

Piano piano, i loro progetti diventano più concreti, le vacanze si avvicinano e Roma si svuota, si fa più calma. Gli educatori, assorbiti dai loro programmi estivi, allentano la guardia,

1 **un'ạrea di sosta** *f* Halteplatz – 2 **un conto alla rovescia** Countdown (→ contare) –
7 **susseguirsi** succedersi, presentarsi in successione (→ seguire) –
19 **un contrabbandiere** Schmuggler – 25 **assolato** con molto sole

smettono di contarci. Via via, da piccole le libertà che ci concedono diventano sempre più grandi. Io ne approfitto, col passare dei giorni acquisto coraggio ed esco dal centro da solo, smanioso di guardare oltre i cancelli e farmi un'idea di quello che c'è fuori.

Imparo a spostarmi in autonomia, memorizzo le tratte dei mezzi pubblici, i nomi delle fermate, i numeri sugli autobus e chi fa cosa o chi va dove. Ho tanto tempo libero, anche se sono troppo piccolo e troppo inesperto della vita per sapere che privilegio sia averne.

Spesso, dalla periferia salgo sul tram che percorre tutta la Casilina e vado a Termini, alla stazione. Mi metto a girare per la piazza, è piena di ragazzi seduti a terra e, quando ne vedo qualcuno che mi sembra afghano, chiedo di Hassam, e dopo un po' lo trovo sempre.

Anche per lui il tempo è importante. Ci vediamo regolarmente ma da un incontro all'altro la sua faccia si trasforma, ogni volta è sempre più giù di morale, più magro. Soprattutto gli cambia l'espressione del viso. Sto male nell'accorgermi che quello che non ha fatto al suo sorriso un viaggio massacrante da clandestino lo sta facendo l'attesa snervante qui a Roma. Vederlo così a terra mi spezza il cuore.

«Com'è il centro di accoglienza?» mi domanda la prima volta.

«Bello,» rispondo.

«Come 'bello'?»

Non gli basta, comincia a chiedermi mille cose: se le stanze sono pulite, se le piastrelle sono asciutte, se l'acqua delle docce è calda.

Ha un tono strano come strane sono le sue domande: «Hai un posto per l'asciugamano? C'è il comodino?» mi chiede insistentemente. Non capisco, che domande sono queste? Ma dopo un po' me ne do una spiegazione. Hassam non ce la fa più a vivere in strada. Per questo vuole sapere se nel posto

4 **smanioso** agitato, impaziente – 11 **la Casilina** nome di una via famosa di Roma – 20 **massacrante** molto faticoso

dove sto ci sono le tende. Gli mancano Ghanzi, la città dov'è cresciuto in Afghanistan, e la sua famiglia. Gli manca tutto e forse ha paura di crollare proprio adesso che ce l'ha quasi fatta.

«Ci siamo passati, sai, da Ghanzi, con Mohammed. Quando lui mi aveva nascosto sopra il furgone,» gli dico un pomeriggio, ma dalla sua espressione capisco che era meglio se gli risparmiavo questo ricordo.

E allora torno alle piastrelle del bagno, che sono pulite e lucide, e alle lenzuola che hanno un buon profumo. Hassam mi ascolta concentrato, ogni volta rimane un momento a pensarci con lo sguardo sognante come se stessi parlando delle cime innevate a Kabul o del cielo stellato in certe notti afghane.

«Non so cosa cavolo ho, ma è sicuramente lo sporco che c'è sul pavimento in stazione,» dice in una mattina di sole cocente, con addosso una camicia tutta chiusa fino ai polsi e stretta attorno al collo nonostante si crepi di caldo. Lo guardo dispiaciuto, ma sono abituato che siano gli altri a preoccuparsi per me e non so come comportarmi, né come fargli coraggio.

«Non è niente, dai,» butto lì, cercando di darmi un tono da grande.

Ma è la frase sbagliata: Hassam prima quasi mi fulmina e poi si guarda ancora una volta intorno perché si vergogna e mi mostra le braccia e le gambe.

«Non è niente, eh?»

Fanno paura, sia braccia che gambe sono piene di bolle e macchie e devo mettercela tutta per nascondere il disgusto che provo nel guardarle.

«E adesso come fai?» gli domando, neanche più sicuro che sia lì con me e non altrove, ormai perso nel suo mondo.

Ci mette un po' a rispondermi e, non so perché, così smarrito com'è, Hassam mi ricorda un vicino di casa a Kabul. Era povero,

3 **crollare** cadere, fallire – 12 **le cime innevate** le cime delle montagne coperte di neve – 13 **cavolo** *fam* verdammt – 25 **una bolla** Blase – 26 **una macchia** Fleck – 26 **il disgusto** ≠ gusto – 30 **smarrito** *participio passato di* **smarrire** perdere

come lo eravamo tutti, ma un giorno i suoi figli se ne erano andati in cerca di fortuna e sua moglie era morta. Era rimasto da solo, con le sue due o tre galline e di lì a poco parlava solo con quelle. Finché aveva cominciato a prenderle a male parole perché non gli rispondevano.

«Non lo so cosa faccio,» riprende finalmente lui. «Alla Caritas, il medico mi ha dato una crema. Dice che devo metterla dopo essermi pulito bene. Ma come faccio a essere pulito bene se dormo sempre fuori?»

Vorrei dirgli di venire al centro, portarlo con me, far provare anche a lui la doccia, con l'acqua tiepida che dai capelli scivola fino ad accarezzare i piedi. Ma dovrebbe farsi registrare, dare le impronti e allora addio Svezia.

«Le coperte ormai sono lerce. Credo di essermi preso anche i pidocchi.»

Non so cosa dire. Mi metto a giocare con un sassolino, come facevo da piccolo, lo colpisco col piede, cercando di farlo finire nel tombino.

«Ti faccio vedere una cosa, dai,» dice lui per reagire. Si toglie dalle spalle lo zainetto, in cerca furiosamente di un po' di buon umore. Tira fuori un sacchetto di plastica con dentro delle fette di pane e una banana. Sta ancora cercando quando mi cade l'occhio su un oggetto che non mi aspetto possa essere lì: uno specchietto piccolo, di quelli che usano le donne per truccarsi. Notarlo mi fa male al cuore.

«Guarda, ti piace?» mi domanda mostrandomi infine una maglietta che gli deve aver dato la Caritas. È bianca con sopra scritto Hard Rock Cafe Stockholm.

«Me l'hanno data per caso, qualcuno che ci è stato e poi l'ha regalata alla Caritas. E loro l'hanno data a me senza saperlo. Me la voglio mettere quando parto.»

A un tratto sorride, anche se è sempre un po' mesto.

14 **lercio** sporco – 15 **un pidocchio** Laus – 18 **un tombino** Gully – 32 **mesto** triste, infelice, malinconico

«Quindi ti sono arrivati i soldi da casa?» gli chiedo speranzoso.

«Proprio oggi. Ma il tipo è partito due giorni fa per Stoccolma. E adesso non si sa quando torni. Aveva già altri tre ragazzi da portare.»

«E allora porterà anche te. E poi vai a casa di Ingrid,» aggiungo.

«L'hai imparata.»

«Ci provo,» scherzo.

«E tu, Alì?»

«Cosa?»

«Tutto ok?»

«Sì, tutto ok...»

«Non sembra granché.»

«Fra poco comincia la scuola.»

«Studia.»

«Certo.»

«Quando arrivo in Svezia vado a scuola anch'io.»

«Come te la immagini?»

«Cosa?»

«La scuola.»

«Boh,» diciamo all'unisono e ci facciamo una risata.

«Ti ho portato una cosa,» gli dico qualche minuto dopo, passandogli un pezzo di frittata che ci hanno dato a pranzo.

«Buona,» commenta Hassam.

«Mi spiace che magari non ci rivediamo più.»

«Vaffanculo, Alì.»

«Intendo se parti.»

«Lo so,» sussurra lui.

«Ma che c'è, Hassam? Non sei contento? Sembri triste.»

«È che non pensavo che sarei partito così. Ho paura che non mi porti se sa che ho qualcosa, se sa che ho i pidocchi.»

14 **non sembra granché** non sembra così eccezionale – 22 **all'unisono** *m* allo stesso momento, simultaneamente

«Non vedo niente saltare,» provo a scherzare.

«Ho paura che invece lui li veda. E che magari mi prenda in macchina ma mi chieda più soldi.»

«Quanti sarete?»

«Credo tre o quattro.»

«Quanto paghi?»

«Mille euro.»

«Cavolo.»

«Non c'è alternativa. Sui treni ci sono troppi controlli ormai. E fra Roma e la Svezia ci sono tantissimi confini.»

Provo a fare il conto, ma dopo Svizzera e Germania mi sono già perso.

«Comunque facciamo come Khaled.»

«Come?»

«Te lo sei già scordato?»

«Spara.»

«Se non ci vai tu, ti ci porto io a calci in culo!» dico, provando a imitarne la voce.

Ridiamo e mentre mi accompagna alla fermata del tram facciamo gli stupidi pensando a Khaled a caccia di tedesche per le vie di Amburgo, Berlino o Stoccarda.

È ormai la fine di luglio quando una mattina mi sveglio e sono tutti nella mia stanza: mi circondano, battono le mani, qualcuno mi viene incontro e mi abbraccia.

«Auguri, Alì, auguri!» Ancora non capisco cosa sta succedendo.

«Tanti auguri a te, tanti auguri a te,» canta Alberta, l'educatrice, e dietro di lei arriva un suo collega con una torta fatta in casa. Ha il ripieno alla crema e sopra ci sono quattordici candeline e una grande «A» di plastica.

Sono sbalordito.

15 **scordare** dimenticare – 16 **sparare** *fam qui:* dire, raccontare subito – 31 **sbalordito** colpito, sorpreso

«Ti eri dimenticato? Non ci posso credere,» mi sfotte Alberta.

Mi tiro su dal letto, faccio per alzarmi ma sono in mutande e mi vergogno tantissimo. Tutti ridono ma poi escono in modo da darmi il tempo di infilarmi un paio di pantaloni. Mi sistemo e intanto loro all'esterno gridano, fanno gli scemi, «Alììììì, muovitiiii, Alììììì,» urlano allegri mentre mi controllo i capelli allo specchio.

Quando rientrano, mi festeggiano e io sono pazzo di gioia. Mi sento prezioso, importante, capisco che per i compleanni qui è come per le vacanze: ricordarsene è fondamentale. Cantano ancora, qualcuno lo fa in inglese, gli afghani in dari e poi si gioca a fare gli auguri nelle varie lingue, in rumeno, marocchino e chissà cos'altro e io penso di nuovo a casa, a Kabul. A mio padre che per il compleanno mio o di Mohammed prendeva al massimo una cosa al mercato, un pezzo di carne o un dolce. Ripercorro mentalmente quei momenti e non riesco a ricordarmi di nessuna torta che qualcuno abbia mai preparato per me, tantomeno quando io e Mohammed siamo rimasti da soli. Guardo i ragazzi che mi stanno attorno e vorrei cantassero ancora e ancora.

«Discorso, discorso.» Un educatore interrompe i miei pensieri e io lì in piedi, un po' assonnato ed emozionato, penso che dimenticarsi del proprio compleanno è il primo passo per scomparire, per non esistere. Ma non voglio che nessuno sia triste e allora punto su altro, la sparo grossa: dico che loro sono la mia famiglia, che voglio bene a tutti e che quello è il compleanno, anzi, il giorno più bello della mia vita.

«E adesso c'è una sorpresa…» annuncia un educatore.

«Cosa?» chiedo io, sopraffatto da tutta questa gioia.

«Vi portiamo al lago, prendete i costumi, brutti mostri!» ci fa sapere Alberta scatenando un boato di gioia.

1 **sfọttere qu** *fam* prendere qu in giro – 11 **il dari** il farsi (→ p. 49) parlato in Afghanistan – 31 **scatenare** entfesseln (→ una catena) – 31 **un boato** un rumore forte

Dieci minuti dopo, siamo su un pulmino e non passa molto perché uno dei ragazzi si metta a strillare eccitato: «Il lago, ragazzi, il lago!».

Guardo dal finestrino e adesso lo vedo anch'io il lago: ci sono degli arbusti, una specie di sabbia grigia e umida tutta intorno e il fumo che arriva dalle grigliate dei romani che cucinano bistecche e salsicce direttamente sulla spiaggia. «Calma, calma,» dicono gli educatori ma anche loro sono contenti, come se fosse un anticipo di quelle vacanze di cui non smettono mai di parlare.

Scendiamo e in un attimo i ragazzi si spogliano ed entrano in acqua.

È bella questa terra che sembra sabbia sotto i piedi, è bello il profumo di crema solare e di picnic. Mi avvicino lentamente alla riva, «Aiutami, Alì,» mi dice un ragazzo che ha posato un canotto sgonfio sulla sabbia e adesso vuole gonfiarlo con una di quelle pompe a piede.

«Aiutami, dai...»

«Aiutami, Alì,» sento che mi dice mio fratello due anni prima, a Istanbul, in un centro commerciale, mentre scegliamo il canotto con il quale vuole arrivare in Grecia dalla Turchia.

Siamo lì, io gioco salendo su una barchetta di plastica, e si avvicina un inserviente: «Porti tuo fratello al mare?» chiede a Mohammed.

Noi due ci scambiamo un sorriso complice, da fratelli. Non sono ancora triste: non ho ancora realizzato che quella che stiamo comprando è la sua «nave», quella con cui Mohammed dovrà affrontare il mare aperto per arrivare in Grecia. È sciocco, ma penso solo al piacere di quel segreto fra me e lui.

Poi usciamo e, mentre stiamo camminando tenendo il canotto sulla testa, la verità mi colpisce all'improvviso. Fra poco sarò solo e Mohammed sta per affrontare il suo viaggio a bordo

2 **strillare** gridare, urlare – 5 **un arbusto** *m* Strauch – 16 **sgonfio** senza aria – 23 **un inserviente** Bediensteter – 28 **sciocco** scemo, stupido

di un'imbarcazione così precaria e leggera che io, che ho solo undici anni, sono in grado di trasportarla sulla testa. Penso alle onde, a quanto profondo dev'essere il mare al largo, a quanto nera dev'essere l'acqua se uno naviga di notte. Ho paura ma non voglio ancora dirlo e quindi la nascondo dietro una smorfia, fingo sia per la fatica di portare quel peso ridicolo.

«Alì... Alì, che fai, dormi? Muoviti,» mi richiama a sé il ragazzo, con il tubicino della pompa già infilato nella valvola. Mi avvicino a lui, spingo forte con il piede per gonfiare, la pompa cigola e io smetto solo quando vedo che il canotto è bello duro e pronto per salpare.

«Per quante persone è?» chiedo.

«Quattro... ma ci possiamo stare anche molti di più,» ride il ragazzo.

«Chi non sa nuotare metta il giubbotto, eh,» ordina serio l'educatore.

Non so nuotare, io, non ho mai imparato, prendo un giubbotto e poi trascino in acqua il canotto. Mi ci siedo dentro e intanto si tuffano anche gli altri ragazzi. Qualcuno sale, altri si attaccano dietro ma i remi li prendo io, sono io il capitano della nave e comincio a remare per andare al largo. Remo, remo, e la spiaggia si fa lontana, mi stanco e quando sono troppo stanco per remare rido, felice come un pirata perché oggi, nonostante le ombre dei ricordi, è un giorno bellissimo.

Non mi tiro indietro quando i ragazzi si schizzano fra loro, mi allontano solo quando si saltano sulle spalle per giocare a farsi annegare. Provo un senso di pace, penso che voglio avere solo le paure di uno un po' imbranato che non sa nuotare, di un ragazzo qualunque con la pelle delicata che ha paura di scottarsi con il sole o di farsi tirare la sabbia negli occhi.

1 **precario** insicuro, malsicuro, pericolante – 5 **una smorfia** Grimasse – 8 **una vạlvola** Ventil – 10 **cigolare** quietschen – 15 **un giubbotto (di salvataggio)** Schwimmweste – 20 **un remo** Ruder – 21 **remare** → remo – 25 **schizzarsi** sich bespritzen – 27 **annegare** qui: jdn unter Wasser tauchen – 30 **scottarsi** sich verbrennen

Lì, in mezzo a quel laghetto nelle campagne vicino a Roma, mi scorrono davanti agli occhi le immagini della mia traversata fra la Turchia e la Grecia. Con la barca che si rompe a qualche decina di metri dalla riva, la donna con il bambino che prende il salvagente e si salva. Io che non so nuotare ma che miracolosamente riesco ad afferrare una tanica di benzina e ad arrivare dove si tocca. Io che cerco di asciugarmi intorno a un falò improvvisato sulla spiaggia di Lesbo. E mi salvo, a differenza di mio fratello che è morto qualche settimana prima su un canotto andato a fondo in quello stesso mare.

Ci penso ma oggi si festeggia e quindi i pensieri belli hanno la meglio su quelli brutti. A mollo in quell'acqua fresca finalmente mi sento libero dal caldo torrido e sento che insieme al caldo se ne va anche quell'ansia, quella monotonia.

«Ci vuoi provare?» mi domanda un operatore vedendo che sono pensieroso.

«Cosa?»

«A nuotare.»

Mi si avvicina, mi toglie il giubbotto.

«Stiamo qui, vicini a riva… dove si tocca.»

Rimaniamo in piedi l'uno accanto all'altro, mi mostra come devo fare, mima il movimento delle braccia «a rana». Sembra facile, mi chino, infilo il petto nell'acqua, sollevo le gambe e comincio a muovermi all'impazzata, ma un secondo dopo mi devo tirare su da mezzo metro d'acqua con le mani che sprofondano nella sabbia.

«Bravo, stavi andando benissimo,» mi incoraggia lui.

Non voglio deluderlo e ci riprovo. Entro di nuovo in acqua con metà corpo ma, dopo aver camminato un po' allontanandomi dalla riva, do un paio di colpi con le braccia ma quando smetto di muovermi sprofondo e bevo anche se

6 **afferrare** prendere, tenere forte – 8 **un falò** Lagerfeuer – 12 **avere la meglio su qc** Oberhand über etw haben – 12 **a mollo** aufgeweicht – 13 **un caldo torrido** drückende Hitze – 22 **nuotare a rana** brustschwimmen (**la rana** Frosch) – 23 **chinarsi** neigen, beugen – 26 **sprofondare** versinken – 28 **delụdere qu** jdn enttäuschen

tocco. L'operatore mi solleva subito, ride, «Dai, non è niente,» dice quando vede che non mi sto divertendo.

«Mi spiace,» borbotto e vado a sedermi sull'asciugamano.

«Tanto fra poco torniamo a casa, non ti preoccupare,» dice lui, con il tono di chi sta pensando a quello che mi è successo.

Nel pulmino, sulla via del ritorno, i ragazzi cantano, scherzano fra loro, ma io ho fretta di raggiungere Hassam. Voglio raccontargli di questa giornata e, appena rientrati, infilo in un tovagliolo di carta una fetta di torta avanzata, aggiro la sorveglianza sempre più blanda e salgo su un autobus per Termini.

Mezz'ora dopo sono a destinazione, gironzolo nei paraggi sperando di vederlo ma gli afghani sono cambiati e non conosco quelli che ci sono adesso. Intravedo un ragazzo rumeno amico di Hassam, chiedo a lui e, mentre lo faccio, mi accorgo che gli sto parlando in italiano e non in quel mix di inglese, italiano e gesti che usiamo al centro di accoglienza. Temo che il ragazzo non mi possa capire e mi preoccupo perché non ho nessuno a farmi da interprete. Ma lui parla quello che a me sembra un italiano perfetto, capisce le mie parole, dice che si ricorda di me.

«No, non c'è più.»

«Come?»

«È andato. Ieri.»

«Davvero?»

«Sì.»

«Era contento?»

«Era pazzo di gioia. Io vado con il prossimo giro.»

«Tieni, oggi è il mio compleanno,» dico, porgendogli la torta con un groppo in gola.

3 **borbottare** mormorare – 10 **blando** debole, moderato – 12 **gironzolare** schlendern, bummeln – 12 **nei paraggi** nei dintorni – 29 **porgere qc a qu** dare, offrire – 30 **avere un groppo in gola** *fig* einen Kloß im Hals haben

Mi trascino lontano dalla piazza, ho la pelle ancora calda da tutto il sole che ho preso al lago e nessuna voglia di guastarmi con la malinconia questa giornata così bella. Hassam è riuscito a fare quello che voleva, penso mentre salgo sull'autobus che mi riporta al centro. Scendo alla mia fermata, una mezz'ora dopo, e penso ancora ad Hassam: lo immagino in auto, con uno »scafista» su quattro ruote mentre attraversa da sud a nord l'Europa a caccia del suo sogno. Ha lo sguardo felice e l'ottimismo negli occhi.

Peee, peeee, peeeee.

Il clacson del motorino alle mie spalle mi riporta alla realtà. Mi giro di scatto e riconosco Ibrahim, il ragazzino marocchino con lo sguardo furbo che ho conosciuto il primo giorno. È da un po' che è scappato dal centro. Non so dove abita, dove vive né cosa faccia, ma ai piedi ha un paio di Nike nuove fiammanti e accompagna il mio stupore nel vederlo con una risata rumorosa.

«Sali, disgraziato,» dice con un tono più gentile delle sue parole.

«Devo rientrare, è tardi.»

Scuote la testa ma non dice nulla. Non prova a convincermi, si limita a procedere al mio fianco, lui sul motorino e io a piedi, fin verso la soglia del centro. In lontananza, si sente già la musica degli eritrei e il canto monotono ed esasperante delle cicale.

«Tanto non se ne accorge nessuno, che te ne frega?»

«No, non posso. Tu perché sei scappato?» gli domando e intanto guardo il cortile senza scorgere alcun movimento all'interno.

«Secondo te?»

«Non lo so. Però adesso devo andare, ciao.»

7 **uno scafista** chi trasporta immigrati clandestini servendosi di diversi tipi di imbarcazioni a motore – 11 **un clacson** Hupe – 18 **un disgraziato** Pechvogel – 24 **esasperante** nervtötend – 25 **una cicala** Zikade

«Ci vediamo, Alì,» dice, ma non se ne va. È chiaro che non ha voglia di stare da solo e che per oggi gli basta anche la compagnia di uno «sfigato».

«Ciao,» ripeto e neanch'io sono troppo convinto di voler tornare indietro.

«Dai, facciamo che se vieni ti lascio guidare.»

Alzo di colpo lo sguardo verso di lui.

«Giuro.»

Dal viso passo a osservare il motorino. È bello, nuovo fiammante come le sue scarpe. Rimango interdetto un secondo. Non un attimo di più.

3 **uno sfigato** Pechvogel, armes Schwein – 10 **interdetto** senza parole

6. La strada più breve

La Casilina è una striscia di asfalto lunghissima che corre nei due sensi e io accelero, freno e mi impegno a evitare le buche per non rischiare di perdere il controllo, cadere e rovinare tutto. Da Torre Spaccata, mi dirigo verso il centro della città e osservo il tram antiquato che procede in tutte e due le direzioni sui binari in mezzo alla carreggiata. Sulla mia corsia non ci sono auto, ma Ibrahim mi dice di andare piano, di prenderci prima un po' la mano. Non ho mai guidato in vita mia, è la prima volta, ma mi viene facile: basta girare la manopola facendo attenzione a non farsi prendere dalla foga. Se con l'acceleratore me la cavo subito bene, fatico invece a frenare senza rischiare ogni volta di catapultare Ibrahim direttamente in mezzo alla strada.

«Piano, per Dio,» dice lui, a dire il vero più divertito che arrabbiato.

Sento l'aria sulle braccia e per un istante mi rivedo a Kabul, bambino, a bordo del carretto di papà, a sognare di essere un pilota di Formula 1. Mimo le curve, abbasso la testa, con la bocca faccio il rumore del rombo del motore.

«Smettila, scendi, devo andare,» brontola papà.

«Dai, papà,» ti prego.

«Va bene, oggi guidi tu,» mi dice, cominciando a trascinare il carretto con me sopra, nonostante il peso.

«Grazie, papà,» sussurro saltando giù, quando vedo che lo sto facendo faticare troppo.

«Ci vediamo a casa, Alì, non stare in giro,» conclude, allontanandosi.

4 **Torre Spaccata,** una zona ad est della città di Roma; la via Casilina la collega con la stazione centrale. – 6 **una carreggiata** Gleis – 9 **una manọpola** Drehknopf – 10 **la foga** Eifer – 17 **un carretto** Karren, Handwagen – 19 **un rombo** Dröhnen – 20 **smẹttila** hör auf (→ smettere)

La Casilina è stranamente deserta e quasi silenziosa, a eccezione della marmitta truccata del motorino di Ibrahim. I romani sono scomparsi, sono tutti in vacanza, e sui marciapiedi si vedono solo stranieri, uomini con il turbante che sorseggiano del tè su un muretto e, più avanti, un gruppo di cinesi che cerca di vendere custodie di cellulari su un tavolino in mezzo alle macchine parcheggiate. L'aria mi colpisce in pieno volto, vorrei togliermi il casco per sentirla anche sui capelli, ma Ibrahim da dietro mi dà un colpo secco sulla testa.

«Non te lo togliere mai,» mi dice con un tono serio quando slaccio la cinghia a un semaforo. «Chiaro?» ripete. «Non ci devono fermare, chiaro?»

Mi giro per capire perché adesso sembra di colpo arrabbiato, ma scatta subito il verde e parto deciso, con Ibrahim che deve attaccarsi forte per non volare via. Sgommo, le ruote slittano, mi diverte essere il primo ad attraversare l'incrocio, lasciare indietro le auto che arrancano alle mie spalle.

«Fermati,» ordina Ibrahim quando ormai siamo nei pressi della stazione Termini.

Un paio di ragazzi italiani che sembrano essere lì ad aspettarlo lo salutano allegri, uno gli mette una mano sulla spalla come se volesse abbracciarlo ma in realtà gli sussurra qualcosa all'orecchio. Confabulano per qualche istante e poi Ibrahim si gira verso di me facendomi segno di rimanere fermo dove sono. Lo vedo avviarsi verso un'aiuola, guardarsi intorno, frugare in un cespuglio e far spuntare praticamente dal nulla un sacchettino di plastica nero tutto attorcigliato su se stesso. Adesso il ragazzo si fruga in tasca, tira fuori una banconota da cinquanta, prende qualcosa dalla mano di Ibrahim, gli passa i soldi e poi scompare.

«Io è meglio che torno,» borbotto.

2 **una marmitta truccata** *ugs fig* frisierter Auspuff – 6 **una custọdia (di cellulari)** (Handy-)Hülle/Etui – 11 **slacciare** aprire, slegare – 11 **una cinghia** Riemen – 15 **sgommare** mit den Reifen quietschen – 23 **confabulare** conversare a bassa voce – 25 **un'aiuola** *f* Beet – 26 **un cespuglio** Busch – 27 **attorcigliare** (ein-, um-) wickeln

«Che c'è? Siamo appena arrivati. Non ti va una Coca?»

«No.»

«Dai, pago io.»

E chi altri? Vivo in un centro di accoglienza, non ho documenti, non esisto. E non ho un soldo, neppure una moneta.

Ci fermiamo da un kebabbaro, anche a lui Ibrahim passa qualcosa ma quello, invece di dargli qualche banconota, dice solo «quello che vi pare» indicando il bancone.

«Quello che ti pare,» ripete Ibrahim. «Sì, tranquillo,» aggiunge, vedendo che gli sto chiedendo con gli occhi se è proprio quello che intende.

Ordino un piatto di kebab e una Coca e poi, per dessert, un riso dolce e dei dolcetti al miele. Li ordino tutti insieme, come se temessi che Ibrahim o, meglio, il suo amico, possano cambiare idea.

«Vuoi anche un tè?» chiede quello.

«Sì, anche un tè,» dico io, avvicinando lo zucchero per portarmi avanti.

Il ragazzo del negozio ride, accosta alla resistenza il pezzo di carne infilato nello spiedo e intanto prepara il dolce sul vassoio, in attesa di poter tagliare la carne da disporre sul piatto grande.

«Tutto,» gli dico, prima ancora che mi chieda se voglio patatine, salsa piccante, salsa bianca all'aglio, cipolle, insalata, cavolo rosso e ogni ben di Dio che può raccattare con la pinza nelle vaschette di plastica.

Ibrahim parla, parla tanto. Seduto davanti a me sullo sgabello, con lo specchio lungo tutta la parete, dice che le cose gli vanno bene, che magari l'anno prossimo si compra una macchina, che adesso cambia motorino. Non lo ascolto e non fingo neppure di guardarlo. Mangio avidamente, come uno che sa di non dover perdere a nessun costo un'occasione simile.

21 **uno spiedo** Spieß – 21 **un vassoio** Tablett – 25 **raccattare** raccogliere – 25 **ogni ben di Dio** alles, was das Herz begehrt – 28 **uno sgabello** un sedile di legno o metallo senza spalliera – 31 **avidamente** come un affamato

«Andiamo adesso?» gli domando a piatto pulito, togliendomi dalla bocca un chicco di riso dolce rimasto lì incollato.

Torniamo indietro sul motorino con la pancia piena, ma ora è Ibrahim a guidare. Non insisto, mi sento gonfio e ancora più accaldato di prima. Il sole adesso è meno forte, ma l'aria torna bollente ogni volta che siamo costretti a fermarci a qualche incrocio. Sulla strada ci sono gli stessi venditori dell'andata, solo più stanchi e affamati, meno vogliosi di mostrare la propria mercanzia e pronti a chiudere queste botteghe improvvisate e andarsene a mangiare.

Ibrahim accosta lento quando siamo in prossimità del centro di accoglienza e io sto per salutarlo quando mi chiede: «Lo rifacciamo?».

«Mi fai guidare ancora?»

«Sì, te la cavi. A parte quando freni.»

Sorrido.

«C'è una cosa. Una cosa che vorrei proporti,» dice con un tono improvvisamente serio.

«Cosa?»

«Mi serve qualcuno. Un soldato.»

Rimango stupito.

«Le hai viste, no?» dice, indicandosi le scarpe.

Sì che le ho viste. È da stamattina che le guardo. Anche in motorino: un occhio alla strada e uno in basso, verso le scarpe che spuntano appena dietro le mie. Le scarpe, anche in Grecia, anche in Turchia, fra ragazzi si parla solo di scarpe.

«Allora?» insiste Ibrahim.

Sono davvero meravigliose, verdi lucide, con il baffo del logo di un bianco candido.

«E questo...» aggiunge indicandomi un cellulare di ultima generazione. «Come me li sono comprati? Lo sai, no?» mi domanda serio ma orgoglioso, prima di fare una pausa come se io potessi non saperlo.

28 **un baffo** *qui:* un segno

Mi guarda per qualche istante e dalla faccia che fa capisco che devo avere l'aria impaurita.

«Sei minorenne, non ti possono fare niente. Se ti prendono, sai dove ti portano?»

«No.»

«Qui, esattamente dove sei ora,» continua, mentre io non ho ancora staccato gli occhi dalle sue scarpe.

«Quanti anni hai?»

«Quattordici. Da stamattina.»

«Auguri, allora. Te ne davo dieci.»

«Non ci credo,» ribatto ma il mio tono è effettivamente quello di un bambino.

«Ti hanno mandato qualcosa da casa?»

Scuoto la testa. Provo a nascondere quanto male mi faccia la sua domanda.

«Non hai nessuno?»

Rimango zitto.

«Mi dispiace. Comunque, se lavori bene, in una settimana con me te le compri.»

Impossibile.

«Domani vado per qualche giorno da un mio amico a Napoli. Pensaci, ripasso presto,» dice Ibrahim, prima di sgasare e impennare.

Rientro al centro, alla mensa c'è amatriciana per tutti ma, non appena mi corico, come quasi ogni notte, mi agito e mi affanno senza riuscire a prender sonno. Non è la prima volta e a preoccuparmi non è solo quello che mi ha proposto Ibrahim o le scarpe che gli invidio tanto. Per me, come per molti altri ragazzi, a giornate faticose e monotone, in attesa che le scuole

3 **minorenne** chi ha meno di diciotto anni – 11 **ribattere qc** difendersi con argomentazioni, contraddire – 22 **sgasare** *fam* den Motor aufheulen lassen – 23 **impennare** sollevare la parte anteriore del motorino – 24 **un'amatriciana** un piatto tipico di pasta del Lazio (bucatini o spaghetti all'amatriciana) – 25 **coricarsi** andare a letto – 26 **affannarsi di qu/qc** preoccuarsi di qu/qc, essere in pensiero per qu/qc

comincino, seguono notti ancora più lunghe. Notti nelle quali al caldo e alla luce del giorno che ci acceca nell'immobilismo del piccolo giardino si sostituisce la paura delle camerate buie e dei corridoi stretti con i neon a destra e a sinistra che neanche per sogno assomigliano a una casa. Non ce lo diciamo, ce ne vergogniamo, ma noi ragazzi cerchiamo di rimandare sempre quel momento, quello in cui lasciamo la stanza della televisione al pianoterra, i commenti fra noi, le battute sul calcio o sulla ragazza di turno e ci viene dato l'ordine di salire nelle camere, dove tutto si cristallizza fino alla mattina successiva. Teniamo gli occhi aperti il più a lungo possibile perché sappiamo che quando li chiuderemo arriverà quell'altro momento, quello dei fantasmi: quello in cui si pensa a casa, ci si strugge nella nostalgia delle piccole cose, il gusto dello yogurt per me o un paesaggio di rocce e dune per un altro, e ci si sveglia improvvisamente nel cuore della notte perché si ricordano avvenimenti brutti.

Ci sono ragazzi che hanno incubi e si svegliano, quelli che parlano nel sonno, altri che si lamentano o piangono senza neanche svegliarsi. Io, lo scopro proprio in quelle prime settimane, sono tutti quei ragazzi: parlo, grido, piango. La notte il mio autocontrollo se ne va e posso solo sperare che qualcuno mi svegli e mi calmi, chiamandomi per nome e dicendomi che va tutto bene.

Diversi fra noi per nazionalità, cultura, storia, siamo tutti ugualmente rimbalzati lontano dal nostro mondo. E quel mondo, pur se in guerra, con le case distrutte o schiacciato dalla miseria, di notte ci manca da impazzire.

Capita di rimanere per diverso tempo al buio, a fissare il soffitto, finché ci si accorge che nella penombra, accanto a te, il tuo compagno di stanza sta fissando lo stesso punto dell'intonaco. Si incrociano gli sguardi che sembrano dire «Ti capisco, amico, non ci pensare, fratello». Ancora troppo timidi

2 **accecare** blenden (→ **cieco** blind) – 13 **strụggersi** *fig* (dahin)schmelzen – 18 **un incubo** Albtraum – 29 **capitare** succedere – 32 **un intọnaco** Putz

per aprirsi a parole o, come mi succederà nei mesi a venire, allungare di nascosto la mano per stringerla a un altro ragazzo, ugualmente triste, ugualmente spaventato.

Poi, quando torna la luce, il mattino dopo, si fa finta di nulla, si torna a fare i duri, a fare i grandi, a fare quelli che nessuno li piega.

Ma quella notte c'è una domanda che mi tortura. Mi chiedo chi voglio essere. Rimugino, mi sento terribilmente solo, vorrei tanto poterne parlare con Hassam. Sentirgli dire che è una pazzia, che non devo farlo per nessuna ragione al mondo e finalmente togliermi il peso di quello che non potrò mai avere.

Come un pallone, che tanto tempo fa avevo desiderato.

«Sei contento adesso?» mi aveva domandato un giorno papà.

«Ma come fai a trovare sempre i soldi?» gli avevo risposto io con un'altra domanda, come faceva sempre lui.

Eravamo in cortile, a casa, a Kabul, e di fronte a noi c'era Ahmed, il mio migliore amico, che giocava a correre tutto contento dietro a un pallone che papà aveva recuperato da qualche parte. Non era nuovo, non era neanche così bello e gonfio, ma quando avevo visto papà afferrarlo dal carretto e tirarmelo con un calcio ero impazzito di gioia. Avevo trascorso ore a contare i palleggi, a tirarlo contro un muretto e a stopparlo finché finalmente mi ero sentito abbastanza stanco da aver voglia di lasciare che anche Ahmed ci si divertisse un po'.

«Vuoi un po' d'acqua?» mi aveva chiesto papà.

L'avevo guardato dritto negli occhi, cercando di capire se avesse sentito la mia domanda sui soldi, anche se sapevo che lui spesso non rispondeva. Rimaneva un po' lì in silenzio e, se avevo avuto la pazienza di non andarmene, iniziava pian piano a parlare.

«Ahmed ha la casa più grande ma anche noi ce la caviamo sempre,» avevo insistito perché questa cosa dei soldi mi

9 **una pazzịa** Wahnsinn – 22 **un palleggio** uno scambio di palla (→ palleggiare)

interessava. Avevo sei o sette anni ma sapevo bene chi erano i più poveri in quel cortile circondato da un gruppetto di case: non avevamo mai posseduto una macchina, papà non aveva un negozio, vendeva piccole cose andando a un mercato con il carretto, mangiavamo la carne solo nei giorni di festa e spesso ce ne procuravamo un po' giusto per restituire il favore a famiglie che ci avevano invitato ad assaggiare la loro. Eppure.

«Immagina una cosa,» aveva cominciato papà di punto in bianco. «Ci sono due persone: una ha tanti soldi e l'altra non ne ha,» aveva detto, bevendo la sua acqua e poi facendo una pausa per permettermi di visualizzare queste due persone.

«Una può comprarsi quello che vuole e l'altra no. Però tutte e due hanno bisogno di una cosa. Prova a pensarci.»

Ci avevo provato e riprovato finendo per convincermi che se le cose si facevano così difficili forse avrei fatto meglio a starmene zitto e continuare a palleggiare con Ahmed.

«Non lo so.»

«Pensaci. Se ci pensi lo capisci.»

«Dimmelo tu, ti prego.»

«Sei pigro.»

«Di un amico?»

«Quasi. Della fiducia. La gente deve avere fiducia in te. Perché se si fida avrà voglia di fare affari con te se sei ricco, ma sarà anche disposta a prestarti i soldi se sei povero.»

«E quindi?»

«Quindi se ti comporti sempre onestamente, se sei puntuale nel rispettare la parola data, se sei sincero in quello che chiedi e dai, allora è come se tu fossi socio di tutti.»

«Bello.»

«E non resterai mai senza niente,» aveva concluso alzandosi per tornare a lavorare e lasciandomi lì di nuovo a palleggiare.

Qualche giorno dopo quel giro in moto, sono in giardino che ripasso l'imperfetto del verbo essere e mi sento chiamare dal

8 **di punto in bianco** *fig* all'improvviso – 20 **pigro** faul

cancello. È Ibrahim: gli vado incontro quasi di corsa e con una gran voglia di scappare da tutti quei «io ero, voi eravate» che non mi entrano in testa.

«Ciao, Ibrahim.»

«Che fai?»

«Studio il verbo essere.»

«Fortunato,» dice per sfottermi. «Facciamo un giro?»

«Boh.»

Ha uno scooter nuovo. Avanziamo per qualche metro affiancati, lui in sella e io a piedi, con lui che dà delle brevi accelerate per poi rallentare e procedere alla mia velocità.

«Ti piace?»

«Sì,» gli rispondo sognante. Non è che mi piace: quel motorino è una meraviglia, così rosso fuoco con la carenatura bianca. «Complimenti. Davvero, è fichissimo.»

«Dai, ti faccio provare, monta su,» insiste quando vede che non mi muovo.

Penso di nuovo che vorrei parlarne con Hassam ma che Hassam non c'è. E per un momento su quel sellino vorrei salirci anche solo per avere un amico quel pomeriggio. Ma resto dove sono. A malincuore.

«Che c'è?» mi chiede Ibrahim, stupito.

«No, grazie.»

«Che dici? Sei diventato scemo?»

«Grazie. Ma no.»

Mi guarda esterrefatto.

«Non mi va,» dico facendo ben attenzione a non osservargli le scarpe, ancora più belle di quelle precedenti.

«Ne trovo mille come e anche meglio di te,» dice Ibrahim ridendo, ma si vede che è deluso.

Vorrei essere meno saggio, meno pauroso, salire con lui su quella moto, essere capace di trovare qualche giustificazione o

15 **una carenatura** Verkleidung – 15 **fico** *fam* molto bello – 21 **a malincuore** schweren Herzens – 26 **esterrefatto** molto colpito e sorpreso – 31 **saggio** giudizioso, equilibrato

alibi come fanno altri ragazzi. Ma non cambio idea e rimango fedele a me stesso.

«Riporta subito le padelle,» mi aveva detto una volta mio padre arrabbiato dopo che avevamo finito di mangiare con degli ospiti e io non mi muovevo.

Quel giorno mamma aveva cucinato il bolany per noi quattro e per un'altra famiglia che ci faceva sempre tanti piaceri.

«Tanto a loro non servono, gliele porto domani,» avevo bofonchiato, pigramente sdraiato da qualche parte in casa.

«Alzati immediatamente, Alì. E riportale subito,» aveva ripetuto papà, con un tono del tutto diverso. «Altrimenti non ce le presteranno più.»

Si era alzato ed era venuto verso di me.

«... se non mantieni la parola una volta, poi non vale più. E nessuno ti vorrà più aiutare...»

Ero corso dal vicino, più per paura delle botte che perché avevo capito.

«Hai fatto?» mi aveva domandato al ritorno papà.

«Sì.»

«Com'è andata?»

«Mi hanno dato un dolcetto. E mi hanno detto che posso richiederle quando voglio...»

«Hai visto?»

Il sole è ormai basso, sul cortile del centro di accoglienza sta scendendo il crepuscolo, rimango fermo su una panchina ma lascio perdere il verbo essere. Guardo gli eritrei che suonano il bongo e gli iracheni che si sfidano a calcio balilla, aspetto che la giornata finisca e quando vedo spuntare la luna sopra la mia testa sorrido, pensando a papà che rispondeva con delle domande, ad Hassam che chissà se avrà già conosciuto Ingrid

6 **un bolany** un piatto tipico dell'Afghanistan simile ad una focaccia – 25 **un crepuscolo** Dämmerung

e a me che fra poco comincio la scuola. Mi dico che voglio che siano orgogliosi di me e di quello che diventerò. E che non li voglio deludere, nessuno di loro. Nemmeno Ingrid che un giorno, ne sono certo, Hassam vorrà presentarmi.

7. A scuola

Dal momento in cui Hassam parte per la Svezia e Khaled sparisce, non c'è più nessuno a ricordarmi chi sono né da dove vengo, nessun amico del passato remoto e neanche del passato prossimo. La mia vita ricomincia completamente da zero, come in Turchia, dopo aver perso mio fratello, ma adesso sono più grande, ho quattordici anni e più esperienza.

Senza Hassam da andare a trovare, senza le nostre chiacchiere, però, l'estate sembra non finire mai e, quando si esauriscono i racconti su come sono andate le vacanze da parte dei vari operatori, educatori, psicologi che nel frattempo sono tornati, le cicale stanno ancora cantando come pazze.

«Fra poco comincia la scuola,» sento finalmente dire a un operatore, quasi sollevato di poter tornare alla routine. È un segnale, un nuovo punto di partenza e io, con il piccolo vocabolario di italiano e un quaderno per prendere appunti sempre in mano, mi trovo spesso a pensare a Kabul e alle mattine in cui mamma mi svegliava con la colazione e parlavamo di papà e di Mohammed che erano già al lavoro. Penso ad Ahmed, il mio amico, che mi aspettava sulla soglia di casa sua per andare insieme alle lezioni, in una scuola che era poco più di un prato spelacchiato alla periferia della città. Penso a quanta strada ho fatto e che adesso sono in quell'Europa che nei racconti di papà era sempre un sogno lontano.

La scadenza però si avvicina e quanto più si fa reale tanto più all'orgoglio del dove sono arrivato si sostituisce il timore di essermi spinto troppo in là. Seduto sulla panchina ad ascoltare la musica degli eritrei che continuano a ignorarmi e a guardarli che ballano e si corteggiano fra loro, non riesco a non pensare che per me l'Italia è poco più di un giardino con l'erba ingiallita e un recinto che potrebbe scavalcare anche un bambino. Che

9 **esaurire** finire – 13 **sollevato** erleichtert – 21 **un prato spelacchiato** un terreno con poca erba – 30 **un recinto** Zaun, Gitter – 30 **scavalcare** klettern

vorrei tanto ballare come loro ma non riesco a muovermi a tempo se qualcuno mi guarda.

Penso che non so niente dei professori, di come funziona la scuola qui, di come ragionano i ragazzi italiani. Mi prende il panico, divento cupo, incostante, ma gli adulti minimizzano e non c'è verso di spiegare che il coraggio di nascondersi sotto un tir non è lo stesso che serve ad affrontare centinaia di ragazzi sconosciuti. E che, in quel caldo torrido che non se ne va, essere arrestati dalla polizia mi spaventa meno che chiedermi cosa penseranno tutti quei ragazzi di me.

Non mi do pace tanto che, qualche ora prima di cominciare la scuola, vado a parlare con Alberta per spiegarle l'ennesima mia preoccupazione: non ho neanche un vestito elegante, niente di decente.

«Come faccio ad andare a scuola così?» piagnucolo.

Alberta mi guarda stupita. «In che senso?» mi domanda come se avesse capito male.

Frigno, sbuffo e lei, che non ha idea di quello che mi passa per la testa, dopo dieci minuti chiama i due «veterani» afghani sperando serva. A differenza sua, loro capiscono subito perché sono angosciato e le spiegano che in Afghanistan bisogna andare a scuola il più elegante possibile e che presentarsi con le scarpe da ginnastica equivale a mancare di rispetto agli insegnanti.

Alberta alza gli occhi al cielo, questi afghani devono essere un po' matti, si vede che pensa, ma poi torna professionale.

«Qui è il contrario, quelli troppo eleganti i compagni se li mangiano,» taglia corto. «Dai, raccontami un po' della scuola a Kabul,» rilancia, quando vede che non ho voglia di scherzare.

Vorrei dirle dei professori con i kalashnikov appoggiati accanto alla lavagna per difendersi da ragazzi che spesso si presentano a scuola armati, vorrei parlarle del tronco d'albero

5 **cupo** pensieroso – 8 **un caldo tọrrido** Gluthitze – 15 **piagnucolare** lamentarsi (→ piangere) – 18 **frignare** quengeln – 18 **sbuffare** stöhnen – 23 **equivalere** avere lo stesso valore – 27 **mangiarsi qu** *fig sport* superare qu con estrema facilità – 28 **tagliare corto** *qui:* sich kurzfassen

al posto dei banchi e delle aule che sono state distrutte dalle bombe. Vorrei dirle che, anche senza soffitti e finestre, studiavamo, e gli insegnanti erano preparati.

Ma lascio perdere, mi sentirei solo peggio, perciò esco a giocare a calcio balilla per distrarmi e mettere a tacere i pensieri che mi rimbombano in testa.

La mattina dopo, mi ritrovo in un atrio circondato da mille ragazzi che ridono e scherzano, mentre un gruppetto di ragazze vestite leggere chiacchierano fra loro. L'educatore saluta e se ne va, ma prima mi consegna a una bidella cicciottella che mi dice tante cose che non capisco ma che mi sembrano tutte gentili.

«Questa è la tua classe. Bella, eh?» commenta, indicandomi le finestre ampie e le pareti piene di disegni.

«Prenditi un posto,» continua la bidella. «Uno davanti, che tanto quelli non se li prende nessuno e tu c'hai l'aria studiosa,» conclude, prima di farmi un qualche segno che io interpreto come un «ci vediamo dopo».

Mi siedo, appoggio lo zaino a terra e resto lì, con lo sguardo basso. Ogni tanto alzo gli occhi e ogni cosa che vedo mi lascia sbalordito: non posso credere che avrò delle compagne femmine. Mi sento morire di vergogna e va peggio quando vedo un mio compagno mezzo sdraiato addosso a una ragazza appoggiata su un banco.

Gli altri parlottano fra loro, nessuno fa veramente caso a me: mi sento talmente fuori luogo che ho la sensazione che mi stiano prendendo in giro o che stiano commentando come sono vestito. Come sono i miei pantaloni, lunghi, corti, troppo stretti? E la maglietta, stirata, non stirata?

«Sei quello nuovo?» chiede un ragazzo che mi passa accanto ma che poi si allontana prima ancora di ascoltare la risposta.

6 **rimbombare** dröhnen – 10 **un bidello, una bidella** Hausmeister(in) – 10 **cicciottello** un po' grasso – 21 **sbalordito** stupito, sorpreso – 25 **fare caso a qu/qc** jdn/etw beachten

Alzo la testa lentamente, su una cosa Alberta aveva ragione: nessuno degli studenti indossa abiti formali o qualsivoglia vestito elegante.

«Ti serve altro? Hai bisogno di me?» dice la bidella con fare materno. Mi accorgo che è ancora lì, che non ha avuto il coraggio di andarsene ed è rimasta a controllare come me la cavo.

«Grazie, no. Tutto ok,» balbetto, anche se vorrei pregarla di starmi accanto almeno fino a che non arriva la primavera.

Trascorrono altri minuti finché si sente uno strano brusio. Alcuni studenti corrono dentro, spintonandosi contro la porta. Urlano «Il proooffff, il proooffff», ma più per gioco che per paura.

Il professore entra. È alto, avrà una quarantina d'anni e anche lui è vestito normale.

«Buon-gio-rno ra-ga-zzi,» scandisce lento, «buon-giorno,» ripete. Al suo saluto non fa seguito una vera risposta, più che altro c'è un misto di indifferenza negli ultimi banchi dove non si sono accorti che è arrivato e di vago scherno da parte di quelli che ce l'hanno davanti e lo guardano come se stessero cercando di ricordarsene la faccia dopo i mesi di vacanza.

«Buongiorno, professore,» dico invece io, dritto come un albero e rigido come una statua.

Ho un accento buffo, sembro un alieno tutto impettito e, pur nel frastuono, improvvisamente si accende un faro su di me. I miei compagni si accorgono forse per la prima volta della mia presenza.

«E questo chi è?» urla uno senza ottenere risposta.

«Ci racconti come ti chiami e da dove vieni?» domanda invece il professore con un tono gentilissimo.

«Alì,» sussurro.

«Benvenuto, Alì,» riesco a sentire la sua voce, coperta da mille altre.

10 **un brusio** un rumore – 11 **spintonare** stoßen – 18 **uno scherno** Verhöhnung, Gespött – 23 **impettito** aufrecht – 24 **un frastuono** un forte rumore – 24 **un faro** una luce chiara, *qui:* l'attenzione di tutti

«Basta, ragazzi, basta, seduti, seduti,» prosegue l'insegnante, più implorante che minaccioso. Molti non lo sentono nemmeno, quasi nessuno sembra fare caso a lui.

«Come sono andate le vacanze? State bene, ragazzi?» ci prova di nuovo.

Qualcuno urla un «bene, bene» sguaiato, ma i più non rispondono neppure.

Sono sbalordito, inchiodato sulla sedia e osservo come per almeno quattro o cinque minuti ci sia un via vai di ragazzi che, con l'insegnante che vaga in mezzo ai banchi come un soldato circondato dalle truppe nemiche, fingono di tornare ai rispettivi posti per poi cambiare idea e dire un'ultima cosa al compagno o all'amica. È un processo che va avanti parecchio, ci vuole un bel po' prima che tutti si siedano e l'insegnante, fosse anche solo perché io e lui sembriamo gli unici lì a non avere nulla da fare e nessuno con cui chiacchierare, venga verso di me.

«Hai conosciuto i compagni?»

Lo guardo e non gli devo sembrare troppo inserito.

«Vedrai, sono bravi ragazzi,» dice. «A modo loro,» aggiunge allegro, forse solo perché è il primo giorno.

«Andavi a scuola, in Afghanistan?»

«Sì.»

«Quanti anni hai fatto?»

«Quattro. Dopo sono partito.»

«Ti troverai bene. Una cosa però te la devo chiedere,» dice.

«Cosa?» domando spaventato.

«Giurami di non diventare come loro.»

Lo dice con la faccia seria, ma poi si mette a ridere per farmi capire che è una battuta. E io rido a mia volta perché immagino sia quello che devo fare.

Penso ai professori in Afghanistan, bravi insegnanti ma con in mano il bastone e pronti a usarlo, e quest'uomo mi piace già da morire.

6 **sguaiato** maleducato – 8 **inchiodato** fissato, fermo (→ un chiodo) – 18 **inserito** chi fa parte di un gruppo, integrato – 32 **un bastone** Stock

«Io sono il professore di matematica. Cosa avete fatto di matematica?»

Non so come spiegarglielo in italiano. E allora parlo d'altro, gli racconto che da noi gli anni sono solo dodici, ma non divisi in cicli. Che non c'è artistico, professionale, ragioneria ecc. Lui mi interrompe, racconta qualcosa sugli arabi e le scienze, la matematica e l'astronomia. Io non sono arabo ma evito di dirlo perché non voglio si imbarazzi.

«Con l'italiano?»

«Sto studiando, ci fanno un corso al centro di accoglienza,» rispondo.

«Sei sulla Casilina, vero? Ne ho avuti altri, non è male, dai.»

«No, no. Non è male.»

«Non ti preoccupare, vedrai che la scuola ti piacerà,» sussurra, tornando verso la cattedra.

«Ragazzi, buoni, dai, fate i bravi. Vi siete presentati al vostro nuovo compagno? Si chiama Alì e viene dall'Afghanistan. Sapete dov'è l'Afghanistan, vero?»

«Afghanistan, Afghanistan!» si mette a urlare uno come allo stadio. «Kabul, Kabul!» gli fa eco un altro neanche fosse una squadra.

Arrivo in fondo al primo giorno e, nelle settimane successive, altri insegnanti si prendono del tempo per capire chi sono e da dove vengo. Non sono certo l'unico straniero nella scuola, ma è evidente che del mio caso si è parlato a lungo. Forse perché non ho famiglia o forse perché sono arrivato da solo sotto un camion. La bidella del primo giorno invece non mi chiede niente del mio passato, a lei importa solo che io diventi romano e, soprattutto, romanista, anche se non mi è subito chiaro in quale ordine.

«E svejjate, Alì, datte 'na mossa, bello,» mi dice quando all'intervallo mi vede a ripassare da solo al banco. Mi vorrebbe

5 **la ragioneria** Rechnungswesen – 15 **una cattedra** un tavolo al quale siede chi insegna nelle scuole – 29 **il/la romanista** tifoso/-a della squadra di calcio AS Roma – 31 **svejjate [...] datte 'na mossa** *dialetto romano* svegliati [...] muoviti

più svelto, «anche più monello», dice strapazzandomi la maglietta, ma poi mi perdona e urla per i corridoi che lì a scuola sono il suo bambino e guai a chi mi tocca.

«Te devi rafforzà,» mi dice spesso e allora ogni giorno mette da parte un paio di pizzette e me le regala di nascosto.

Mi coccola, mi fa compagnia ma anche mi sporna, dice che devo parlare con i ragazzi, che non devo avere paura di loro.

«E se mi prendono in giro?»

«Fallo anche tu,» mi risponde e si mette a ridere. «Credi che sono così sicuri di loro… c'hanno tutti 'na paura,» scherza in un romanesco che piano piano comincia a diventare anche la mia lingua.

Fuori dalla finestra, in quelle mattinate interminabili in cui cerco disperatamente di restare al passo con i miei compagni e dimenticarmi i cinque anni in cui non ho frequentato la scuola, osservo prima le foglie che cadono e poi gli alberi spogli. La temperatura scende, non fa freddo come a Kabul, ma anche se più dolce sento che l'inverno romano è alle porte. Come con le vacanze in estate, ascolto gli italiani parlare continuamente di Natale, di regali, di cene con amici o parenti. Non so nulla neanche di quello, so che c'è un bambino che nasce e dei genitori che vegliano su di lui ma, quando qualcuno si decide, ai primi di dicembre, ad accompagnarci un sabato pomeriggio in centro, l'impatto con le feste è davvero incredibile. Come quando, all'inizio del nostro viaggio, io e Mohammed abbiamo visto per la prima volta l'illuminazione pubblica in Pakistan, il centro di Roma ai miei occhi appare come un trionfo di luci. Ci sono quelle a forma di stelle, a forma di Babbo Natale sulla slitta, luci gialle, azzurre, verdi, fisse o che lampeggiano.

Arriviamo nella zona attorno a piazza Navona, l'atmosfera è del tutto diversa rispetto a quella del quartiere attorno alla

1 **svelto** veloce, rapido – 1 **un monello** Schlingel – 1 **strapazzare** usare senza riguardo – 6 **coccolare qu** *fam* jdn hätscheln – 6 **spronare qu** incoraggiare – 24 **un impatto** un effetto, una confrontazione – 29 **una slitta** Schlitten – 29 **lampeggiare** splendere, brillare

Casilina: c'è una lunga fila di bancarelle dove vendono frittelle, bomboloni alla crema, ciambelle alle mele. Nell'aria c'è un odore intenso e meraviglioso di olio fritto e zucchero, una mamma a pochi metri da me compra un enorme leccalecca a suo figlio. Cammino e per tutta la piazza risuona una musica che non ho mai sentito prima e che mi sembra meravigliosa.

«Cos'è?» chiedo a uno dei ragazzi.

Proprio non ci crede che non lo so, dice che è una canzone di Natale, anzi *la* canzone di Natale, e che si chiama *Jingle Bells*.

Poco più in là, c'è un signore che suona uno strumento a bocca che sembra un grosso sacco con dei tubi ed è circondato da un mucchio di bambini.

«E lui chi è?» chiedo allo stesso ragazzo di prima.

Quello fa un'espressione sbalordita. «Almeno lo zampognaro...» dice constatando il mio stupore.

Non so niente di niente, per me è tutto nuovo, ma vedere le persone emozionate e felici mi fa bene al cuore.

Da piazza Navona prendiamo via Condotti, ci sono delle vetrine da sogno con tanti turisti che entrano ed escono dai negozi. La maggior parte sono asiatici, guardo i loro sacchetti e mi domando cosa ci possa essere dentro. Sorrido e, sarà forse la musica o le luci, ma anche loro ricambiano il sorriso. C'è una banda che suona, credo siano sempre canzoni di Natale, ci fermiamo tutti, compriamo lo zucchero filato e li ascoltiamo mentre lo zucchero ci si attacca intorno alla bocca e sulle dita.

Sento persone che si fanno gli auguri e allora comincio anch'io: fisso negli occhi i passanti e, se incrociano il mio sguardo, dico «Buon Natale» e poi mi allontano ridendo. «Buon Natale, buone feste», come suona bene.

A ogni passo cambia la musica, anche piazza di Spagna è un trionfo di luci e gioia, è pieno di ragazzi giovani. «Sono quelli di *Amici*, il programma,» urla uno: cerchiamo di andare vicino

1 **le frittelle** in Fett gebackener Teig – 2 **un bombolone** gefülltes und frittiertes Gebäckstück, Krapfen – 2 **una ciambella** Donut – 4 **un lecca(-)lecca** Lutscher, Lolli (→ leccare) – 12 **un mucchio** tanti, una multitudine – 14 **uno zampognaro** Dudelsackpfeifer – 24 **uno zụcchero filato** Zuckerwatte

ma altri nostri coetanei sono lì da un sacco di tempo e non ci fanno passare.

«Dai che dobbiamo andare in piazza Venezia, che c'è l'albero,» dice Alberta, con un che di bambinesco nella voce di cui non mi sono mai accorto prima.

Continuo a non sapere a cosa si riferisca ma affretto anch'io il passo, camminando in mezzo a una folla eccessiva persino per Roma. Dieci minuti dopo siamo a piazza Venezia, c'è il sindaco che parla e in mezzo alla piazza c'è un enorme albero pieno di decorazioni.

«Dieci, nove, otto...» il sindaco comincia il conto alla rovescia. Sono lontano ma vedo che in mano ha qualcosa, come un telecomando. E quando arriva a zero, credo sia lui stesso a farlo, le luci dell'albero si accendono improvvisamente. Macchine, traffico, il caos, non sento più niente: sono ubriaco di luci e di gioia.

«Ma qui chi è il capoclasse?» chiedo un giorno al più gentile dei miei compagni, cercando di trovare risposta a una domanda che mi faccio da mesi.

«In che senso?» mi chiede lui. «Cosa vuol dire 'capoclasse'?»

Gli spiego che nel mio paese, a scuola, in ogni classe c'era sempre un ragazzo giudicato più bravo degli altri a cui l'insegnante affidava ogni volta la classe e che dava le indicazioni su quando alzarsi, mettersi in fila, marciare ecc.

Lui ride.

«Ah, è per quello che ti guardi sempre intorno. Pensavo fosse una cosa della guerra...» dice.

«No,» ribatto stupito, «cercavo solo di capire chi dava gli ordini.» Lo metto di buon umore, vado avanti a farlo ridere raccontandogli chi sono stati i miei candidati al titolo di capoclasse in queste prime settimane. Prima, una ragazza che

4 **il bambinesco** tono di voce/linguaggio da bambino – 15 **ubriạco** betrunken – 17 **un capoclasse** un alunno scelto che ha diversi incarichi in classe

nel frattempo ha cambiato scuola, poi uno che è stato sospeso, infine un altro che però ho scoperto essere pluriripetente.

«Chi è quindi?» gli domando.

«Ancora? Sai come si chiama il capoclasse qui?» mi domanda lui serio.

«Vedi che c'è...» rispondo io, deciso a non arrendermi.

«Il caos,» dice.

Ridiamo di nuovo insieme e qualche minuto dopo mi chiede se so giocare a calcio e se mi va di raggiungere lui e altri compagni in un parco quel pomeriggio.

Ci vado e il calcio diventa una temporanea scorciatoia per accedere al loro mondo. Passo la palla, non faccio falli, corro come un pazzo, mi ritaglio in questo modo un piccolo ruolo in mezzo a loro. Non sono ancora «il mio amico Alì» ma almeno sono l'«afghano che la passa bene» e non semplicemente «l'afghano leccapiedi che in classe alza sempre la mano».

Nelle pause della partita i ragazzi scherzano, si muovono e parlano in un modo completamente diverso da quello a cui sono abituato. Mi accorgo che la lingua, che via via comincio a padroneggiare, è l'ultimo dei miei problemi. Sono altre le difficoltà che incontro e vanno da una cultura lontanissima dalla mia al fatto di avere il terrore che qualcuno mi faccia domande personali. È una paura irragionevole, ai ragazzi non interessano queste cose: di chi sei figlio o che cosa fa tua madre sono per fortuna le domande dei grandi, e io non ne conosco al di fuori dei miei insegnanti. Non ho né un padre né una madre, non ho soldi ma, perlomeno in campo, coi ragazzi, serve solo correre forte, buttarsi per parare quando è il mio turno di stare in porta e non lasciar passare l'attaccante avversario se sono in difesa.

1 **sospeso** *qui:* suspendiert – 2 **pluriripentente** un allievo che ha ripetuto la classe più volte – 11 **una scorciatoia** una strada meno lunga rispetto a quella principale – 12 **un fallo** un errore, uno sbaglio – 16 **un leccapiedi** Speichellecker, Schleimer – 20 **padroneggiare** dominare, controllare (→ un padrone) – 29 **stare in porta** im Tor stehen – 29 **un attacante avversario** gegnerischer Stürmer

I mesi adesso scorrono veloci, ogni cosa è nuova. Alcune non le capisco, altre non mi piacciono ma piano piano comincio a capirne il senso. In classe succedono ogni giorno cose bizzarre: i metodi di studio sono talmente diversi che il professore di matematica è sbalordito dal fatto che, pur usando dei procedimenti incomprensibili per lui, arrivo sempre al risultato giusto.

Studio, mi impegno come un matto, lotto per recuperare gli anni perduti e cerco di non pensare al permesso di soggiorno, al fatto che mi potrebbe essere negato e che tutti questi sforzi potrebbero risultare vani.

«Si sa qualcosa?» chiedo ogni tanto in amministrazione al centro di accoglienza, ma quelli non fanno altro che ripetermi che devo avere pazienza.

E quindi cerco di avercela questa pazienza e mi concentro sullo studio. Come con il calcio, uso questa mia costanza nel fare i compiti per conquistarmi un po' di affetto da parte dei miei compagni. Sono il secchione buono, capisco che questa è l'immagine che mi sto cucendo addosso: passo loro i miei appunti, ripeto con loro pezzi di storia che non hanno avuto voglia di studiare, faccio copiare gli esercizi.

Ogni tanto è dura, troppo dura, fatico il triplo di tutti gli altri ma quando vorrei arrendermi o, semplicemente, rallentare, fa capolino la voce di mio fratello, mi tornano in mente quello che mi ha ripetuto per cinque anni e i suoi sacrifici. E riprendo a studiare.

«C'è una cosa per te,» mi dice un operatore un giorno, al ritorno da scuola.

È una busta, c'è sopra il mio nome, e quando la apro c'è una foto di Hassam in una città che immagino essere in Svezia. A Roma è arrivata la primavera ma lui è tutto coperto, con un grande berretto sopra le orecchie e un sorriso smagliante.

18 **un secchione** un alunno che studia molto (*Streber*) – 24 **fare capolino** hervorblicken, hervorgucken – 32 **smagliante** luminoso

«Un abbraccio,» scrive solo, e accanto c'è il suo numero di telefono e l'indirizzo. Mi infilo di corsa in bagno e rimango per qualche secondo a guardare la foto di Hassam e a lasciare scorrere le lacrime. E poi esco, vado a un Internet Point, lo chiamo e gli racconto tutto, pazzo di gioia per non averlo perso.

Quando finalmente mi sveglio la mattina senza il terrore di dovermi presentare in classe, senza il panico di ritrovarmi in mezzo a tanti ragazzi, mi accorgo che fa di nuovo caldo: mancano pochi giorni alla fine dell'anno scolastico e il professore di matematica viene verso di me.

«Vedi, te lo dicevo... Sei stato bravo, anzi, bravissimo. Andrai in terza.»

12 **la terza** (*scuola media*) die achte Klasse

8. Bruce Lee

Roma, dal centro alla periferia, si riempie di fiori e di colori, le fontane vengono prese d'assalto e io nel frattempo cresco e, insieme alle paure che cambiano, che si fanno più complesse e meno decifrabili, cambia anche il mio corpo, si trasforma il mio aspetto. Le domande che vorrei fare si moltiplicano, ma sono troppo timido per esternarle ad alta voce. Nei corridoi a scuola, nelle strade e nelle piazze inizio a spiare le ragazze. Italiane, straniere, more, bionde, alte e basse. Le guardo sempre un po' di nascosto, con una sottile vergogna, e scopro che quello di questi visi aperti, liberi, sorridenti è l'ennesimo mondo nuovo per me, uno ancora più lontano e misterioso della scuola, dell'Europa, di Roma. Continuo a giocare a calcio, ad avere voglia di correre, ma adesso mi ritrovo a passare qualche istante in più davanti allo specchio. Colpisco il pallone di testa e mi viene naturale sistemarmi i capelli. Aspetto con trepidazione la consegna periodica dei vestiti per noi ragazzi del centro di accoglienza e ogni volta mi dispero per quanto sono brutti e fuori moda.

Frequento la terza e nel parcheggio davanti a scuola, fra i miei compagni di classe, spuntano i primi motorini, ci sono ragazzi, quasi sempre italiani e quasi sempre ricchi a eccezione di piccoli ladri o spacciatori, che accompagnano a casa le ragazze belle, quelle che piacciono a tutti. Ragazzi, che invidio da morire, che si avviano ai loro scooter legati al palo sventolando in aria le chiavi con le «belle» che corrono loro dietro, saltano sui sellini e poi scompaiono felici in mezzo al traffico con i capelli al vento.

«Ne trovo mille come te.» Le parole di Ibrahim mi risuonano in testa mentre rientro a piedi a Torre Spaccata, lento e appesantito come non mai.

2 **prẹndere d'assalto** überfallen – 4 **decifrạbile** leggibile – 16 **una trepidazione** preoccupazione, ansia – 22 **uno spacciatore** Dealer (→ spacciare)

Sono prossimo al diploma di terza media e ai quindici anni quando cominciano a parlarmi del fatto che a breve verrò trasferito in un centro permanente dove potrò restare fino ai miei diciott'anni.

«E se non mi danno il permesso di soggiorno?» chiedo, angosciato come al solito.

«Nun ce pensà,» mi ripetono tutti.

Quando comunque arriva il momento di spostarmi, Alberta me lo comunica quasi con dispiacere: è triste che non ci vedremo più. Anch'io, ma mi domando se il fatto di essere trasferito in qualche modo non voglia dire che devo smettere di preoccuparmi e che forse l'Italia ha infine deciso di tenermi, di accettarmi.

«Devi avere pazienza. Non ci hanno ancora detto nulla. Devi avere pazienza.»

«È passato più di un anno.»

«Cosa ti avevo detto?»

«Non lo so più.»

«Che dovevi avere pazienza. Vedrai che il nuovo centro ti piacerà anche di più. E il tempo passerà più in fretta.»

Scuoto la testa scoraggiato, penso a questa attesa che mi consuma e, quando raduno le mie quattro cose dentro una borsa, ragiono sul fatto che lì dentro c'è tutto quello che posseggo. Mi domando come sia possibile che un giorno qualcuno mi possa dire di andarmene via dall'Italia con un fagotto tanto misero.

Una mattina arrivano gli operatori e mi comunicano che andrò come previsto in un altro centro, questa volta grandissimo, subito oltre la cerchia periferica di Roma. Mi ci portano a bordo di un furgone: siamo io e un altro afghano, e insieme cerchiamo di immaginarci la nostra nuova casa, al di là delle voci che abbiamo sentito e che sono quasi sempre sbagliate o inventate.

7 **Nun ce pensà!** *dialetto romano* Non ci pensare! – 22 **radunare** raccogliere, mettere – 25 **un fagotto** Bündel

Dicono che là la vita è dura, che ci sono dei ragazzi che arrivano dal riformatorio, che bisogna fare attenzione.

«Ho sentito di uno che invece ci si trova da Dio,» dico a un certo punto.

«Infatti, speriamo,» conclude il mio amico.

«Speriamo,» gli faccio eco, meno convinto.

Mezz'ora dopo arriviamo e vediamo una distesa di terreni coltivati a vigne, un basso recinto di pietra e delle statue.

«Si fa la vendemmia qui,» ci dice entusiasta l'operatore al volante, indicando i campi. «Adesso è presto ma da agosto sarà pieno di grappoli. Bianca, rossa, nera americana, è una favola, vedrete.»

Guardo i filari, vorrei ricordarmi dei vigneti in Afghanistan, ma l'unica cosa a cui penso è a quanto siamo lontani dalla città e a quanto siamo isolati.

Percorriamo una striscia d'asfalto in mezzo ai campi, mi guardo intorno, sembra un altro mondo rispetto a dove ho vissuto fino a quel momento. È bello ma non mi piace. È troppo remoto rispetto alla città e, anche se non ci sono ancora entrato, mi sto già chiedendo quando potrò uscirne.

Sulla soglia ci accoglie affettuosamente un educatore.

«Siamo tantissimi, qui,» dice, con il tono di uno che ha organizzato una festa che sta andando benissimo. «Tu sei Alì, giusto? Vedi, qui funziona così, ci sono dei quartieri, come in città. E dei compiti per ognuno. Ma andate su, vi faranno vedere tutto.»

Taglia corto perché c'è un altro furgone con altri nuovi ospiti a cui dare il benvenuto. È una cittadina in miniatura, con la farmacia, la chiesa, i negozi, la scuola, tutto ancora abbastanza nuovo e in ordine. Ci avviamo all'interno e dei ragazzi seduti su un muretto ci guardano storto, come se stessimo venendo a portar loro via il pane di bocca.

2 **un riformatorio** Erziehungsheim – 3 **da Dio** *fam* molto bene, fantastico – 9 **una vendemmia** Weinlese – 11 **un grạppolo** Traube – 13 **un filare** Reihe – 13 **il vigneto** Weinberg – 19 **remoto** lontano, distante – 31 **guardare storto** non avere lo sguardo diritto *qui:* guardare male

Sono spaesato, subito ci dividono, un altro educatore spuntato dal nulla mi guida a fare un piccolo giro, mi mostra a grandi linee dove si mangia, dove si dorme, dove sta il direttore e poi mi conduce nella mia stanza.

«Posso farmi una doccia?» chiedo.

«Certo.»

Il bagno in comune si trova lungo il corridoio, appoggio asciugamano e ciabatte all'esterno della doccia ed entro. Lascio scorrere l'acqua, penso che non è poi così male qui, ma quando esco qualcuno ha rubato le mie cose. Uno, forse persino lo stesso ladro, mi presta per un momento il suo asciugamano e io torno nella mia stanza cercando di non sporcare il pavimento con i piedi bagnati. Sono talmente frastornato per il furto che quando, un paio d'ore dopo, suona la campana della mensa, rimango in camera senza capire perché improvvisamente tutti siano spariti.

«Quando si mangia?» chiedo a uno dei miei due compagni di stanza, Ovidio, un rumeno, verso le otto e mezzo. «Perché si mangia così tardi?»

Ovidio ride, mi spiega che la mensa è già chiusa.

«Non hai sentito la campanella?»

«Merda.»

«Qui è tutto diverso, vedrai,» mi sfotte.

Sembra una caserma o un enorme campeggio. Mi devo svegliare, questo capisco.

«Ti va un po' di tv? Ti ci porto io stavolta, meglio, no?» dice l'altro mio compagno di stanza, Otman, un marocchino, per prendermi un po' in giro. Ha un forte accento arabo ed è più freddo, meno socievole del rumeno.

C'è una sala tv come nel centro precedente ma qui il clima è completamente diverso. I ragazzi più forti gestiscono i canali senza che nessun operatore intervenga. Ci sono varie sedie, di legno, di plastica, rosse, gialle e poi una poltrona, vuota. Sembra

1 **spaesato** confuso, disorientato (→ il paese) – 13 **frastornato** confuso – 13 **un furto** Diebstahl – 31 **gestire** *qui:* scegliere, decidere

comoda, faccio per avvicinarmi ma poi capisco che, in nome di una qualche regola non scritta, è prenotata. Rimango in piedi, facendo finta di nulla, in attesa di capire meglio. Un momento dopo, arriva un ragazzo robusto che va a mettersi sulla poltrona.

«Dammi il telecomando,» ordina a quello che ce l'ha in quel momento.

«Levati,» dice a un altro che gli impedisce una visuale perfetta.

«Vammi a prendere una Coca,» sbraita con un terzo che si alza di scatto e corre alla macchinetta.

Mi stupisce il suo tono, ma ancora di più che gli ordini di questo ragazzo vengano eseguiti senza battere ciglio.

«Chi è?» sussurro a quello di fianco.

«Non so, lo chiamano il 'napoletano'.»

Non ci sono operatori nella sala e comunque quelli che sentono o vedono fanno finta di nulla.

Trascorro la serata a guardare i programmi scelti dal «napoletano», sono nuovo e non è il caso di fare storie. Me ne sto in silenzio e osservo.

Quando torno in stanza, mi sdraio a letto accanto a Ovidio e Otman. Sembra tutto tranquillo, ma a un tratto sentiamo dei rumori, come dei passi di qualcuno che corre. Intravedo un paio di ragazzi che si fermano sulla soglia della nostra camera e lanciano dentro un giornale incendiato. La vampata si esaurisce quasi subito, e sentiamo prima i ragazzi ridere per le nostre urla e poi scappare. Il fuoco è presto spento, non è niente di pericoloso, c'è giusto un po' di cenere per terra, ma non ho nessuna voglia di lasciar perdere.

Mi lancio di corsa in corridoio, urlo, provo a capire chi è stato, ma sono tutti davanti alle stanze a godersi lo spettacolo e a fingere di non aver visto nulla. Mi rendo conto di essere l'unico

8 **una visuale** Sicht – 10 **sbraitare** gridare – 13 **senza bạttere ciglio** senza protesto – 23 **intravedere** erkennen, erahnen – 25 **una vampata** Stichflamme – 29 **lasciar pẹrdere** smettere, rinunciare

a non capire cosa sta succedendo. «Perché non fate niente?» chiedo ai miei due compagni di stanza.

«Lascia perdere, va',» rispondono rassegnati.

Provo a protestare, ma è chiaro che sia Otman che Ovidio sanno benissimo chi è stato e non vogliono parlare.

«Poi la smettono,» dicono.

«Perché?»

«Ce l'hanno con te che sei nuovo.»

«Che state a di'?»

«Che vogliono che capisci chi comanda. È successo anche a me quando sono arrivato,» sussurra Ovidio, che ha paura che lo sentano e lo prendano di nuovo di mira.

«Oggi pomeriggio mi hanno fregato le ciabatte. E l'asciugamano.»

Guardo i ragazzi. Non dicono niente.

«Avete capito cosa vi ho detto?»

«Sì,» rispondono, come se pensassero che ci vorrà un po', ma che anch'io finirò per abituarmi.

«Mi dispiace. Ma non ci creare casini, ok?» ordina Otman. «Non ho nessuna voglia di avere guai per colpa tua.»

Sono io nel torto e sono io che devo vivere qui: così funziona e mi costringo a tacere.

Le luci finalmente si spengono e il buio delle stanze è illuminato solo dai bagliori intermittenti degli sms. È la mia prima notte qui e ho paura: mi sembra che qualsiasi cambiamento mi costringa ogni volta a ripartire daccapo. Non riesco a prendere sonno, ho ancora addosso l'adrenalina del fuoco, mi metto a conversare mentalmente con papà, mamma e mio fratello. Racconto cosa mi sta succedendo, chiedo di darmi coraggio e li ringrazio di continuo per l'amore che mi hanno dato che, giorno dopo giorno, mi impedisce di arrendermi. Crollo nel sonno, ma dormo da cani nonostante la stanchezza.

9 **di'** *dialetto romano* dire – 11 **sussurrare** flüstern – 13 **fregare** *qui:* rubare – 19 **creare casini** *fig* qui: Ärger machen – 21 **ẹssere nel torto** non avere ragione – 22 **tacere** ≠ parlare – 24 **un bagliore** Leuchte – 24 **intermittente** wechselnd – 26 **daccapo** dall'inizio – 32 **da cani** *loc* in modo pessimo

La mattina dopo mi sveglio, vado a scuola e al ritorno arrivano in stanza dei ragazzi a minacciarci: vogliono il nostro sapone, il nostro dentifricio. Nessuno ruba cose del genere, cosa vale un tubetto di dentifricio, ma noi non abbiamo altro: i nostri vestiti e le nostre scarpe sono brutte, usate da noi e prima di noi chissà da quanti altri. Solo per quello ce le lasciano. I miei due compagni acconsentono. «Tieni, prendi,» dicono terrorizzati. Mi fissano e nei loro occhi leggo solo rancore. Odiano più me che i loro aggressori: il problema sono io che li costringo a rivivere gli abusi dei loro primi giorni.

I ragazzi si prendono le cose e poi danno un buffetto sulla faccia a entrambi.

«Bravo, bravo così,» dicono.

«E tu?» mi chiedono.

«Io cosa?»

«Dacci il sapone. E il dentifricio.»

Uno di loro li afferra, ma io sono più rapido e glieli strappo di mano.

«No, non te li do.»

Mi guardano stupiti.

«Mi servono.»

«Non ho sentito.»

«Hai capito benissimo. Ho detto che mi servono.»

So quello che sta per succedere, sono pronto. E mi preparo perché non ci metto tanto a capire che non ne uscirò nemmeno se dicessi sì. Guardo Otman e Ovidio, vorrei sentire che mi aiuteranno, ma so che sono qui da mesi e vivono nel terrore. In queste poche ore, ho già notato come nascondano tutto quello che hanno per paura di doverlo dare a questi ragazzi.

«Mi serve,» insisto e non voglio arrendermi. «Mi servono,» ripeto.

2 **minacciare qu** bedrohen (→ una minaccia) – 3 **un dentifricio** Zahnpasta – 7 **acconsentire** concordare, essere d'accordo – 9 **un rancore** sentimento di odio, di astio (*Groll*) – 10 **un abuso** Missbrauch, Überfall – 11 **un buffetto** Klaps

C'era uno scantinato a Teheran, poco più che uno stanzone senza finestre, dove gli afghani cercavano di imparare a combattere. Per noi stranieri non c'era solo la polizia da cui guardarsi, ma anche altri ragazzi come noi che, se ci identificavano come afghani, ci aggredivano. Dicevano che eravamo la rovina dell'Iran, che portavamo malattie e delinquenza e molto spesso ci picchiavano. Per questo mio fratello andava in quella palestra ricavata dal nulla e per questo c'ero andato anch'io, un ragazzino di undici anni, che aveva insistito perché suo fratello Mohammed ce lo portasse.

«Ok,» mi aveva detto un giorno e io gli ero corso dietro felice. Dall'esterno non sembrava una vera palestra, c'erano solo una porticina e poi una scala stretta che conduceva in basso. Nella saletta buia e con solo qualche luce al neon, un afghano enorme con il naso schiacciato spiegava ad altri ragazzi come difendersi. «Se ti attaccano con il coltello, devi fare così,» diceva e poi mostrava il movimento che andava fatto. Non ci andava piano, era tutto molto realistico e le prime volte temevo che qualcuno si sarebbe ferito anche solo perché fosse chiaro che non c'era da scherzare.

«Se ti aggrediscono da dietro, reagisci in questo modo,» proseguiva. Molti di quelli che frequentavano la palestra ci erano andati dopo essere stati picchiati per strada da dei razzisti o malmenati dalla polizia che, non sapendo come rimandarci nel nostro paese, faceva in modo che girasse la voce che per gli afghani in Iran la vita era impossibile.

«Non ti muovere,» mi aveva detto Mohammed. Era andato verso un sacco pieno di qualcosa e aveva cominciato a colpirlo con il piede. Prima piano e poi sempre più forte, a un ritmo via via più sostenuto.

«Bello, portamici ancora,» gli avevo detto alla fine, sognante.

1 **uno scantinato** Kellergeschoss – 6 **una rovina** Ruin (→ rovinare) – 6 **la delinquenza** Kriminalität – 21 **aggredire** attaccare (→ un'aggressione)

Dopo quella volta, avevo trascorso mattine e pomeriggi a fare le mosse di Bruce Lee, il grande campione asiatico di lotta che vedevo sempre in tv, e a tirare calci in aria.

Scorrono tante immagini davanti ai miei occhi ma, nel frattempo, i ragazzi del fuoco, uno dei tanti gruppetti che comandano qui, mi sono addosso e io devo trovare un modo per venirne fuori. Qui, nella realtà, a Roma, e senza Bruce Lee.

Uno mi tira uno schiaffo. Piano. Faccio per reagire ma in un secondo un altro mi prende per le caviglie e mi butta a terra. Bum, la testa sbatte sul pavimento, fa male ma so che il peggio deve ancora arrivare.

Guardo disperato verso Otman e Ovidio. Fingono di protestare, ma non provano neanche a darmi una mano: hanno troppa paura e i «capi» hanno chiamato altri dei loro. Mi afferrano per i polsi, sento male, mi trascinano sul pavimento, la testa colpisce gli stipiti della porta, rimbalza e loro tirano più forte per passare. Urlo, scalcio, ma in un momento sono in corridoio. Altri ragazzi accorrono, sono tutti contro di me: mi colpiscono all'addome, uno mi tira uno schiaffo, un secondo un pugno, sento degli sputi piovermi sul viso dall'alto. Sono troppi, non posso fare niente: chiudo gli occhi e attendo solo che finisca. Il corridoio è affollato e gli operatori, richiamati dalle urla e dagli schiamazzi, cercano di farsi spazio fra i ragazzi sapendo benissimo quello che sta succedendo. I ragazzi si allontanano, ma quello che mi aspetto, cioè che nei giorni successivi vengano puniti, non succede. Vanno avanti e io sono da solo. Completamente solo. Bruce Lee, ti prego, salvami.

16 **uno stipite** Türpfosten – 16 **rimbalzare** zurückprallen – 19 **l'addome** la pancia – 20 **lo sputo** Spucke – 23 **lo schiamazzo** Geschrei, Gekreische

9. Costi quel che costi

Papà diceva sempre che in una mano le dita sono cinque e che, anche se spesso uno le usa insieme, ogni dito serve a qualcosa e non può essere sostituito da un altro. Come al solito non si spiegava granché, però credo volesse dire che sì, in alcuni casi bisogna sperare che qualcuno ci aiuti, ma che è ancora più importante essere in grado di cavarsela da soli.

A quella aggressione seguono alcune ore di tregua, anche se l'aria attorno a me si taglia con il coltello. Vorrei trovare almeno in qualche sguardo un briciolo di solidarietà, ma raccolgo solo rabbia e freddezza. Sono appena arrivato e le voci girano velocemente: adesso nessuno ci tiene a farsi vedere a chiacchierare con me. Mangio seduto al tavolo con dei ragazzi che non conosco e che, appena appoggio il vassoio, abbassano la testa e la alzano solo al momento di andarsene.

Quando rientro in stanza, gli stessi della sera prima tornano a farmi visita: cercano di prendermi le cose, mi ribello e di nuovo vengo menato.

Ho la pancia viola e piena di lividi e mi fa male una gamba. Zoppico vistosamente: sembra abbia avuto un incidente. Esco, fingo di dover andare da qualche parte ma in realtà mi inoltro nei filari dei vigneti: l'uva è ancora acerba, gli acini sono duri e amari, però c'è un buon profumo e le foglie mi proteggono e mi nascondono da tutti. Mi lascio scivolare per terra, osservo il mondo dal basso, spio lontano attraverso il fogliame. Piango per qualche minuto ma, quando mi pulisco le lacrime e mi rialzo, so perfettamente quello che devo fare e sono disposto a pagarne il prezzo. Non voglio essere schiavo, non voglio subire a vita: voglio camminare a testa alta, costi quel che costi. Ho sofferto troppo per accettare di farlo ancora, per rassegnarmi

0 **costi quel che costi** koste es was es wolle – 7 **una tregua** Waffenruhe – 17 **menare** picchiare (→ p. 15), bastonare – 18 **un lịvido** blauer Fleck – 19 **zoppicare** camminare in modo difettoso – 21 **acerbo** non maturo, non ancora dolce – 21 **un acino d'uva** *m* Weintraube, Weinbeere – 24 **il fogliame** Laub (→ le foglie)

al peggio. Mi pestano ancora, mi fanno del male e io ricomincio da capo. Papà, vedi? Me la sto cavando da solo.

Ovidio capisce cosa ho in mente. Non si espone con gli altri, non ha la forza di tornare a fare il capro espiatorio, ma almeno mi sta vicino. Mi dice che è con me, che ammira il mio coraggio e pensa che ce la farò a farmi rispettare. Guardo gli altri ragazzi e capisco che anche loro hanno paura: ogni tanto vengo difeso dagli operatori, qualcuno di loro staziona nella mia stanza quando è il momento di andare a letto, ma io voglio che tutti sappiano che non sto chiedendo l'aiuto di nessuno. E che sono pronto a combattere da solo: l'ho fatto da Kabul fino a Roma e non intendo fermarmi adesso, costi quel che costi.

In pochi mesi, imparo tantissimo. Divento più scaltro, mi impegno a capire come si ottiene il rispetto, come si fa a far cambiare l'atteggiamento degli altri nei tuoi confronti. Prendo consapevolezza del fatto che il centro sulla Casilina era come l'asilo mentre qui si fa sul serio. La maggior parte dei ragazzi sono pieni di rabbia, vivono da anni in Italia senza sapere se un giorno avranno la cittadinanza o anche solo il permesso di soggiorno. Non si sentono mai a casa, sempre a metà strada fra una patria che non c'è più e un presente incerto. La loro unica, vaga certezza è che finché non saranno maggiorenni hanno buone probabilità di rimanere a Roma. Per il resto brancolano nel buio: qualcuno studia, la maggior parte fa qualche lavoretto o comincia ad arrangiarsi spacciando o compiendo piccoli furti. Ogni tanto qualcuno viene preso ma, essendo minorenne, viene riportato al centro di accoglienza. È solo una questione di tempo, però, prima di finire in prigione, quella vera.

Mi diventa via via chiaro che qui dentro si vive in una realtà parallela, in cui le regole sono altre rispetto a quelle che ci sono fuori, e che a scandire le giornate, oltre al sonno e alla mensa,

1 **pestare** picchiare, menare – 4 **fare il capro espiatorio** den Sündenbock machen – 13 **scaltro** furbo – 15 **un atteggiamento** *m* comportamento – 23 **brancolare nel buio** *fig* im Dunkeln tappen – 31 **scandire** *qui:* unterbrechen

ci sono violenza e aggressività. Non ci sono solo cose brutte, ci sono anche le amicizie, i momenti di pace, la solidarietà fra ragazzi che nascono all'improvviso, ma è un mondo nel quale, se sei tranquillo e non disturbi nessuno, puoi essere certo che finirai vittima dei soprusi di qualche capo. E dove l'unico modo per proteggersi dalle aggressioni è quello di mostrarsi forti.

Una sera, nella saletta tv, vedo un film. Uno di quelli che il «napoletano» impone a tutti: la storia si svolge in un carcere minorile e protagonista è questo ragazzo travestito che nel giro di poco viene adocchiato da dei «vecchi» che vogliono divertirsi un po' con lui. Lui cerca di stare alla larga dai guai ma non è possibile, finché un giorno gli viene chiesto dagli altri compagni di attaccare uno dei suoi probabili aggressori e lui lo fa. Senza alcuna pietà. E da quel giorno nessuno gli darà più fastidio. È orribile, ma mi aiuta a capire il senso di quello che sto vivendo.

Impegnato a capire come difendermi, prendo tutto il buono che il centro offre. È buffo, ma più i momenti sono duri, più le frasi misteriose di mio padre mi tornano in mente e acquistano un senso. Come quando mi diceva che se uno cammina con il cammello è meglio che ci salga sopra invece di proseguire a piedi per non farlo stancare. Perché se un giorno il cammello morirà, saremo noi a non esserci riposati. Prima sfrutta il cammello e poi si vedrà: un «cogli l'attimo» in versione afghana.

Capisco che qui in Italia ci stanno offrendo delle opportunità: abbiamo un letto su cui dormire e un tetto sotto il quale stare e non dobbiamo mai dimenticarci che non sarà così per sempre. E che, se sfruttiamo al meglio questa occasione che ci viene regalata, riusciremo a trovare un lavoro e, soprattutto, a studiare. Perché, a questo ci arrivo da solo, senza lo studio si è sempre in balia di qualcuno. Sia che si voglia scrivere una lettera d'amore a una ragazza, sia che si debba firmare un contratto in cui potremmo essere imbrogliati.

5 **il sopruso** abuso – 10 **adocchiare qu** es auf jdn abgesehen haben (→ un occhio) – 22 **sfruttare** *fig* approfittare di qu o qc senza scrupolo o riguardo – 30 **ẹssere in balịa di qu** jdm ausgeliefert sein – 32 **imbrogliare** *qui:* ingannare, truffare

Faccio mio l'insegnamento di papà, frequento tutti i corsi che vengono organizzati al centro e negli anni successivi prendo diplomi da pizzaiolo, idraulico, grafica 3d, Autocad. Le lezioni sono gratuite e aperte a tutti e questa è una cosa per la quale non smetterò mai di ringraziare l'Italia. Negli anni successivi è capitato che qualche amico o conoscente italiano mi abbia detto cose come «Ah, li fanno per voi e non li fanno per noi». Ma non è così perché a questi corsi poteva iscriversi chiunque volesse, anche se a frequentarli erano principalmente degli stranieri.

Non ne perdo uno e mi iscrivo anche a un corso di teatro. Nel centro di accoglienza, essendo quasi una città in miniatura, c'è infatti anche una specie di auditorium con un palco sul quale ci ritroviamo a recitare semplici scene divertenti che ci aiutano a distrarci. Con gli altri ragazzi ridiamo molto, su quel palco trascorriamo ore serene e in qualche modo inizia quel processo che, insieme al calcio, mi aiuta a integrarmi meglio.

Dopo un paio di incontri, è la stessa insegnante che ci propone, oltre alla recitazione, una serie di lezioni di hip hop. Accetto subito e lo faccio per un motivo molto semplice: nessuno dei ragazzi che si veste con le Nike alte viene maltrattato. Pantaloni a vita bassa, cappellini, cuffie nelle orecchie: è fico, anche se non ho idea di come procurarmi tutto quell'«equipaggiamento».

Ho quindici anni, il mio unico documento è una specie di biglietto sul quale c'è scritto che vivo in un centro di accoglienza e ho quindi il diritto, anche se temporaneo, a stare qui, ma non posso lavorare se non in nero, perciò non ho soldi e non posso comprare niente. Fra noi ragazzi però non siamo tutti uguali: anche se lontana e distante, la maggior parte ha una famiglia alla quale chiedere soprattutto i vestiti. Con il passare del tempo trovo chi mi presta i suoi e piano piano mi permette di

8 **iscriversi** sich anmelden (→ scrivere) – 14 **recitare** rappresentare una parte in un'opera teatrale – 22 **le cuffie** *pl* Kopfhörer – 24 **un equipaggiamento** un'attrezzatura

indossarli anche fuori dalle ore di lezione. Pezzo dopo pezzo, lentamente, divento un altro. I professori a scuola mi osservano, si stupiscono per i miei cappellini o le mie collane, ma studio, continuo a impegnarmi con i compiti e, insomma, faccio capire che, se anche sono cambiato fuori, il resto è rimasto uguale.

Faccio dei piccoli lavori al centro di accoglienza, prendo qualche moneta di mancia e dopo un po' posso permettermi un MP3 economico. Anche solo per il terrore che qualcuno me lo rubi, io e lui diventiamo inseparabili: ascolto Eminem e Tupac e, se pure non capisco nulla di quello che cantano, è chiaro che stanno parlando a me. E che anche loro, da piccoli, prima del successo, se la sono dovuta vedere con il «napoletano» grande e grosso che li voleva menare e di cui avevano paura.

Dopo le prime lezioni, i corsi entrano nel vivo. Sono bravo, l'insegnante mette su la musica e poi dice di provare a esprimerci come ci viene. Ci osserva muoverci, studia attentamente i nostri movimenti, poi interviene per correggere gli errori. Vado a istinto, ho un certo senso del ritmo e sono agile: non ci metto molto a imparare l'elicottero, quello con le mani a terra mentre fai ruotare in aria le gambe. E, dopo l'elicottero, il *moonwalk* di Michael Jackson che, fatto un po' di esercizio, comincia a venirmi benissimo.

«Bella, Alì, sei fico,» mi dicono.

«Grazie, raga,» rispondo io.

Ci dividono in gruppi e ci annunciano che ci sarà una festa a piazza San Giovanni e che dovremo ballare davanti a un mucchio di gente. Ho più paura del mio aspetto che del ballo ma, una volta riuscito a mettere insieme un look alla Jay-Z, salgo su quella pista sicuro come non mai. La gente è lì per chiacchierare o comprare qualcosa alle bancarelle, ma quando cominciamo a ballare si interessa a noi e ci applaude. È una sensazione bellissima, per me e per gli altri.

7 **una mancia** un regalo in denaro – 9 **inseparạbile** unito, connesso (→ separare) – 19 **ạgile** che agisce, che si muove con facilità – 25 **un raga** *fam* un ragazzo

Il rap e l'hip hop mi aiutano moltissimo, progressivamente cambia l'atteggiamento nei miei confronti: sento che mi sono conquistato la stima dei più, ma non ancora quella del boss dei boss. Sconto ancora il fatto di non aver piegato la testa.

Una sera, dopo cena, mi sento abbastanza forte da volermi sistemare sulla poltrona del «napoletano». Voglio saggiare la sua reazione, capire perché tutti lo temono tanto e la poltrona è uno dei suoi strumenti di potere. Non ci vuole molto perché arrivi e mi ordini di levarmi. Lo guardo bene, avrà almeno diciassette anni, due più di me, avverto gli sguardi degli altri che mi invitano a spostarmi. Lo faccio, lascio perdere, non mi sento ancora pronto. In tv danno un film che fa ridere, credo con Lino Banfi, inizia e io cerco di rilassarmi. Il «napoletano» invece si siede, si mette a giocare con una specie di coltellino costruito con il coccio di una bottiglia, un'arma rudimentale che si è fatto da solo e che porta sempre con sé, e poi si mette comodo.

«Adan, toglimi le scarpe,» dice a un ragazzo albanese.

Adan si alza e gli toglie le scarpe.

«Angelo, dammi il tuo cuscino.»

Angelo gli passa il cuscino.

È una recita, nella quale il «napoletano» comunica il suo potere a tutti. Ne parlo con Ovidio, dico che mi sembra pazzesco.

«Non ti è bastata?» mi chiede.

«Non è giusto.»

«Ha sempre il coltello. E gliel'ho visto usare.»

«Però non è giusto,» ripeto.

Qualche giorno dopo partiamo tutti insieme e andiamo a trascorrere un fine settimana sul Gran Sasso. È bellissima la montagna, c'è fresco e siamo in mezzo alla natura nonostante disti solo un paio d'ore da Roma. Dormiamo in una specie di

3 **la stima** il rispetto, l'apprezzamento – 6 **saggiare** provare, mettere alla prova – 15 **un coccio** Scherbe – 32 **distare** essere lontano (→ la distanza)

rifugio e la mattina dopo gli operatori ci portano a fare una passeggiata per godere dei colori dell'autunno: gli alberi sono gialli, rossi, marrone chiaro, è veramente uno spettacolo bellissimo. Passiamo ore felici, penso che mi piacerebbe rimanere lì di più e, quando ci fermiamo in un albergo, guardo i camerieri e i cuochi e mi dico che prima o poi vorrei avere un lavoro come loro per poter vivere per un po' fuori città. È tutto così pulito e tranquillo qui.

Il «napoletano» però me l'ha giurata e, alla prima occasione, mentre mi sto sistemando le scarpe, mi ordina di consegnargli la mia bottiglietta d'acqua.

«Aspetta un attimo,» gli rispondo.

«Muoviti, cinese, o ti ammazzo,» dice e mi spinge.

Mi chiama «cinese», una vecchia storia: sono afghano ma, è vero, a qualcuno posso sembrare cinese.

In quel momento passa un operatore che intuisce quello che sta succedendo e non ci toglie gli occhi di dosso. Rimaniamo in silenzio l'uno di fronte all'altro finché il «napoletano» si allontana, ma so benissimo che si tratta solo di una tregua.

Il giorno dopo partiamo per un'altra gita, andiamo direttamente in cima al Gran Sasso a piedi. Cammino di fianco a un ragazzo marocchino, siamo allegri, chiacchieriamo e a un certo punto ci viene voglia di cantare. Mi fa ridere pensarci ora ma a piacerci è un successo dei Ricchi e Poveri:

Che confusione
Sarà perché ti amo
È un'emozione
Che cresce piano piano
Stringimi forte e stammi più vicino

Nel giro di una strofa, ci vengono dietro tutti, ognuno con l'accento del proprio paese.

13 **ammazzare** uccidere, assassinare – 21 **il Gran Sasso** massiccio montuoso più alto degli Appennini – 24 **Ricchi e Poveri** un gruppo italiano di musica pop

Al «napoletano» però non piacciono i Ricchi e Poveri. Mi ordina di fare silenzio.

«Basta con questa merda,» grida.

Vado avanti come se nulla fosse.

Si avvicina.

«Falla finita.»

Gli canto in faccia:

E vola vola si sa,
Sempre più in alto si va
E vola vola con me
Il mondo è matto perché

Estrae il suo coltellino con il vetro appuntito.

«Guarda che io sono il 'napoletano' e ti ammazzo, sei morto se non ti fermi.»

Mi chino, prendo un sasso, carico il colpo.

«Stai attento con me,» insiste.

Nessuno fiata, gli vado vicinissimo, quasi gli tocco la guancia con le labbra.

«Io invece sono afghano. E ti ammazzo prima io.»

Sembro pazzo. Sembro uno che lo pensa veramente. Ma in quel momento sto combattendo, sono un ragazzo che ha perso un fratello per essere qui.

Mi guarda. Rimane per un po' con il coltellino sollevato, osserva prima me e poi la mia mano, quella che impugna il sasso. Abbassa il coltellino.

«Dai, pace,» dice.

Sì, pace.

Non so cosa avrei fatto se avesse reagito. So che per fortuna non è successo e che la violenza è sempre una sconfitta. Dopo quel pomeriggio, però, non mi disturba più. È finita.

15 **caricare il colpo** *qui: fig* den Schuss laden – 24 **impugnare** prendere in mano (→ il pugno) – 29 **una sconfitta** un fallimento, ≠ una vittoria

In Afghanistan, durante le feste, soprattutto per il Capodanno, i maschi si riunivano tutti insieme. Fra loro c'era un capo ed era lui a decidere da chi ci si faceva invitare e a chi si doveva offrire la cena. Era una vecchia tradizione ma, come diceva papà, non contava tanto la ricchezza quanto il modo in cui le persone ti giudicavano. Se tu eri stato sempre capace di offrire qualcosa di buono e di servirlo su un tavolo pulito, anche se modestissimo e povero, eri rispettato. Se invece di qualcuno si diceva che i suoi piatti erano sporchi o che la moglie non era gentile, allora quella persona veniva isolata e nessuno voleva più frequentarla.

«La fama, la reputazione che riesci a farti,» diceva papà, «sono la cosa più importante. Noi siamo poveri, ma se saremo sempre gentili e generosi tutti continueranno a venirci a trovare. E non saremo mai soli.»

10. Ce l'hai fatta, mi dice la poliziotta

È proprio qualche giorno dopo il concerto hip hop a piazza San Giovanni che rivedo il mio disegno con il bambino di fronte a una casa distrutta e con accanto un kalashnikov. Sono di nuovo nella stessa stanza, nello stesso ufficio comunale, ma sono trascorsi diversi mesi dal mattino in cui l'ho disegnato e quasi due anni dalla mia prima notte in Italia, alla stazione Termini.

Fuori piove e, anche se è pieno giorno, le luci sono tutte accese e pure i pini marittimi che si vedono dalla finestra questa volta sembrano scuri e tristi. L'avvocato mi saluta senza alzare gli occhi dalla cartelletta con dentro la storia di tutta la mia vita e io vado a sedermi di fronte a lui, con le gambe che saltellano per l'ansia. Accanto a me c'è sempre Michele, l'operatore del primo centro di accoglienza. A furia di aspettare o girare per uffici sperando che sia l'ultimo, siamo diventati amici. Quando mi vede particolarmente giù di morale, mi invita fuori, mi offre una pizza e poi ci mangiamo dei profiteroles, la sua grande passione.

Il mio caso si sta complicando, qualcuno dei miei amici riceve il permesso, altri vengono respinti, ma la mia situazione è in stallo. Ufficialmente, l'Afghanistan non è più in guerra e, come se fosse una località di vacanza in cui si torna dopo essere stati lontani per un po', mi viene sistematicamente domandato perché non faccio il percorso inverso visto che da quelle parti ormai tutto è a posto. Michele ha capito che i miei nervi stanno per cedere, sono costantemente angosciato, fatica a tenermi calmo e ha paura che faccia qualche sciocchezza. Un'immagine mi ossessiona, notte e giorno: dieci, cento facce di ragazzi come

9 **un pino marịttimo** Strandkiefer – 17 **i profiteroles** *francese* mit Sahne gefülltes Brandteiggebäck mit Schokoladensoße – 20 **respinto** non accolto, non accettato – 21 **una situazione di stallo** Stillstand – 26 **cẹdere** non resistere alla pressione – 27 **una sciocchezza** una stupidità – 28 **ossessionare** dare fastidio in modo continuo e insistente, preoccupare

me che un giorno non sono tornati alle camerate perché non avevano più diritto a un letto e si sono trasformati in fantasmi che incontro mentre vagano per la città. Ragazzi che, espulsi solo da una settimana dal centro di accoglienza, già sognano di tornarci e rimpiangono come oro quei piccoli letti, la mensa, quel minimo di fratellanza.

«Dai, che dopo oggi è quasi finita,» mi sussurra in un orecchio Michele, ma lo sa anche lui che non è vero.

Aspetto che l'avvocato ci consideri, che dalla cartelletta passi direttamente a noi, ma temo quello che mi dirà o, peggio, mi domanderà. Ogni esame, ogni verifica dei miei documenti e delle mie dichiarazioni comincia sempre dallo stesso punto: come si può veramente credere che io sia arrivato fin qui da solo. Dicono che si fidano di me, ma poi continuano a tendermi dei trabocchetti, temono io abbia un piano segreto: quello di fare compassione e poi, una volta ottenuto il permesso di soggiorno per me, farmi raggiungere da una moltitudine di parenti.

«Sei diventato rapper, eh,» commenta invece questa volta a sorpresa l'avvocato per rompere il ghiaccio e far vedere che si ricorda di come ero prima. «Quanti anni hai adesso, quindici?»

«Quasi sedici.»

Intanto studio il bambino disegnato sul foglio. Penso che ora lo farei diverso, con qualche particolare in più, con un tratto più adulto. Sto crescendo e rendermene conto significa essere consapevole che il mio tempo sta per scadere. I diciott'anni non sono così lontani, il conto alla rovescia avanza, so che la mia unica chance è ottenere l'asilo e con quello il permesso di soggiorno prima di diventare maggiorenne.

«Come va a scuola, Alì? E al centro?»

«Bene,» dico, ma non faccio altro che pensare che potrei essere espulso.

«Anche l'italiano va meglio. Hai meno accento, bravo!»

3 **espulso** escluso, cacciato – 15 **un trabocchetto** *fig* Falle, Fangfrage

L'avvocato parla tenendo lo sguardo fisso sui fogli, fa scorrere le pagine, ogni tanto si ferma a leggere un paragrafo, sottolinea o si segna qualche appunto a matita. Cerco di capire dalla sua espressione che cosa abbia in mente, ma la tensione di colpo mi fa un brutto scherzo. Di punto in bianco, proprio davanti ai suoi occhi, inizio a piangere. Non riesco a fermarmi e mi vergogno da pazzi.

«Cosa succede?» chiede l'avvocato, guardando Michele come se si fosse perso qualcosa.

Piango a dirotto, con la testa che sobbalza e le lacrime che mi colano sul mento. L'avvocato rimane di sasso, non sa cosa fare. Michele mi stringe a sé, cerca di calmarmi ma passano diversi minuti prima che io sia di nuovo in grado di parlare e cominci a dire perché sto crollando: racconto dei miei incubi, spiego che sogno continuamente di perdere tutto quello che ho, di aver fatto tanta fatica per niente. Mi prende una specie di attacco isterico, «Dove vado? Dove vado? Si rende conto, avvocato?» urlo, senza neanche più la paura di comportarmi male.

«Stai tranquillo, Alì. Devi essere forte,» dice lui.

«Ma non ho fatto niente, non ho commesso nessun reato, perché pensate che io menta?» insisto. Sono totalmente demoralizzato, penso ai criminali che stanno in carcere e mi dico che sono più fortunati di me: almeno loro sanno quando entrano e quando escono, possono organizzarsi un futuro, decidere che, finita la detenzione, si sposeranno o vorranno avere un figlio con la donna che amano.

«Lo sappiamo, Alì. Ma ci vuole pazienza.»

Gli chiedo di nuovo perché nessuno mi crede, perché continuano a chiedermi come ho fatto ad arrivare fino in Italia senza i miei genitori.

«Giuro che ti crediamo. E ti prometto che la prossima volta ci vediamo in tribunale. Ma c'è da seguire una procedura.»

10 **sobbalzare** zusammenfahren, zusammenzucken – 21 **un reato** un delitto, un crimine – 26 **una detenzione** un arresto

So cos'è il «tribunale», lo so perché ci sono passati i miei compagni. Quello che non so è quando finirà tutto questo. E come finirà.

Nel frattempo non posso fermarmi: supero l'esame di terza media e rifletto su quello che farò dopo, sempre obbligandomi a non pensare che potrebbe essere tutto inutile. Che potrei finire in Germania, in Svezia o in Francia a riprovarci, a mendicare presso un altro Stato e un'altra questura un documento che l'Italia ha deciso di non darmi. E quindi mi ripeto che devo dimenticarmi del permesso di soggiorno, altrimenti finirò per impazzire o, semplicemente, per arrendermi.

Il pomeriggio con l'avvocato comunque mi butta a terra, l'umore è nero e non c'è hip hop che tenga. Provo a farmi consigliare dagli operatori quale scuola superiore scegliere, ma nella maggior parte dei casi si limitano a indicarmi l'istituto professionale che ha una piccola sede direttamente nel centro di accoglienza. Si impara un mestiere, si può smettere dopo tre anni e poi andare a lavorare: questo è quello che mi dicono. Seguo i loro consigli, mi iscrivo lì ma, contemporaneamente, mi gira nella testa una domanda. O forse solo un dubbio: perché nessuno cerca di capire quello che so fare? O nota che, a differenza della maggior parte degli altri ragazzi, studiare mi piace, mi impegno e ho voglia di proseguire?

Passano altre settimane e nell'autunno del 2005 vengo convocato non più nell'ufficio dell'avvocato, ma in ospedale.

È una buona notizia, un passo avanti, lo so dal passaparola di altri che aspettano come me: devo essere sottoposto a una serie di esami clinici il cui esito andrà a completare il mio dossier per il tribunale. Vado in quest'ospedale sulla via Portuense e mi fanno degli accertamenti e alcune domande per capire se ho o ho avuto qualche patologia seria.

8 **mendicare** betteln – 21 **un dubbio** ≠ qc di certo, sicuro – 26 **convocare** chiamare, invitare qu in modo ufficiale – 27 **il passaparola** Mundpropaganda

«Ho tolto l'appendice l'anno scorso,» racconto con tono grave. Ridono e mi affidano a un altro infermiere che mi porta in una saletta. C'è un macchinario bianco, con tanti tasti e vari numerini sul display: mi dicono che devono analizzare prima i denti e poi le mani e mi spiegano cosa devo fare.

Mi sembra una cosa strana, sono intimorito.

«Non avere paura,» mi dice il medico che un attimo dopo esce dalla stanza e mi lascia lì da solo, a domandarmi se sia perché ho qualche malattia. Non so che, semplicemente, deve evitare i raggi della radiografia. E che lo scopo di quell'esame è sempre lo stesso: verificare che io non stia barando e controllare, attraverso la radiografia delle mani e dei denti, quale sia più o meno la mia età.

Finisce in un secondo, entra di nuovo un infermiere che mi dice di accomodarmi e io rimango seduto fuori a studiarmi le mani e a tastarmi i denti con le dita per cercare di capire cosa possano avermi fatto. Due minuti dopo vedo arrivare il medico.

«Sei minorenne,» dice tutto allegro.

«Lo so,» gli rispondo amaro e senza alcuna voglia di rispondere al suo sorriso. «Posso andare, adesso?»

«Certo.»

Quando esco di lì, mi sento un cane da scommesse, un pollo da batteria o qualsiasi animale che viene analizzato per giudicarne la compatibilità con qualche razza superiore.

Sono demoralizzato, trascorro molto tempo da solo, in cortile o nelle vigne che adesso, dopo la vendemmia, sono spoglie. Mi confido quasi solo con Ovidio, ci sentiamo molto vicini: se io sto aspettando il permesso di soggiorno, lui, che è rumeno, sta cercando di capire se la politica sarà in grado di cambiare la sua vita perché è ormai scontato che la Romania entrerà a far parte dell'Unione europea e si domanda quando potrà diventare a tutti gli effetti un cittadino comunitario. Non è ancora arrivato il freddo e ogni tanto prendiamo l'autobus e

1 **l'appẹndice** *f* Blinddarm – 2 **un infermiere** Krankenpfleger – 6 **intimorito** spaventato, preoccupato – 11 **barare** imbrogliare, truffare – 22 **una scommessa** Wette

andiamo al mare, vicino a Fiumicino: guardiamo l'orizzonte e parliamo di quello che speriamo ci succeda. Parliamo spesso dei nostri padri: lui del suo, violento, che un giorno li ha abbandonati e io del mio, gentile, ma di cui non ricordo il nome e credo di essermi ormai inventato la faccia.

Affronto le prime verifiche al professionale e me la cavo, anche se non so se quello che sto studiando mi piace. Il pensiero che ormai la mia domanda dovrebbe passare un ultimo test è l'unico ad accompagnare le mie giornate. Passano le settimane, ogni giorno vado a scuola e quando torno guardo la signora dell'amministrazione per capire se qualcuno ha telefonato dalla Commissione. Ogni tanto glielo chiedo, poi mi convinco che mi porti sfortuna e allora non dico più niente.

Finalmente mi chiamano, mi presento all'ennesimo esame e, di nuovo, mi viene chiesto di raccontare per filo e per segno la mia storia. C'è sempre quel disegno, c'è sempre quel bambino e, soprattutto, quando mi dicono di aspettare fuori, c'è il cupo spettacolo di altri disperati come me. Mi viene in mente Primo Levi e la scena in cui i nazisti decidono chi continuerà a vivere e chi no. Penso a quanto sia brutta una vita in cui è qualcun altro a determinare il nostro destino. A come è ingiusto che qualcuno che già ha avuto la sfortuna di crescere in un paese in guerra non possa neanche decidere di scappare. E che paura si prova a sapere che il proprio futuro può dipendere dall'umore del giudice.

«Prego, entrate,» dicono a me e a Michele qualche minuto dopo. Torno a sedermi: la Commissione mi fa i complimenti per il diploma di terza media, per il voto che ho preso e perché leggono che sto seguendo parecchi corsi.

«Tutti,» dico io, ed è l'unico istante di buon umore della giornata.

Ci vogliono altra pazienza, altro tempo, altre notti insonni perché si giunga all'ultimo appuntamento. Sono sempre con

15 **per filo e per segno** haarklein, in allen Einzelheiten – 17 **cupo** buio, scuro – 18 **Primo Levi** (1919–1987), scrittore italiano, il cui romanzo più famoso («Se questo è un uomo») riflette le sue esperienze in un campo di concentramento nazista – 31 **l'insonnia** *f* Schlaflosigkeit

Michele quando mi presento in un ufficio della questura e una donna poliziotto, che negli anni a venire diventerà una delle mie migliori amiche, mi dice: «Complimenti, Alì, ce l'hai fatta. Hai il permesso, non puoi più essere mandato via, puoi anche viaggiare fuori dall'Italia se vuoi».

La lascio finire e poi mi dimentico di essere timido, la abbraccio, mi commuovo, sento un peso enorme andarsene. Mi dà il passaporto, me lo timbra, la mia gioia è talmente senza freno che anche lei si commuove. Mi dà addirittura il suo numero, mi invita a chiamarla in caso mi serva qualcosa, mi indica i paesi in cui posso andare e come devo fare.

«In Svezia ci posso andare?» le chiedo.

«Certo.»

Con Michele facciamo una fotocopia del documento, per sicurezza l'originale lo tiene lui. Poi ci salutiamo in fretta perché deve correre da un'altra parte ma ci diamo appuntamento al giorno dopo per mangiare una pizza e festeggiare. Ho una cosa importante da fare: entro nel solito Internet Point e compongo un numero svedese. Hassam risponde subito. So che lui sta ancora aspettando, non voglio rattristarlo, ma non posso non dirgli che ce l'ho fatta. Non riesco a immaginarmi come possa reagire ma, appena glielo dico, Hassam urla di gioia, è felice per me.

«Adesso puoi venire a trovarmi,» dice e, anche se sa che non ho soldi, è chiaro che ci spera. Non mi sta invidiando, anzi: è come se il fatto che io ci sia riuscito dimostri che è possibile e che la stessa cosa potrà succedere anche a lui.

Riattacco il telefono e rimango nella mia postazione per qualche secondo, con ancora addosso l'emozione della bella giornata. Ora so che il mio futuro sarà in Italia e che non sarò di nuovo costretto a scappare, ed è come se il mio viaggio fosse finalmente giunto a termine, dopo quasi sette anni di peregrinazioni.

1 **una questura** Polizeipräsidium – 7 **commuoversi** gerührt sein – 20 **rattristare** rendere triste – 28 **una postazione** Stellung – 33 **una peregrinazione** Umherirren, Irrfahrt

Pensare che non dovrò più andare a bussare ad altre porte mi riempie di gioia ma anche di nostalgia per il luogo in cui tutto è cominciato, come se ormai avessi chiuso quel capitolo. Non sono il solo: in quell'Internet Point si respira così tanta nostalgia di casa... Sullo schermo del mio vicino a destra c'è una ragazza velata che canta una musica in arabo, mentre alla mia sinistra un anziano guarda una trasmissione di cucina in rumeno.

Apro Google Earth, scrivo nello spazio per la ricerca. Si apre un'immagine del quartiere di Kabul in cui sono cresciuto, Dasht-e Barchī. Zoomo ma, di primo acchito, non riconosco niente. Sposto il cursore e finalmente vedo la scuola: è un edificio grandissimo, mezzo distrutto. Mi chiedo se abbiano messo le finestre, ma l'immagine è presa dal satellite e non si riesce a vedere granché. Parto da lì, percorro la strada per andare a casa mia, è come se fossi di nuovo con il mio amico Ahmed, con la merenda in mano e la voglia di colpire tutto quello che si trova a terra, lattine, sassolini, per allenarci a calcio. Sorrido quando riconosco la piazza in cui compravamo la Coca-Cola: il venditore ci aveva fatto credere di volercela regalare per poi chiederci di pagare tutte quelle bibite un mese dopo con gli interessi. Provo a proseguire ma mi perdo, ci sono troppe case nuove, le vie sembrano diverse, più larghe. Vedo il fiume e cerco di risalire da quello al punto esatto in cui abitavo; la casa è stata distrutta ma sono convinto di poterlo riconoscere. Supero un ponte, c'è un grande spiazzo vuoto: forse è il cimitero, quello dove sono sepolti i miei.

«Scusami, ma dobbiamo chiudere,» mi dice il proprietario dell'Internet Point. Do un'ultima occhiata a quello spiazzo.

«Grazie,» sussurro mentre pago alla cassa. Ho una voce strana e, quando mi sfrego gli occhi con la mano, mi accorgo che è umida di lacrime.

6 **velato** verschleiert – 7 **una trasmissione** programma televisivo – 11 **di primo acchito** *fig* auf Anhieb – 22 **gli interessi** Zinsen – 27 **un cimitero** Friedhof – 27 **sepolto** begraben – 31 **sfregarsi gli occhi** sich die Augen reiben

11. Lavapiatti

Ho sedici anni, un permesso di soggiorno che devo rinnovare ogni sei mesi, sono studente e, anche se Hassam è lontano, con i compagni del centro di accoglienza spesso saltiamo sul treno regionale e andiamo a Termini che, dall'estrema periferia in cui ci troviamo, è la nostra porta della città per incontrare altri come noi. Tutto è sfavillante e pieno di cose che ci piacerebbe avere e noi siamo come i bambini nella storia di Pinocchio: giriamo innocenti e senza mai un soldo in tasca, veniamo continuamente avvicinati da ragazzi che hanno mollato il centro, delinquono e quando ci vedono provano a mostrarci leccalecca e dolciumi per attirarci nel loro mondo. Non ci manca nulla di essenziale, siamo nutriti e vestiti, ma dover rinunciare a tutto quello che non è pura sopravvivenza ci fa soffrire e sentire diversi. I nostri pantaloni sono brutti e usati e noi li vorremmo nuovi e firmati come quelli degli italiani; i nostri telefoni, quando ne abbiamo uno, sono scarti che altri ci hanno passato perché si vergognavano a farsi vedere con un modello così vecchio in mano. Spesso, in piazza o nei dintorni, incontro Ibrahim, è in forma, elegante, e ormai siamo molto oltre un bel paio di scarpe.

«Come stai, ragazzino?» mi apostrofa regolarmente da dietro un paio di occhiali da sole di marca e in sella a uno scooter ogni volta diverso. Non insiste perché lo segua, non mi chiede più di lavorare con lui, non ce n'è bisogno: ne ha già «trovati mille» e adesso semplicemente mi mostra cosa significa essere uno come lui.

«Guarda,» dice sventolandomi davanti una mazzetta di banconote da cento e cinquanta. Mi racconta che sta mandando soldi a dei parenti, che loro si stanno costruendo una casa in Marocco, che un giorno ci andrà anche lui per prendere moglie.

6 **sfavillante** splendente, scintillante – 10 **delinquere** commettere un delitto – 11 **un dolciume** → un dolce – 16 **scarto** di poco valore

«Ma poi rimani lì?» gli domando.

«Ma va', fanno tutti la fame. Anche quelli che hanno i soldi.»

Dice che vorrebbe comprarsi una macchina, «devo solo trovare qualcuno a cui intestarla,» aggiunge e, nel frattempo, ride carico di adrenalina.

Ogni volta mi sento inadeguato e mi chiedo quando arriverà quel futuro nel quale sto investendo tutto me stesso. Quale sarà il giorno in cui si avvereranno le frasi dei miei professori ed entrerò in questa fantomatica «nuova vita».

«Studia che andrai lontano,» dice il prof di matematica.

«Se ti impegni ce la farai,» ripete quello di italiano.

Sì, ok, ma quando?

«Tanto sei minorenne,» ribatte invece un mio amico sul treno, a fine giornata, mentre torniamo al centro e gli racconto del mio rifiuto a Ibrahim.

«Lui l'hanno preso con venti grammi e poi l'hanno lasciato subito andare.»

«Davvero?»

«Sì.»

«Ma quanti anni ha?»

«Diciassette e mezzo. Poi dovrà stare più attento.»

«Quando l'hanno preso, cosa gli hanno fatto?»

«Due notti in questura e poi l'hanno buttato fuori. Gli hanno dato da fare un lavoro utile, pulire da qualche parte. Ma non ci è mica andato,» ride di nuovo.

«Spaccia ancora? Lo stesso?»

«Hai visto la giacca?» risponde a una domanda con un'altra domanda, come mio padre.

Sono così tante le cose che vorrei avere o fare: per esempio, andare al cinema a vedere il film di cui vedo il poster per strada o essere a Londra come nella foto con i pullman rossi a due piani. Ci penso e ripenso e, quando sto per cedere come a

4 **intestare qc a qu** etw auf jemandes Namen ausstellen – 7 **investire** anlegen, investieren, *qui:* sich verschreiben – 26 **spacciare** vendere delle droghe – 26 **lo stesso** tuttavia (*trotzdem, dennoch*)

Kabul, con il mio amico Ahmed, quando ci eravamo spesi al ristorante i soldi che i nostri genitori ci avevano dato per i professori, mi ricordo le botte che papà mi aveva dato. Ma capita che la tentazione sia così forte che penso di poter rubacchiare qualcosina, vendere un po' di hashish… e in quei momenti per fermarmi visualizzo un'auto della polizia. Blu, con le scritte e le porte posteriori bloccate. Immagino di esserci dentro, con la sirena che va e il mio viso schiacciato contro il finestrino. L'auto si ferma a un semaforo, sono lì seduto con le manette ai polsi e proprio allora uno dei miei insegnanti attraversa la strada. Guarda dentro, provo a nascondermi ma fa in tempo a riconoscermi: «Alì,» grida, «Alì cosa fai?». Vorrebbe fermare il poliziotto, intervenire, ma l'auto è già ripartita e il suo grido è ormai solo un'eco lontana.

Quante persone potrei deludere?

Qualche giorno dopo, fortunatamente, un operatore mi chiama nel suo ufficio. Forse intuisce quello che mi passa per la testa, oppure è un caso, ma mi domanda se mi va di lavorare durante l'estate.

«Hai il permesso, hai compiuto sedici anni. Puoi avere un contratto stagionale,» mi spiega.

Ci sono due posti da lavapiatti in una pensione a Rimini, è un lavoro facile e non serve alcuna esperienza precedente. Potremmo andare in due, io e un altro ragazzo del centro.

«Ti danno 900 euro al mese. Forse anche qualche mancia.»

Faccio il conto subito, sono 1800 euro, una montagna di denaro. Accetto senza pensarci, ringrazio, quasi lo abbraccio.

Per qualche giorno penso solo a quello che mi potrò comprare e a quello che potrò fare con quei soldi ma quando, in compagnia di un altro ragazzo del centro, Jan, il pullman affronta l'Appenino e poi inizia a scendere verso la costa, non sono affatto tranquillo.

5 **rubacchiare** *fam* mausen, mopsen, stibitzen (→ rubare) – 10 **le manette** Handschellen (→ la mano)

Mi domando se sarò all'altezza, se sarò capace. È la prima volta che lascio il centro di accoglienza e Roma, e mi chiedo se sarò in grado di cavarmela da solo. Il mare, quando lo scorgiamo, è azzurro e pieno di riflessi, l'estate è cominciata e dal finestrino del pullman che ci porta alla pensione osservo folle di turisti di qualche paese nordico con i polpacci bruciati dal sole. L'albergo è semplice ma bello e gli ospiti sono ragazzini di una colonia che, quando ci vedono arrivare con le valigie, ci salutano come se fossimo anche noi in vacanza. Ci presentiamo al direttore e poi ci sistemiamo in una camerata con tanti letti a castello insieme ad altri camerieri e aiuto-cuochi.

«Tu devi stare qui, devi lavarli alla velocità della luce, ok?» mi dice pochi minuti dopo in cucina un ragazzo pugliese, Luca, che ci spiega che lui è il capo perché lavora in quella pensione già da due stagioni. Dice che la cuoca è gentilissima ma che gli ospiti sono tanti e non si può dormire.

«Tu mettiti lì,» ordina secco.

Un secondo dopo ho in mano una spugna e nell'altra il detersivo e mi trasformo in una cosa unica con l'acqua tiepida, il sapone liquido e questa spugna con cui devo garantire che sui tavoli arrivino solo piatti lucidi come nelle pubblicità in tv.

È tutta una questione di velocità: prima per evitare che lo sporco dei piatti che arrivano dalla sala si secchi, poi per infilare i piatti nella lavastoviglie che fa un risciacquo di cinque minuti e da lì per sistemare le stoviglie su un carrello da cui i camerieri attingono per apparecchiare le tavole.

Il lavandino è profondo e la pila di piatti sembra non finire mai, ma l'acqua tiepida è piacevole e quando mi dicono che posso fermarmi sono trascorse già diverse ore.

«Sei stato bravo,» dice Luca.

4 **scọrgere qc** percepire qc, rendersi conto di qc – 6 **un polpaccio** Wade – 8 **una colọnia** *qui:* Ferienlager – 10 **un letto a castello** Stockbett – 18 **una spugna** Schwamm – 19 **un detersivo** prodotto per pulire, lavare – 24 **una lavastovịglie** Spülmaschine – 24 **un risciacquo** Spülen, Spülgang – 26 **attịngere** prendere – 26 **apparecchiare** preparare – 27 **una pila** *qui:* Stapel

Sollevo per la prima volta lo sguardo dal lavello e mi accorgo che, oltre ad avere un gran male alla schiena, in cucina c'è anche una donna.

«Io mi chiamo Maria. Cavolo, sei bravissimo. Tu sei Alì, vero?» mi domanda la cuoca allungando la mano. Mi sforzo di alzare il braccio ma ho le mani ancora bagnate e lei sta cucinando e quindi all'ultimo momento batte il palmo sul mio e sorride. La guardo un momento e istintivamente intuisco che è una persona buona e che mi aiuterà.

«Qui ci sono dei tortellini e poi una fettina,» indica. Mi abbuffo e pochi minuti dopo mi corico, stremato.

Per diversi giorni non c'è Rimini, non c'è mare, né spiaggia, né vita fuori da quella cucina: comincio alle otto a lavare le prime tazze della colazione e vado avanti con una sosta di un paio d'ore nel pomeriggio fino a sera inoltrata, quando finalmente posso sdraiarmi e svenire tra le lenzuola.

«Ti mancano gli altri ragazzi?» mi chiede una sera Jan prima di addormentarci.

«No.»

Inizio a capire come funziona, smetto di prendermela quando Luca mi grida dietro, «Più veloce, giovanotto, più veloce» come se fosse mio padre e non avesse poco più di vent'anni, e a poco a poco mi faccio la fama di uno bravo. Mi chiamano dj, perché sono veloce con i piatti, li prendo, li lavo e li metto ad asciugare in un momento e ho il buon umore di uno che è impegnato a far ballare la gente. Sono un rapper e non lo scordo neanche qui, penso allegro.

Ogni tanto Maria, la cuoca, si avvicina e mi consiglia di prendermela un po' più comoda. Mi domanda se sono stanco, se sto bene, mi dice di non preoccuparmi. Non mi chiede chi sono, da dove vengo: semplicemente, quando intravede qualche brutto pensiero sfiorarmi la mente, si avvicina e mi accarezza la testa come si fa a un bambino.

2 **una schiena** Rücken, Kreuz – 7 **un palmo** *fam* Handfläche – 11 **coricarsi** sich hinlegen – 11 **stremato** ≠ vivace (*erschöpft*)

«Vai pure. Anche se manca mezz'ora, finisco io, non ti preoccupare.»

«Ma se viene il direttore? Magari si arrabbia.»

«Alì, gli parlo io, non ci pensare, vai a sdraiarti un po'.» Mi convince con quel suo tono gentile e allora volo verso la stanza, come se ogni secondo fosse da sfruttare per ritrovare le energie e tornare a essere dj.

Il mio impegno è totale, mi piacciono i complimenti e scoprire di essere in grado di guadagnarmi dei soldi mi riempie il cuore, mi fa sentire più grande, più forte. Mi fa pensare che me la caverò, anche quando per me non ci sarà più una stanza al centro.

«Mi hai dato due angeli,» cinguetta Maria parlando di me e Jan ogni volta che il direttore entra in cucina per vedere come sta andando.

Un giorno, mentre stiamo lavorando tutti insieme con la radio in sottofondo che trasmette un pezzo di Robbie Williams, e urliamo ogni volta che parte il ritornello, feeellll, Jan lancia un grido. Ci fermiamo, anche la cuoca abbandona per un momento i fornelli, e corriamo verso di lui. Ha la mano sollevata e ai suoi piedi c'è già una pozza di sangue.

«Che succede, che succede, figliolo?» gli chiede la cuoca.

«Il coltello...»

Jan è spaventato, sappiamo che non è niente di grave ma chiamiamo subito un'ambulanza e quando lui ritorna, due ore e un centinaio di piatti dopo, ha una decina di punti sul dito.

«Mi servono quei soldi,» piagnucola.

C'è il rischio che gli si apra la ferita e ci riferisce le parole del medico che gli ha detto di tenere la mano sempre coperta e asciutta. Ha il terrore di dover mollare il lavoro, ci chiede aiuto e allora ci organizziamo: che problema c'è? Io sono dj, ho imparato a lavorare per uno, adesso posso farlo per due.

«Tu mi passi le pentole, io le lavo e poi tu le metti in lavastoviglie. Così non devi mettere le mani nell'acqua,» dico per rassicurarlo, anche se non so se è vero.

13 **cinguettare** zwitschern – 21 **una pozza** Pfütze – 26 **un punto** *qui:* Stich

Jan mi abbraccia, mi chiama fratello, mi ringrazia ma non c'è tempo perché dalla sala stanno arrivando i resti del primo e c'è da servire il secondo.

Passa così il primo mese. Maria è dolcissima: oltre alle cose buone, mi mette sempre da parte delle verdure fresche e della frutta perché mi «fanno bene».

«Mi prometti che quando finiamo qui, vieni a trovarmi a Bari, dalla mia famiglia?» mi ripete più volte. «In tre, quattro ore da Roma con il treno ci sei,» aggiunge.

Lo dice continuamente ma vorrei sentirglielo dire sempre, non mi stufa mai. La guardo ogni tanto di nascosto mentre cucina e penso a quanto mi dispiace non avere neanche una foto di mia madre. E non ricordarmi quasi più il suo viso.

Ci avviciniamo a Ferragosto e la pensione è piena da esplodere: lavo i piatti come se fosse l'ultima cosa che devo fare nella vita, i complimenti mi esaltano così come la riconoscenza di Jan che mi aiuta a non sentire la fatica. Una sera rientro senza far rumore in camera per non svegliare gli altri e mi infilo in bagno: c'è Jan, davanti allo specchio. È senza benda e si controlla il dito. Faccio in tempo a vedere che non ha più niente, la ferita si è completamente rimarginata. Capisco che mi ha ingannato. Quando si accorge che lo sto osservando impallidisce, ma non apro bocca, mi domando solo da quanto tempo va avanti questa storia e da quanto ha deciso che valeva la pena di prendermi in giro.

Sono amareggiato, ma non voglio sporcare quello di buono che ho fatto e quindi lascio perdere, vado avanti a lavorare anche per lui finché, quando mancano ormai tre o quattro giorni, qualcuno gli chiede come sta e lui è costretto a dire che sì, adesso può tornare a fare il suo lavoro. Maria teme che sia troppo presto, gli chiede di mostrarle il dito, lui dice che va tutto bene ma lei insiste. Lo esamina e un attimo dopo si gira per un momento verso di me, come se improvvisamente si fosse

11 **stufare** *fam* annoiare – 19 **una benda** Binde – 21 **rimarginare** guarire – 22 **ingannare** imbrogliare – 26 **amareggiato** deluso, rattristato (→ amaro)

spiegata perché da qualche giorno sembro diverso. Anche lei ha capito, ma a me non importa più anche perché sono troppo impegnato a osservare il cellulare ultimo modello di Luca, rosso fiammante, con tantissime funzioni. Sogno di tenerlo in mano, di sentirmelo nella tasca quando vado in giro e di liberarmi del mio che è vecchio, brutto e senza giochi.

«Siete stati bravi,» ci dice il direttore l'ultimo giorno.

Ci paga e poi mi propone di andare a lavorare in un albergo sempre suo, sul Gran Sasso, durante le vacanze di Natale, quando non c'è scuola.

«Devi fare dalle 7 del mattino fino alle 2 e poi ti riposi un po' e ricominci dalle 5 fino alle 10 di sera… Ti do 40 euro al giorno…»

«È un posto bellissimo, ci sono le montagne, la neve,» dice la cuoca.

«Ti voglio tanto bene, grazie, ti ringrazio tanto,» le sussurro nell'orecchio quando arriva il momento di salutarci.

Torniamo a Roma e a me e a Jan le tasche pesano come non mai. Tutti e due continuiamo istintivamente a controllare se i soldi sono sempre lì e quando ce ne accorgiamo scoppiamo a ridere.

«Sai già cosa ti compri?»

«Sì,» gli dico io quando ormai siamo vicini a «casa».

Appena arriviamo a Roma passo da Michele. Gli affido la gran parte dei soldi, non ho un conto e ho paura che me li rubino. Me ne tengo trecento per le mie spese, ma quando arrivo nel cortile del centro la mia popolarità è alle stelle. La voce che siamo ricchi, anzi, ricchissimi si è sparsa. I ragazzi mi si fanno intorno, mi dicono che sono felici di rivedermi, mi coccolano.

«Volete una Coca?» dico io e comincio a infilare monetine nella macchinetta con i ragazzi che mi festeggiano come se fossi diventato milionario.

27 **una voce** *qui: fig* Gerücht – 28 **spạrgere, sparso** verteilen, ausbreiten

Il giorno dopo prendo il treno, passo da Termini e con un amico entro in un negozio di telefoni. Il negoziante guarda verso di noi e il suo sguardo dura ben più di un istante di troppo. Sono con il mio amico, sono a Roma, improvvisamente ricco, ma mi riporta in un momento a molti anni prima.

C'era una cosa che faceva sempre stare male mio fratello. Per lui era così importante dimostrare che riusciva a badare a me, che era diventato come papà che, ogni volta che riusciva a guadagnare qualcosina in più, amava portarmi a mangiare fuori.

Non è che Mohammed lo preannunciasse, lo decideva in quel momento, ma io cominciavo a contarci in anticipo perché di solito prima mi portava a comprare una maglietta o dei pantaloni nuovi in qualche bancarella.

«Dai, su, festeggiamo per una volta,» cominciava, e poi si metteva a guardare qualche ristorante economico.

Si sentiva importante mentre lo diceva, ma quando sceglievamo il posto ed entravamo, capitava quasi sempre che i camerieri ci squadrassero e ci ordinassero di mostrare loro che avevamo i soldi.

Per lui era una doccia fredda: portarmi a mangiar fuori significava dimenticare almeno per qualche ora quello che eravamo, ma loro erano lì a ricordarglielo con tutta la violenza di quelle occhiate. Ci rimaneva malissimo, credo si vergognasse soprattutto davanti a me: voleva che io lo stimassi, che avessi fiducia in lui, ma temeva che per colpa loro non avrei mai potuto farlo. Lo faceva disperare rendersi conto che, nonostante tutti i nostri sforzi per toglierci di dosso la miseria, avevamo comunque un aspetto da poveracci. Lo umiliava vedere che avevano paura che mangiassimo e poi scappassimo di nascosto come topi.

11 **preannunciare** comunicare prima – 14 **una bancarella** (Verkaufs)Stand – 29 **umiliare** offendere, deprimere

«Quando sono più grande te lo compro io un bel vestito, con la cravatta,» gli avevo detto una volta. Lui aveva riso, ma non era contento: perché era lui che doveva pensare a me, non il contrario.

Comunque, Mohammed ci teneva a far vedere che potevamo permetterci di cenare in quel posto e quindi, invece di andarsene, apriva il portafoglio e mostrava le banconote provando a sentirsene fiero. Io però sapevo già che dopo una simile accoglienza finiva che ordinavamo la cosa più economica e mangiavamo senza gusto perché ormai l'atmosfera era rovinata.

Una volta, in Iran, ci avevano detto addirittura che non c'era posto, che era tutto occupato anche se il ristorante era mezzo vuoto.

«Però quei tavoli sono liberi. E noi siamo solo in due,» aveva ribattuto Mohammed.

«No, no, sono riservati,» aveva detto il proprietario, facendoci capire che non voleva che ci sedessimo perché con il nostro aspetto avremmo fatto scappare gli altri.

«Quello,» dico invece al negoziante in quel pomeriggio romano e, contemporaneamente, sventolo le banconote come faceva Mohammed.

«Lo preferisci rosso o nero?»

Sono un cliente, un normale cliente, solo un po' cinese e con un accento meno italiano degli altri.

«Mi offri una pizza?» mi dice il mio amico appena fuori perché anche lui sa che non posso tirarmi indietro.

Mangiamo, chiacchieriamo, ordiniamo anche un gelato, mi sento così leggero, tranquillo, importante.

Non passa una settimana che sono nella zona della Piramide, vicino alla stazione Ostiense e, mentre sto chiacchierando con un amico, sento qualcuno che mi sfila il telefono dalla mano. Quasi non mi giro, penso a uno scherzo, perdo l'attimo. Quando mi volto, invece, c'è un ragazzo che sta correndo, già a qualche metro da me, con il rosso del mio cellulare che riflette il sole.

Provo a inseguirlo, corro come un matto, ma è già lontano. Mi dispero, ma quando mi calmo penso che ormai ho imparato un lavoro, a Natale andrò all'albergo e uno studio grafico di Roma mi ha chiesto se voglio cominciare a fare un apprendistato da loro. Penso che guadagnerò altri soldi, comprerò altre cose e, in mezzo a tutta quella delusione, almeno la paura sembra un po' più lontana.

1 **inseguire** correre dietro a qu o a qc cercando di raggiungerlo – 4 **un apprendistato** *m* Ausbildung

12. I ragazzi hanno grandi sogni

Inizia settembre e le piazze di Roma sono ancora piene di ragazzi: mangiano tranci di pizza, ridono, si fanno fotografie, qualcuno si bacia sulla bocca e noi, quelli della tendopoli di Patrasso, tutti arrivati nascosti sotto o dentro un camion, un tir, un furgone, scappati da terre in guerra, padri violenti o dalla miseria nera, continuiamo a sognare di essere come loro. Spesso mi fermo a osservarli, gli italiani, così tranquilli, così sicuri, così «corro a casa che è pronta la cena, ti chiamo settimana prossima perché nel weekend vado al mare coi miei», finché non mi viene il magone e me ne vado da qualche altra parte.

Quasi sempre raccolti in gruppi troppo grandi, ci sediamo sugli stessi muretti, chiacchieriamo e ridiamo, ma sembra sempre un'altra cosa: quegli stessi spazi, quando siamo noi a occuparli, non diventano mai nostri.

Uno a Roma, un altro a Parigi, Berlino o Londra, cerchiamo di farci una vita senza altra mappa che i consigli di altri come noi, di educatori che provano a capirci spesso senza riuscirci, di professori che vorrebbero ascoltarci ma non hanno mai abbastanza tempo, presi da altre vite e altri problemi. Fragili ed esposti al vento come foglie secche, facciamo scelte sempre con la sensazione che per noi più che per qualsiasi altro perdere il filo di quello che si desiderava fare è molto più facile, diventare qualcosa di completamente diverso rispetto a quello che ci eravamo riproposti può accadere in un attimo. Nel bene come nel male: la voglia di un paio di scarpe nuove che spinge a compiere un'azione illegale, una ragazza che ci ama che ci dà nuova forza per combattere, un poliziotto che decide di fare sua la nostra causa e ci dice «ci sono, non avere paura, puoi contare su di me».

10 **mi viene il magone** sto quasi per piangere, ho le lacrime agli occhi – 22 **perdere il filo** *qui:* das Ziel aus den Augen verlieren – 27 **compiere** portare a termine, commettere, realizzare

Quando torno ai libri dopo tutti quei piatti da lavare, sono il ragazzo più felice del mondo, come se non ci fosse altro modo di capire le cose che passarci in mezzo: com'è bello stare seduti su una sedia, avere le mani asciutte, senza il fiato sul collo di qualcun altro. Ma non mi do tregua e sto attento a non rilassarmi troppo perché ho sempre la consapevolezza di chi in una gara è partito diverse centinaia di metri, forse chilometri, dietro gli altri. Passata la manciata di giorni di popolarità per via del primo stipendio, torno a sgobbare, attento che i miei sogni non rallentino.

Vado avanti a testa bassa ma, arrivato al quarto anno di superiori, ho la sensazione che qualcosa non quadri: non imparo abbastanza delle cose che vorrei anche se mi mancano gli strumenti per capire quali siano. Spesso condivido i miei dubbi con gli educatori, ma loro mi rispondono in modo generico. Mi dicono che sono piccolo, cosa ne posso sapere io di cosa mi serve nella vita? Sento che nessuno di loro pensa in grande, non lo fa per sé e capisco che sono lontani dall'immaginare che possa essere proprio io a farlo. Nei loro discorsi affiora sistematicamente quel non detto, il «pensa da dove sei arrivato, fattene una ragione» che finisce per limitarmi come una zavorra. Ma, nonostante lo scetticismo che mi circonda, resto consapevole di poter fare di più e meglio.

Alcuni mi spronano a impegnarmi, mi dicono che sono bravo, mi incitano a non dare peso alle parole degli altri ragazzi che mi prendono in giro perché la sera cerco un po' di silenzio per ripassare matematica o provare a migliorare la mia ortografia in italiano. La violenza fisica nei miei confronti per fortuna è storia passata, ma i ragazzi mi fanno continuamente scherzi e dispetti, mi chiamano secchione, dicono che sono noioso, vecchio. Anche se poi, di nascosto, spesso mi implorano di aiutarli: vogliono che scriva per loro sms alle ragazze, mi pregano di compilare documenti per rinnovare il permesso di

5 **non dare tregua a qu** non lasciare qu in tranquillità – 9 **sgobbare** lavorare molto e duro – 12 **quadrare** andar bene – 22 **una zavorra** un peso

soggiorno, si appoggiano a me nei momenti di bisogno. Molti sono praticamente analfabeti, faticano a scrivere anche poche parole persino nella loro lingua, e la colpa è anche di chi, fra i nostri educatori, li spinge a lasciare gli studi e a non perdere tempo.

Come altri mondi che ho conosciuto, quello delle case famiglia e dei centri di accoglienza è un universo fatto di tante teste diverse. Fra i ragazzi, così come nel corpo docente, non ci sono veri e propri standard, ma solo persone che decidono individualmente che tipo di uomini essere.

Fra i miei insegnanti, per esempio, c'è un famoso scrittore, Eraldo Affinati, che è professore di italiano. Parla sempre piano in modo che tutti capiscano bene, ascolta quello che abbiamo da dire, si ritaglia qualche minuto per noi. Lo sento vicino e un giorno gli racconto di me, gli confido la mia storia. Non se ne stupisce, le mie parole vanno solo a confermare quello che lui già immagina o ha sentito dire di me. Diventiamo amici, mi manca avere un padre almeno quanto mi manca una madre, ma lui mi incoraggia e sentire che crede in me mi dà un sacco di forza. Mi consiglia dei libri da leggere, vorrei leggere anche i suoi ma sono troppo eleganti e sofisticati. «Scusa, professò Eraldo, ma non c'ho capito niente,» gli confesso sinceramente una volta. Lui ride, dice che c'è tempo, ama scherzare, ma il bello è che con lui non sono solo io a parlare. Anche lui si apre, mi racconta le sue difficoltà di quando era giovane. Che nei weekend vendeva le bibite al cinema, che ha dovuto faticare tanto per realizzare i suoi sogni.

Ogni volta che vengo preso dai dubbi o dalla voglia di mollare, mi convince di quanto sia importante studiare, mi invita a pensare in grande. Spesso rimaniamo seduti uno accanto all'altro sul muretto del cortile, guardiamo i filari di vigne e giochiamo a fare padre e figlio che si confidano.

31 **un filare di vigne** Reihe der Weinreben – 32 **confidarsi con qu** rivelare a qu i propri segreti

Quasi ogni settimana mi chiama il direttore del ristorante di Rimini. Mi chiede se voglio sempre andare sul Gran Sasso a lavorare come lavapiatti.

«Certo, gliel'ho detto,» ripeto, come se fosse ovvio visto che ho preso un impegno. Mi domanda se posso lavorare anche il giorno di Natale e io gli dico con un po' di sollievo che sì, certo, e intanto penso che così mi eviterò la solita penosa processione di ragazzi che mi domandano perché io non parto. A ridosso delle feste mi sorbisco come ogni anno gli italiani che si lamentano che i pranzi sono noiosissimi, mentre io darei qualsiasi cosa per momenti come quelli: sogno tavoli lunghissimi con nonni seduti e bambini che corrono, madri insistenti e petulanti che ti obbligano a prendere ancora un po' di cibo. Ma tutto questo mi è negato e quindi è meglio che mi butti sul lavoro così come nei pomeriggi durante l'anno mi concentro sullo studio per non sentire troppo il peso della mia solitudine.

È il 23 dicembre quando, dal finestrino del pullman che si arrampica sui tornanti, vedo il paesaggio diventare progressivamente bianco e l'aria farsi fredda.

«Questo è solo l'antipasto,» dice un mio collega la sera dopo, quella della vigilia di Natale, riportando in cucina pile infinite di piatti.

«Un attimo, aspettami solo un attimo,» ribatto. Vado verso la porta girevole e la apro appena, stando attento a non farmi notare. Spio un tavolo: una mamma sta sgridando un bambino piccolo e un altro sta ringraziando un signore anziano, probabilmente il nonno, per un videogame con il quale sta giocando. Rimango assorto a guardarli per qualche secondo.

«Alì, vieni!» Dalla cucina mi riportano alla realtà.

«Scusa, arrivo subito,» rispondo tornando di corsa ai piatti.

7 **penoso** doloroso, triste, imbarazzante – 9 **a ridosso di qc** poco prima di qc – 9 **sorbirsi** *fig hum* über sich ergehen lassen – 13 **petulante** aufdringlich – 19 **un tornante** una curva strettissima di strada di montagna (→ tornare)

Lavoriamo tutto il giorno senza fermarci mai, finiamo la sera tardissimo, dormo poche ore per notte prima di tornare in cucina. Al Natale segue Santo Stefano e poi il veglione e poi il primo dell'anno, ma il pomeriggio del cinque gennaio, appena prima di venire schiacciato dalle stoviglie del pranzo dell'Epifania, mi faccio prestare una tuta da sci e un paio di Moon Boot e finalmente vado a vedere come è quella neve che da due settimane scruto solo dalla finestra. È mattina presto ed è la mia prima neve italiana. I piedi galleggiano nel bianco e io penso agli inverni a Kabul e a mia madre che aveva sempre da fare ma ogni tanto, nei giorni di cielo limpido, mi portava su una collina innevata vicino a casa a vedere il tramonto sulla nostra città. Che da lì e con quella luce sembrava bella e meno disgraziata di quello che era.

Mi arrampico su per la salita, l'aria è fredda, ma sono coperto bene e non mi dà nessun fastidio: provo solo una sensazione di pulito e pace. Gli impianti di risalita non sono ancora in funzione, avanzo sulla pista vuota e appena battuta, in alto i gatti delle nevi stanno sistemando l'arrivo della seggiovia e io sono lì, a passeggiare, un afghano di Kabul sul Gran Sasso che ogni volta che vede la neve non può non pensare a casa.

Di nuovo mi ritrovo con qualche soldo in tasca e, quando torno a Roma, vado subito da uno degli educatori a chiedergli se c'è qualche altro lavoretto da fare dopo la scuola. I primi guadagni come lavapiatti mi permettono infatti di capire quanto quei pochi spiccioli mi consentano di emanciparmi da una vita che prevede di rimanere attaccati come con un elastico al centro di accoglienza dove a noi ragazzi vengono «regalati» un letto e un pasto caldo.

3 **Santo Stefano** il 26 dicembre – 3 **il veglione** la festa di Capodanno, il 31 dicembre – 6 **l'Epifanịa** il 6 gennaio – 8 **scrutare** osservare – 9 **galleggiare** *qui:* scivolare – 17 **un impianto di risalita** Skilift – 18 **un gatto della neve** Schneeraupe, Pistenraupe – 19 **una seggiovịa** Sessellift

«Cercano uno che sappia usare Autocad,» mi dice all'inizio della primavera un educatore.

Mi presento al colloquio con le carte in regola e, qualche settimana dopo, comincio a lavorare tutti i pomeriggi in uno studio grafico. Faccio parecchie ore, anche nel weekend, per studiare ho solo le sere, ma mi promettono che dopo qualche settimana di prova mi pagheranno. Lo studio funziona bene, è avviato, mi danno diversi incarichi: ritagliare, stampare gli striscioni, montare su plexiglas, stampare le magliette. È un bel lavoro, ma a regnare in quelle stanze è la tensione almeno quanto nel mio sguardo è l'ingenuità: il principale sgrida continuamente la segretaria, la rimprovera per qualsiasi cosa e io non capisco perché. Ogni tanto si guardano, ridono, lei gli dice che lo perdona ma, di lì a poco, ricominciano a urlare. Mi accorgo che proprio non riesco ad abituarmici nonostante sia simile all'atmosfera che respiro ogni giorno al centro di accoglienza. Ma, forse, è proprio perché è così uguale che mi risulta insopportabile.

Vanno avanti così finché un pomeriggio, convinto che il capo non ci sia, entro per sbaglio nel suo studio senza bussare e li trovo insieme.

«Ti prego, non raccontarlo,» mi implora la segretaria e io non capisco a chi dovrei dirlo.

La cosa non mi riguarda, ma intuisco che le urla e le liti probabilmente non finiranno.

Dopo tre mesi non ne posso più, vado dall'educatore che mi ha trovato il lavoro e gli dico che lo voglio lasciare: faccio fatica a dormire, mi sveglio nel sonno pensando alle loro urla. Forse potrei lavorare come pizzaiolo. O anche come fattorino. Qualsiasi cosa.

«Ti sei impegnato… hai firmato un contratto, non si fa così. Ti stai comportando da ragazzino,» mi sgrida l'educatore.

1 **Autocad** un software che si usa negli studi grafici per disegnare – 9 **uno striscione** Spruchband, Transparent – 11 **l'ingenuità** Arglosigkeit, Naivität – 29 **un fattorino** una persona che consegna merce a domicilio

«Ma non mi stanno pagando.»

«Vedrai che ti pagheranno, appena finito lo stage. Attento a diventare viziato,» conclude.

Stringo i denti e tengo duro, ma le scenate fra il capo e la segretaria si susseguono sempre più di frequente e un giorno, esausto, sono io ad alzare la voce. Dico che me ne vado, che non li sopporto più. Prendo la giacca, il principale prova a trattenermi, ma io esco di corsa e mi precipito verso la fermata dell'autobus prima che tenti di farmi cambiare idea. Due minuti dopo, sento un clacson alle mie spalle e un'auto mi si accosta.

«Alì, fermati, parliamo. Non mi mollare, sei bravo. Scusami, sono pieno di guai, cerca di capirmi.»

«Basta. Basta, davvero.»

«Dai, ti prego. Non ti pago abbastanza?»

«Abbastanza? Non ho visto un soldo.»

Lo guardo e il suo stupore è sincero. «Guarda che io ti ho già pagato tre stipendi.»

Capisco di colpo la dura verità. Vorrei piangere, spaccare tutto. È successo di nuovo!

Rivedo me e Ovidio che andiamo a chiedere la borsa di studio al primo anno delle superiori. A scuola ci hanno detto che ci spetta, che è nostra. Sono più di mille euro e noi siamo così felici di aver meritato questo premio per il nostro impegno nello studio. Sogniamo di andare per qualche giorno in vacanza, al mare, di farci qualche regalo. Ma quando insistiamo per essere pagati, capiamo che possiamo anche scordarcelo: quei soldi non ci arriveranno mai.

Questa volta però sono più grande, più uomo. Ragiona, mi dico. Penso a quello che devo fare. E alla fatica. E al fatto che devo essere sveglio, non devo reagire d'impulso come l'altra volta. E che è come con mio fratello e i ristoranti: anche quando mi sembra di essere più forte, consapevole e vestito meglio,

2 **uno stage** [staʒ] Praktikum – 4 **tener duro** resistere – 10 **accostarsi a qu** avvicinarsi a qu, mettersi accanto a qu – 26 **scordare**, *qui:* sich aus dem Kopf schlagen – 30 **essere sveglio** *qui:* essere intelligente

arriva sempre qualcuno a ricordarmi che per me non c'è nessuna sedia libera, nessun posto in mezzo ai «normali». Sono un paria e coi paria è un gioco da ragazzi avere la meglio.

Il morale è a terra e quando, una settimana dopo, mi parlano di una festa organizzata di sabato pomeriggio per il capodanno afghano, sono felice. Salto su un autobus con un altro ragazzo, non gli racconto come sto, decido che devo essere contento perché ho voglia di distrarmi un po'. Purtroppo, quando arriviamo scopriamo che c'è da pagare un biglietto. Non abbiamo soldi ma neanche altro da fare e quindi non ce ne andiamo. Ci piazziamo lì davanti, salutiamo vari conoscenti e persino alcuni nostri insegnanti del centro che sono stati invitati. Quando ci domandano stupiti perché non entriamo accampiamo una scusa, diciamo che stiamo aspettando dei nostri amici.

«Ci vediamo dentro,» rispondiamo sorridenti.

La nostra speranza è che, a un certo punto, chiuderanno un occhio. Da qualche minuto però non arriva più nessuno perché sono già tutti entrati. Sono lì demoralizzato quando a un tratto mi si avvicina un ragazzo con la barba. Mi fissa già da un po', ma adesso mi saluta festoso.

«Ciao,» gli dico un po' in imbarazzo, chiedendomi chi possa essere.

«Alì, cavolo, Alì. Non mi riconosci?»

Rimango un po' interdetto, cerco di risalire al suo volto ma non mi dice proprio nulla.

«Alì, sono Khaled, non ti ricordi: 'Ti ci porto a calci in culo'?»

Gli tolgo la barba e qualche anno e scoppio in una risata.

«Come stai, Khaled? Come sono contento di vederti! Scusami, sembri un uomo. Un adulto.»

Ci abbracciamo, rimaniamo emozionati l'uno di fronte all'altro mentre il mio amico ci spia curioso.

«Siamo arrivati insieme, sotto il tir,» gli dico.

3 **un paria** Verstoßener, Außenseiter – 14 **accampare** *qui:* inventare – 21 **festoso** vivace, entusiasta

«Khaled,» si presenta lui.

«Pensavo fossi in Germania, cosa fai? Sei a Roma?»

«Adesso sì. Ma tu invece?»

Ci sediamo su un muretto e inizio a raccontargli che studio, che sto facendo qualche lavoretto, che spero di prendere il diploma fra due anni.

«Ma l'italiano?» mi chiede lui.

«L'ho imparato,» rispondo stupito alla sua domanda. «Vorrei fare l'infermiere,» gli dico, «dopo il diploma c'è un corso e poi vorrei lavorare in qualche ospedale...»

Vedo che improvvisamente è triste e non mi ascolta più. Ha la barba che non aveva, i capelli più corti di prima, ma mi accorgo che è per via dell'espressione che non l'ho riconosciuto. È cambiata. Adesso è gentile, non mi insulta, ma sembra tremendamente in difficoltà.

«Sei strano. Che c'è Khaled? Raccontami un po' di te, dai.»

Si alza dal muretto, aspetta che il mio amico si allontani per salutare un ragazzo che sta entrando nel locale e poi comincia a spiegare.

«Ti va di fare due passi?»

«Sì, ma stiamo in zona. Secondo me fra un po' riusciamo a entrare.»

«Hai fatto bene a rimanere in Italia, io sono andato in Germania.»

Si interrompe. Vorrei raccontargli quanto lo abbiamo cercato, ma è passato troppo tempo.

«È bella la Germania? Pare che ci siano tanti lavori. Ti danno la casa, ti aiutano,» dico invece.

«Ho sbagliato tutto,» borbotta con voce rotta. «Sono stato lì un po', ho dato un nome falso, mi hanno messo in un centro e intanto ho aspettato il permesso di soggiorno. Sembrava ok.»

«Le impronte? Ti hanno beccato?»

15 **tremendamente** terribilmente – 20 **fare due passi** fare una passeggiata – 32 **beccare** *fig* erwischen, kriegen

«Dopo sei mesi hanno scoperto che me le avevano prese in Italia. Prego, si accomodi, fuori di qui, mi hanno detto. Sono tornato in Italia per un po', ma non so, non ero convinto. Gli altri erano troppo avanti. Ci ho riprovato con la Germania, ma mi hanno scoperto di nuovo.»

«Mi dispiace,» dico, e mentalmente faccio il conto: sono passati cinque anni da quella notte sulla Ostiense.

«Ho buttato via la mia vita.»

Lo guardo: adesso avrà ventitré, ventiquattro anni. Torniamo sui nostri passi, ci fermiamo davanti al portone e non ho ancora trovato una frase da dirgli.

«Ragazzi, potete entrare se volete,» ci interrompe uno dell'organizzazione. Lo guardiamo un po' interdetti.

«Anche se non pagate, siete nostri ospiti,» spiega e allora gli andiamo dietro rapidi, prima che possa cambiare idea.

Dentro è caldo, c'è un sacco di gente; a parte qualche nostro insegnante, ci sono solo afghani e si balla alla nostra maniera, gli uomini da una parte e le donne dall'altra. Ogni tanto si forma una sorta di cerchio, uno balla all'interno e gli altri lo osservano battendo le mani; è divertente, strano anche per noi dopo tutti questi anni, ma comunque si respira aria di casa. Ci viene sete, ci sono moltissime cose da mangiare su grandi tavoli: prendiamo dei piatti di plastica, ci offrono della Coca-Cola e adesso Khaled è più simile a come lo conoscevo. Si lancia in pista, scherza, anche lui conosce parecchie persone, corteggia una ragazza che un po' guarda lui e un po' il padre che la controlla seduto a un tavolo con la moglie.

Passiamo un bel pomeriggio e, quando io e Khaled ci salutiamo, ci scambiamo i numeri di telefono.

Mi racconta che a Roma non sa dove stare e che va a Venezia, ha un amico che lo ospita e sta lavorando in nero.

«Rivediamoci presto,» gli dico.

24 **lanciarsi in pista** ballare, buttarsi in mezzo alla gente

«Se vuoi passare da Venezia, un posto te lo trovo,» dice lui, di nuovo baldanzoso.

Torno verso il centro di accoglienza, penso a lui e a quelli come lui. Mi dico che non c'è alternativa: non ci sono scorciatoie possibili e l'unica strada è impegnarsi. Mi viene in mente un altro che aveva fatto come Khaled: nonostante gli avessero preso le impronte in Italia, era andato in Inghilterra perché lì si guadagnava bene e poteva mandare un po' di soldi a casa. Ma un giorno si era fatto male lavorando in un cantiere ed era dovuto rientrare a Roma per farsi curare. Perché in Inghilterra era un fantasma, un granello di polvere che, una volta finito in un ingranaggio, andava solo rimosso. Penso a quello che mi aveva detto, sconsolato. Che sugli stessi letti su cui stavamo dormendo noi avevano dormito migliaia di ragazzi arrivati come noi da altri mondi e magari dopo un po' se ne erano andati. E che, nonostante tutto, se anche succedevano tante cose brutte al centro di accoglienza, dovevamo ringraziare l'Italia che ci aveva accolto. E che dovevamo sfruttare il tempo al meglio e non solo passarlo a giocare a pallone perché in un attimo ti ritrovi adulto e non sai cosa fare della tua vita.

Ripenso a questo e alle parole di Khaled e ho ancora più voglia di impegnarmi, di non mollare, di farcela. Non per diventare ricco e importante, ma solo per poter realizzare il piccolo sogno di mio fratello di entrare un giorno in un ristorante senza dovermi vergognare. O camminare per la strada senza paura della polizia, dei controlli, delle impronte. Lo penso e contemporaneamente so che il mio tempo sta per finire: fra non molto avrò diciott'anni.

2 **baldanzoso** presuntuoso, un po' arrogante – 9 **un cantiere** Baustelle – 11 **un fantasma** una persona non esistente – 12 **un ingranaggio** Getriebe – 22 **fạrcela** avere successo – 25 **vergognarsi** sentirsi in imbarazzo

13. Altri addii: compiere diciott'anni

Il conto alla rovescia procede veloce, sto per diventare maggiorenne, ma prima di me tocca a Ovidio, il mio amico rumeno. Siamo sempre più legati e la sera, quando le luci si abbassano, parliamo spesso a bassa voce di quello che ci potrà succedere, di quello che sogniamo di fare. Una notte, una di quelle in cui la solitudine è troppo forte, ci ritroviamo a un tratto a rifare il gioco che facevo con Mohammed, quand'eravamo in viaggio, nascosti sui furgoni o impegnati a superare qualche confine.

«Che occhi aveva tua madre?» ci domandiamo, e in qualche modo, come con mio fratello, funziona e ci sembra di avere le nostre mamme di nuovo accanto a noi.

«Potremmo dargli un nome,» mi dice Ovidio.

«A chi?»

«A tuo padre.»

«Lo chiamavo sempre solo papà.» Così avevo risposto alla polizia a Lesbo quando mi avevano preso fra la Turchia e la Grecia e mi ero reso conto compilando un modulo di essermi dimenticato il suo nome. O di non averlo mai saputo. Ovidio lo sa e cerca di aiutarmi a curare quella ferita.

«Va bene papà,» gli dico dopo averci pensato per qualche istante.

«Ok, allora.»

In quella mezza penombra delle camerate, immaginiamo il futuro, giuriamo che qualsiasi cosa accada, ovunque andremo, troveremo una soluzione insieme. Ci promettiamo che non ci perderemo mai di vista e che saremo per sempre amici.

«Non vuoi fare pace con tuo padre?» sono io a domandargli una volta.

«No.»

6 **a un tratto** all'improvviso – 18 **rẹndersi conto di qc** notare – 28 **fare pace** dimenticare un litigio

«Chiamalo. Un giorno morirà anche lui. E magari ti dispiacerà.

«Ci ha abbandonati,» commenta amaro con il tono di chi non vuole più parlarne.

Con Ovidio ci capiamo anche quando non siamo d'accordo e, di nascosto da Otman, con il quale sono meno legato, ogni tanto ci teniamo la mano nella penombra, sempre con il pensiero che fra poco lui sarà maggiorenne e forse non potrà più stare al centro di accoglienza e dovremo dividerci.

Finché la vigilia del suo compleanno arriva e Ovidio rimane attaccato tutto il giorno al telefono. Ha l'aria preoccupata, capisco che continua a sentirsi con sua sorella che sta in Francia e che c'è qualcosa che non ha voglia di confidarmi. Sembra assente, lontano: vorrei proporgli di fare qualcosa insieme, c'è una bella luna, potremmo stare fuori nel pratone a chiacchierare con gli altri ragazzi in attesa che arrivi la mezzanotte, ma lui si limita a farmi continui cenni con la mano. Come se dicesse: un attimo e arrivo ma non ho finito, devo ancora parlare. Non so cosa pensare e per ingannare l'attesa ogni tanto torno in stanza e controllo che nessuno si freghi il regalino che gli ho preso.

Il giorno dopo vado a scuola e quando finisce e mi avvio con gli altri al tavolo della mensa, non lo trovo. Nessuno sa dove sia e ci accorgiamo che è da quella mattina che è sparito.

«Aspettiamolo, dai,» dico agli altri.

«Gli hai preso un regalo?» domando a Otman.

«Sì.»

«Cosa?»

«Un braccialetto. Come il mio, a casa mia tutti i ragazzi se ne mettono uno così quando diventano maggiorenni.»

«Bello.»

10 **la vigilia** la notte prima – 20 **fregar(si) qc** *fam qui:* klauen – 29 **un braccialetto** un gioiello che ci si mette intorno al polso o braccio

Con noi ci sono altri ragazzi, ma Ovidio non si vede. Ho uno strano presagio, mi torna in mente di colpo una frase che mi ha detto qualche giorno prima. La sua mano stretta alla mia più forte del solito prima di addormentarci.

«Che c'è, Alì? Rilassati, adesso arriva, che c'hai?» mi domanda uno. Ma io non sono tranquillo.

«Cominciamo,» dice il solito che ha troppa fame davanti al piatto di spaghetti.

«No, aspettiamo, cavolo. È il suo compleanno.»

«Sì, ma tu chiamalo.»

«Gli scrivo un messaggio.»

Quando finalmente mi decido a chiamarlo perché non risponde ai miei messaggi, il telefono squilla a vuoto.

«Non risponde.»

«Riprova.»

«Ho fame.»

«Si sta freddando.»

Lo chiamo ancora e ancora finché non è costretto a rispondere. Io sono in una mensa in mezzo a centinaia di ragazzi ma da lui, in sottofondo, c'è ancora più rumore e non ci metto granché a intuire dove si trova anche se non sono per niente pronto ad accettarlo.

«Mi dispiace, Alì,» comincia.

«Dove sei? Vieni, ti aspettiamo...»

«Sono sul treno.»

«Stai tornando qui?» gli domando, ma so benissimo che non è così.

«No.»

«Dove vai allora? Vuoi che ci vediamo dopo? È il tuo compleanno, dai che festeggiamo.»

«Sto andando a Parigi, da mia sorella.»

«A Parigi?» chiedo e adesso anche dagli altri tavoli mi stanno osservando.

«Sì, a Parigi.»

2 **un presagio** un presentimento – 18 **costretto** obbligato, forzato

Glielo sento dire e comincio a piangere. Chi se ne importa dei ragazzi, chi se ne importa se adesso mi stanno guardando tutti.

«Ma perché?» borbotto.

«Non ce la facevo. Non ce la facevo a salutarti.»

«Ma com'è possibile? Potevi almeno...» sussurro. Sento che anche lui si sta mettendo a piangere, lo lascio in pace. Capisco che deve essere dura anche per lui. Gli faccio gli auguri, gli dico di chiamarmi presto e, mentre mangio l'amatriciana che la cuoca ha fatto perché era il piatto preferito di Ovidio, mi scorre davanti agli occhi la fila di tutti gli altri ragazzi che se ne sono andati. Sono troppi e il resto del pomeriggio lo trascorro pieno di malinconia.

«Perché è così dura?» domando ad Hassam la sera al telefono da un Internet Point vicino a Termini, dopo avergli spiegato di Ovidio.

«Non lo so, proprio non lo so,» mi risponde dopo aver provato, come avevo fatto io qualche giorno prima con Khaled, a formulare una risposta.

La mattina successiva, un nuovo ragazzo prende il posto di Ovidio, si infila nel suo letto e noi, con il nostro solito istinto di sopravvivenza, fingiamo che sia sempre stato così. Finché arrivano i primi giorni di giugno e il direttore convoca me e altri ragazzi che stanno per diventare maggiorenni.

«Sedetevi,» inizia, con il tono di uno che deve parlare di cose serie. Sappiamo perché siamo lì, quello di cui non siamo certi è se saremo come i pochi maggiorenni che continuiamo a veder girare per la mensa e il cortile o come altri che un giorno sono scomparsi.

Il direttore non fa troppi preamboli, va dritto al punto: «Per voi,» dice, «è arrivato il momento di diventare grandi, di farvi una vita». Ci augura tanta fortuna, ci ricorda quanto il centro abbia fatto per noi. Poi cambia tono: siamo più di dieci, ma

1 **importarsene** interessare – 10 **scorrere** *qui:* veder passare – 29 **scomparire** non esserci più

questa volta è a due o tre che si rivolge. Non li chiama per nome, li guarda fisso negli occhi. Non serve, è superfluo, perché comunque tutti sappiamo benissimo a chi sono indirizzate quelle parole. Fa riferimento ai problemi con la giustizia che hanno avuto: droga, piccoli furti, risse. Dice che loro se ne devono andare per forza perché non meritano di stare lì. E che se ci sono ancora è solo perché lui è troppo buono. Per gli altri, conclude, si potranno fare delle eccezioni.

Usciamo dal colloquio tutti ugualmente frastornati. Il primo a diventare maggiorenne è uno dei diffidati, che continua a tornare e, quando qualcuno cerca di cacciarlo, entra di notte nel campo e dorme sul pavimento, pur di non rimanere in strada.

Quando è il mio turno, vivo il giorno del mio compleanno come tutti i giorni di festa: con il dispiacere di non avere un familiare accanto a me. Non festeggio, non faccio nulla, non c'è neanche Ovidio, non ne vale la pena. Per fortuna, il giorno dopo parto con un gruppo di ragazzi di un coro, una delle mille attività a cui partecipo per non sentirmi troppo solo. A organizzarlo è una mia insegnante, molto credente, che diverse volte mi invita ad andare con loro. Sono ragazzi diversissimi da quelli che frequento di solito, ma mi trovo bene con loro e lei non mi chiede mai se sono cristiano o musulmano. Mi vede solo come uno studente che ha bisogno di sentirsi parte di qualcosa e mi dà una mano al di là del lavoro in classe.

Mi incoraggia fin da subito a partecipare al coro e poi, quando nota che gli altri partecipanti mi hanno preso in simpatia, alle attività extra. Non so se sono intonato e faccio fatica a imparare i testi delle canzoni ma, abituato alle continue liti ed esplosioni di rabbia del centro di accoglienza, le ore che trascorro in compagnia di questa insegnante e degli altri studenti mi sembrano paradisiache: sono molto gentili fra loro,

5 **una rissa** una lite violenta – 9 **frastornato** confuso – 10 **diffidato** → **diffidare** verwarnen – 20 **credente** una persona religiosa – 25 **dare una mano a qu** aiutare qu – 28 **intonare** essere in armonia

attenti gli uni agli altri, far parte di questo gruppo è come ricevere una grande pacca sulla spalla. Mi domando perché esistano mondi così lontani tra loro, perché da una parte si respiri solo tensione e qui, almeno apparentemente, solo amore. Provo a darmi delle risposte, ma siccome è un coro cattolico e si va ogni giorno a messa e si passa parecchio tempo a pregare, mi convinco che forse il segreto è proprio la religione. E anche se non ne so nulla, istintivamente comincio a esserne attratto. Voglio saperne di più. Inizio da piccoli gesti come quando, senza troppo riflettere sul significato, in chiesa prendo l'abitudine di infilare una monetina nella cassetta per accendere una candela. Non conosco le preghiere, non so quasi nulla di religione, ma sedermi in chiesa di fronte a un cero acceso mi calma. In quel silenzio pervaso dal profumo di incenso sto bene, mi sento protetto e non c'è nulla di cui abbia più bisogno.

La prima sera, comunque, in albergo a Firenze, dopo cena dico che sono stanco e che voglio andare a letto, ma la professoressa insiste perché io rimanga. L'accontento, e cinque minuti dopo si spengono tutte le luci e gli altri venti ragazzi del gruppo iniziano a cantare «Tanti auguri, Alì, tanti auguri, Alì». La cosa mi sorprende talmente tanto e sono così emozionato che ci metto qualche secondo a essere sicuro che gli auguri siano per me, che non ci sia un altro Alì seduto a uno dei tavoli o nascosto da qualche parte. La torta è enorme, ci sono diciotto candeline e, quando mi alzo in piedi per spegnerle, tutti stanno applaudendo, mi abbracciano, mi sono vicini, mi lasciano senza fiato. Quella sera c'è anche Jan, il ragazzo che era con me a Rimini, ormai l'ho perdonato, è contento per me, ringrazio anche lui.

«Adesso in afghano,» urla Jan e intona il «Tanti auguri» nella nostra lingua, cercando di insegnare agli altri le parole. C'è

2 **una pacca sulla spalla** Schlag auf die Schulter, Schulterklopfen – 13 **un cero** una candela (grande) – 14 **pervadere** riempire – 15 **l'incenso** *m* Weihrauch

anche la musica, balliamo, organizziamo una specie di karaoke e cantiamo. Sono felice, emozionato e quando andiamo a letto Jan risponde per me a una domanda che mi pongo da quando siamo partiti: ma chi paga? Mi spiega che ha scoperto che questi viaggi sono gratis solo per noi: sono stati i genitori degli altri ragazzi a fare una colletta per permetterci di partire. Saperlo mi rende incredibilmente riconoscente.

Il giorno dopo andiamo a visitare la città, entriamo agli Uffizi e poi a Santa Maria Novella e al Duomo. Quando siamo lì sta per cominciare la messa, ci sediamo, c'è tantissima gente, molti sono stranieri e la maggior parte di loro è entrata per visitare una chiesa meravigliosa e non per seguire la liturgia. Arriva il momento della comunione e io mi metto in fila come altre volte. Non so bene cosa significhi l'ostia, ma mi piace quello stare tutti insieme, avvicinarsi al sacerdote lentamente, con quelle belle canzoni in sottofondo, ricevere «il corpo di Cristo» e poi tornare a sedersi, inginocchiarsi al proprio posto e mettersi a pensare in silenzio, con il tempo che sembra sospeso.

«Alì, guarda che non puoi farla,» mi dice la mia insegnante all'uscita, prendendomi da parte.

«Cosa?»

«La comunione.»

«In che senso?»

«Nel senso che devi essere battezzato. E devi essere cristiano, altrimenti non puoi fare la comunione.»

Mi scuso con lei, le dico che mi dispiace e, quando vedo che non è arrabbiata ma solo stupita, inizio a raccontarle.

Le racconto una storia che per tanti anni ho tenuto per me: anche se eravamo afghani, la mia famiglia era cristiana. Non so perché lo fossimo, con mio fratello non ne abbiamo mai parlato e la prima chiesa che ho visto in vita mia era in Grecia.

6 **una colletta** una raccolta di soldi – 8 **gli Uffizi** la Galleria degli Uffizi, uno dei musei principali di Firenze – 15 **il sacerdote** *qui:* il prete – 17 **inginocchiarsi** sedersi sulle ginocchia (Knie) – 24 **ẹssere battezzato** ricevere il sacramento del battesimo

Le racconto che quando ero piccolo, a Kabul, spesso capitava che dei bambini mi chiedessero perché papà non andava in moschea, perché lui non andava mai a pregare.

«Perché, papà?» gli avevo chiesto un giorno incuriosito.

«Siamo cristiani,» mi aveva spiegato. «Ma non lo deve sapere nessuno, è pericoloso.»

La mia insegnante mi ascolta stupita e io intanto penso a com'è strano far parte di un gruppo di qualche centinaio di persone con una fede diversa da quella del resto di un paese intero. Forse erano i nonni a esserlo, non lo so perché non li ho mai conosciuti, né so perché in Afghanistan era illegale essere cristiani.

«Vedi, Alì, noi non andiamo in moschea perché siamo cristiani e crediamo in Gesù.»

«Ma chi sono i cristiani?»

«Sono persone. Come tutti gli altri.»

«Anche per chi crede in Gesù ci sono delle moschee?»

«Sì, si chiamano chiese. Ma non qui in Afghanistan.»

«E dove?»

«In altri paesi ce ne sono tantissime.»

«Ma chi è Gesù?» avevo voluto sapere.

«Uno che pensava agli altri.»

Ero rimasto un po' a rifletterci, poi finalmente avevo capito perché, anche se eravamo in quattro, i miei genitori a casa apparecchiavano sempre per una persona in più. Con un piatto, un bicchiere, le posate…

«Chi viene?» chiedevo sempre io.

«Magari qualcuno ha fame e noi gli daremo qualcosa.»

«Ma se non abbiamo niente…»

«Gli daremo quello che abbiamo noi.»

«Ma siamo poveri.»

«Smettila e mangia.»

3 **una moschea** edificio di culto musulmano – 32 **smẹtterla** *qui:* non parlare più

Racconto alla mia insegnante tutta questa storia, sempre lì all'uscita della chiesa. I ragazzi scherzano fra loro e io continuo a parlare. Le descrivo papà e il suo strano modo di conversare, le spiego come con Mohammed nel corso del nostro viaggio ci fossimo completamente dimenticati della religione. Le confesso che in qualche modo mi piacerebbe saperne di più.

Lei mi ascolta, dice che se è una cosa che desidero veramente mi può aiutare.

Le descrivo come mi sono sentito quando sono stato in una chiesa di Orvieto e di come mi avesse impressionato una reliquia.

«Sei mai stato battezzato? Ti ricordi?» mi domanda.

«No, impossibile. Era illegale.»

«Ti piacerebbe esserlo?»

«Certo che mi piacerebbe. Cosa bisogna fare?» chiedo ingenuamente, come se volessi partecipare a un concorso pubblico.

Lei mi sorride e quando torniamo a Roma mi mette in contatto con un sacerdote suo amico. Mi segno l'indirizzo della chiesa e inizia per me un nuovo, importante viaggio.

16 **ingenuo** *qui:* sincero e spontaneo

14. Tre «ragazzi» in città

Quando scopro con certezza che i primi stipendi dello studio grafico non mi arriveranno mai, provo molta impotenza e soprattutto una rabbia infinita. Ma sono troppo debole e squattrinato per mettermi a discutere e piantar grane, quindi resisto.

Con Ovidio, che nel frattempo è dovuto tornare in Italia in attesa che la Romania entri nell'Unione europea e lui possa stabilirsi dove gli pare, ci troviamo in cortile, seduti sempre l'uno accanto all'altro. Borbotto, grugnisco, mi lamento.

«Ti stupisci ancora?» mi domanda amaro.

Non gli rispondo anche se vorrei dirgli che sì, mi stupisco ancora. Perché approfittare di noi? Lì, in quel cortile, vessato e preso in giro, vorrei essere come il mio idolo di bambino, Bruce Lee, e risolvere tutto con un bel paio di calci volanti. Oppure come Bud Spencer, i cui film guardiamo spesso in tv, per sistemare la faccenda con una serie di sberloni. Ma non c'è niente che possa fare e allora me ne vado a camminare fuori dal cortile.

Quando rientro e guardo la facciata del centro, so che anche quel capitolo, nel bene o nel male, si sta chiudendo: me ne andrò.

Insieme a Ovidio e a Otman, ai quali è già stato detto di sgombrare, cominciamo a far girare la voce che stiamo cercando un posto. Siamo in tre, siamo insieme, e non essere da soli ci dà forza.

Sono l'unico dei tre che ancora studia, loro hanno lasciato la scuola al terzo anno e lavorano già da parecchio come

4 **squattrinato** povero, senza soldi – 4 **piantar grane** *qui:* causare problemi – 9 **grugnire** fare rumori di disagio con la voce – 12 **vessato** tormentato – 14 **un calcio volante** ein im Sprung ausgeübter Tritt – 16 **uno sberlone** uno schiaffo forte (→ una sberla) – 23 **sgomb(e)rare** liberare il posto – 27 **da parecchio** da tanto tempo

muratori. Mastico amaro ma, adesso che mi pagano, mi tengo ben stretto il lavoro nello studio grafico e cerco di risparmiare il più possibile. Tutti e tre i nostri redditi sommati non arrivano a fare uno stipendio vero ma, come durante il viaggio con mio fratello, ci diciamo che andiamo avanti perché dopo sarà meglio. Non sappiamo cosa si debba fare per affittare una casa, né quanto costi, né quale procedura si debba seguire: siamo inesperti, siamo entrati nel centro di accoglienza che eravamo dei bambini e adesso che ne stiamo uscendo sfiniti e pieni di rabbia non sappiamo che pesci pigliare.

È ormai giugno, poco prima dei miei diciannove anni, quando ottengo il diploma al professionale. Prendo un buon voto, ma ho delle brutte sensazioni. Dovrei essere felice eppure mi sembra di non essere pronto né per un lavoro né a decidere di proseguire gli studi. Sento di essere ancora lontano dal sogno di mio padre, da quello che voleva mio fratello per me e non ho nessuna intenzione di accontentarmi.

Chiedo in giro, cerco informazioni per capire cosa devo fare. Ma la conclusione è una doccia fredda: se voglio andare avanti a studiare, con il tipo di diploma che ho, lo posso fare solo in facoltà scientifiche, per le quali non mi sento portato.

«Potrei iscrivermi a ragioneria,» dico un giorno a un educatore. «Me ne hanno parlato tutti bene, dicono che poi si trova facilmente un lavoro.»

È un pensiero al limite dell'arroganza: chi è che, persino fra gli italiani, si diploma in due superiori diverse? Quasi nessuno, eppure, anche se non so chi mi dia il coraggio e la presunzione di fare una cosa del genere, assecondo il mio istinto.

Mi aspetto che l'educatore mi mandi al diavolo, che mi dia del matto.

1 **masticare** kauen – 3 **un reddito** Einkommen, Einkunft – 9 **sfinito** esaurito, stanco del lavoro – 10 **non saper che pesce pigliare** *fig* non sapere che cosa fare – 17 **accontentarsi** essere contento della propria situazione – 21 **essere portato a fare qc** bereit, geneigt, begabt sein, etw zu tun – 22 **la ragioneria** istituto tecnico commerciale (*Buchhaltung, Rechnungswesen*) – 29 **mandare qu al diavolo** desiderare che qu se ne vada

«Bella idea, sei uno che studia tanto, ce la puoi fare,» mi risponde invece, lasciandomi esterrefatto a chiedermi perché me lo dica solo ora. Perché, quando ho provato a cambiare tre anni prima, mi ha risposto di lasciar perdere? Come se non cambiasse mai nulla e fosse tutto equivalente, a prescindere da quello che si fa. Ma una cosa nella vita l'ho imparata: che niente è uguale. Non è la stessa cosa studiare o non studiare, rubare non rubare, delinquere o non delinquere. E anche se uno è partito indietro come me, non è scritto da nessuna parte che debba necessariamente arrivare ultimo.

«Ragazzi, ho una zia che potrebbe affittarvi un monolocale,» dice un giorno una operatrice del centro di accoglienza. «Non è lontano da qui, è una specie di villetta con un piccolo giardino. Voi stareste al piano rialzato.»

A parlare è una persona buona e noi ci auguriamo che lo sia anche la zia che andiamo subito a trovare in questa casetta a un piano e mezzo all'estrema periferia di Roma. Lei ci guarda un po' sospettosa. «Chi sono questi tre?» pare domandarsi. Siamo un rumeno, un afghano e un marocchino, come i protagonisti di una barzelletta.

«Venite,» dice però, perché evidentemente si fida di quello che le ha detto la nipote.

Ci fa strada e noi dietro, senza alcuna idea su cosa aspettarci ma sicuri di voler perseguire il nostro piano di autonomia.

«Abbiamo appena ristrutturato,» comincia, «mi raccomando, eh, abbiamo da poco messo l'intonaco.»

Ci apre il portone, nell'appartamento non c'è niente e le nostre voci rimbombano così come i nostri passi, ma c'è un buon odore di vernice e di nuovo. Ci guardiamo intorno tutti allegri anche se non c'è granché da vedere: non ci sono mobili, non c'è il frigorifero né i letti, ma quando andiamo ad aprire il finestrone che dà sul terrazzino affacciato sul piccolo giardino

2 **esterrefatto** fassungslos – 5 **a prescịndere da** abgesehen von – 8 **delịnquere** diventare criminale – 11 **un monolocale** Einzimmerwohnung – 14 **rialzato** costruito sopra – 20 **una barzelletta** Witz – 29 **una vernice** una pittura per la parete

ci sembra di essere tre emiri in procinto di prendere possesso del loro palazzo.

«Sono 450 euro al mese, 1000 anticipati,» dice la signora senza darci troppa confidenza, lasciandoci un po' intontiti a fare i conti di quanto abbiamo da parte e di quanto fa sommando i soldi di tutti e tre.

Usciamo di lì più gasati che preoccupati, rimaniamo d'accordo di pagare ed entrare nel giro di qualche giorno e trascorriamo le ore seguenti a procurarci il necessario: recuperiamo tre materassi usati, un frigorifero dismesso, un cuscino che per i primi giorni useremo a turno.

«Ci pensi? Ce ne andiamo!» mi dice Ovidio la sera prima dell'appuntamento per le chiavi. «Quanti anni sono?»

«Cinque, sei. Magari il centro ci mancherà,» dico, perché un po' mi piace fare il guastafeste.

«Non ci mancherà, vedrai che non ci mancherà,» mi assicura Ovidio.

«Voglio fare una festa,» grida Otman che ci sta sentendo.

Rimango un po' a pensarci.

«Io cucino afghano.»

«Io rumeno.»

«Io marocchino.»

La mattina dopo ci svegliamo, abbiamo già preparato le nostre cose che, come il canotto di mio fratello, ci possiamo tranquillamente portare a mano, compreso il letto. Dieci minuti dopo siamo sull'autobus, ognuno con il suo materasso in testa e con l'unico cuscino che spunta da un angolo della borsa di Ovidio. Ripenso a una frase che mio fratello ripeteva sempre per incoraggiarmi, che eravamo uccelli e potevamo volare ovunque. Cinque anni dopo, siamo invece delle lumache o delle tartarughe che si portano la casa sulla testa. E, al pari loro, possiamo spostarci facilmente dove ci va.

1 **un emiro** presso gli Arabi un principe o capo – 1 **in procinto di (fare qc)** im Begriff (etw zu tun) – 4 **intontito** *qui*: senza parole – 7 **gasato** euforico – 15 **un guastafeste** Spielverderber – 30 **una lumaca** *fig* una persona lenta (*Schnecke*) – 31 **al pari di qu** (so) wie

Suoniamo, la signora ci osserva perplessa sulla soglia: non sembra affatto contenta di immaginarci come suoi inquilini, ma prima che possa cambiare idea sull'affittarci l'appartamento le mettiamo in mano la busta con l'acconto, costringendola in qualche modo a consegnarci le chiavi.

Entriamo emozionati, Ovidio spalanca la portafinestra sul terrazzino e io e Otman saltiamo sui materassi buttati a terra, cantiamo, ridiamo come pazzi, ci sentiamo padroni del mondo.

«Cosa mangiamo stasera alla festa?» Ovidio interrompe l'incantesimo, giocando ad aprire e chiudere il frigorifero con la lucina gialla che illumina gli scomparti completamente vuoti.

«Vengono anche mio fratello e Ahmed,» dice Otman.

«Bene, bello,» dico io.

Non abbiamo sedie, c'è solo un piccolo tavolino in cucina che non serve a niente, perciò decidiamo di uscire a fare la spesa e comprare un tappeto in modo da mangiarci sopra insieme agli ospiti.

Passiamo prima dal supermercato e la sensazione di poter scegliere il menu e di non dover stare sempre attenti agli orari della mensa al centro ci sembra inebriante: ognuno propone di comprare qualcosa e fra noi è una gara a chi è più gentile. Siamo una squadra e dobbiamo andare d'accordo.

«Come vuoi...»

«Come vuoi tu.»

«Come volete voi...»

Prendiamo un carrello enorme, riempiamo due o tre sacchetti di roba provando a stare attenti a controllare prima i prezzi. Compriamo cose sceme, un po' a caso: la pasta ma non il sale, tanto cioccolato, parecchie patatine, biscotti ripieni, brioche, ma ridiamo contenti, stasera ci sono ospiti e bisogna farli stare bene.

2 **un inquilino** Untermieter, Mitbewohner, Mieter – 4 **un acconto** una parte della somma che si deve pagare in anticipo – 6 **spalancare** aufreißen – 10 **un incantẹsimo** un'atmosfera magica – 20 **inebriante** eccitante – 28 **scemo** *qui:* senza seguire un piano logico

Torniamo sui nostri passi, sulla strada incontriamo un robivecchi, scegliamo un tappeto e con quello in testa rientriamo a casa felici al pensiero degli amici che stanno per arrivare. I primi suonano, il tappeto sta benissimo e ci mettiamo comodi ma quando cominciamo a discutere il menu della serata ci rendiamo conto di una cosa molto semplice: che nessuno di noi tre è in grado di preparare qualche piatto di casa, né afghano, né rumeno, né marocchino. All'inizio pensiamo di essercene dimenticati, per poi renderci conto che non l'abbiamo mai saputo. Che abbiamo lasciato casa molto presto, ancora bambini, e così come ogni tanto fatichiamo a parlare nella nostra lingua, anche il nostro passato è un pensiero troppo lontano da quello che siamo diventati adesso.

Per un momento ci prende un attacco di malinconia, Ovidio fa addirittura qualche tentativo di cucinare una specialità rumena, la ciorba, una zuppa di verdura e carne, come se non volesse arrendersi, ma viene un pastrocchio. Ridiamo e mettiamo su l'acqua per la pasta, facendone tanta perché nel frattempo la voce si è sparsa e altri amici del centro di accoglienza vogliono godersi per una volta una casa e non la solita sala della mensa. Abbiamo solo quattro forchette e anche i piatti finiscono subito, qualcuno si fa imboccare, uno pesca gli spaghetti con il cucchiaio direttamente dalla pentola, un altro recupera delle bacchette come i cinesi. Abbiamo la bocca piena di salsa, ridiamo per come siamo conciati e mangiamo molto più del necessario, per il gusto di poterne prendere finché si vuole.

I biscotti finiscono subito, i ragazzi chiacchierano, qualcuno fuma e con Ovidio ci prendiamo un momento per noi. C'è una bella aria tiepida e ci sediamo in terrazzo, al buio, a chiacchierare.

«Sei bravo a cucinare, davvero,» mi dice lui a un certo punto.

2 **un robivecchi** Altwarenhändler (→ la roba, → vecchio) – 7 **ẹssere in grado di** saper fare – 17 **un pastrocchio** una confusione, un lavoro mal fatto – 19 **la voce si è sparsa** l'informazione è stata diffusa, se ne parla

«Quando eravamo con mio fratello...»

«Dove?»

«A Istanbul. Vivevamo con degli altri ragazzi, ma io ero il più piccolo.»

«E ti menavano?» mi chiede un po' sul serio e un po' scherzando.

«No, loro non mi menavano,» continuo. «C'era anche mio fratello. Ma non badavano tanto a me, pensavano tutti solo a come arrivare in Europa. Mohammed diceva che non dovevo fidarmi di loro.»

«Quindi?»

«Non era proprio una casa, non c'era una cucina. Scaldavamo l'acqua della pasta su un fornelletto elettrico. E siccome lui doveva partire senza di me ha cominciato a spiegarmi: per la frittata devi girare con la forchetta. Se vuoi fare la pasta devi mettere prima il sale. Cose così.»

«Quanti anni avevi?»

«Undici o dodici. Non mi ricordo esattamente.»

Non ci vediamo in faccia, non c'è la luna né luci nel piccolo giardino.

«Alì, tu sai dov'è tuo fratello?»

«È morto.»

«Lo so che è morto.»

«E allora?»

«Dico il corpo.»

«Sì, lo so.»

«Davvero? Ma dove?» Lo dice ma poi si pente. «Scusa, lascia stare.»

«Quando sono uscito dal campo, a Lesbo, un ragazzo mi ha portato dove seppellivano i naufraghi. C'era un grande spazio vuoto, un po' in collina, in cui ogni zona corrispondeva a un mese, un periodo: qui quelli morti a settembre, più in là quelli a ottobre.»

5 **menare** dare botte – 30 **seppellire** mettere nella tomba i resti mortali di una persona – 30 **un nạufrago** *qui:* morto in un *naufragio* (Schiffsunglück)

«Mi dispiace tanto.»
«Torniamo dagli altri, dai.»
«Alì.»
«Cosa?»
«Mohammed sarebbe contento di vederti qui.»

Rientriamo, la serata prosegue fino a tardi. Otman e i suoi amici non vogliono mai andarsene a letto e continuano a chiacchierare sul terrazzo mentre con Ovidio ci sdraiamo sui nostri materassi e ci addormentiamo nel giro di un secondo. La nostra nuova vita ci piace, la scuola per me è finita e io ne approfitto per fare più ore allo studio grafico, cercando di guadagnare il più possibile.

Una sera mi chiama Hassam.

«Vieni a trovarmi, dai.»

«Ma come faccio?»

Dice che mi può ospitare e che gli aerei per Stoccolma non costano niente, me lo regala volentieri lui. Insiste, ripete più volte che adesso le cose gli vanno abbastanza bene, ma il giorno dopo vado in un Internet Point e mi compro un biglietto per la fine di agosto che mi costa come due cene in pizzeria. Gli racconto che abbiamo lasciato il centro di accoglienza, gli dico delle nostre serate con gli amici, delle chiacchiere sul terrazzo e lui mi sfotte.

«Tutti maschi, eh?» scherza.

È vero, non conosciamo ragazze, ma ci sentiamo comunque adulti ed è solo quando arriva il momento di pagare il primo affitto e le prime bollette che ci accorgiamo invece di quanto non lo siamo. E di come abbiamo fatto male i conti. Guadagniamo troppo poco e improvvisamente capiamo quanto costa fare da mangiare e quanto siamo stati fortunati ad avere una mensa in cui mangiare gratis. Realizziamo come funziona la vita vera, anche se non abbiamo neanche vent'anni,

27 **una bolletta** il documento su cui si trova la somma che si deve pagare per il gas, l'elettricità e altre spese

e per di più non possiamo tornare a casa dai nostri genitori come gli italiani, quando provano a rendersi autonomi e poi non ce la fanno. Ma più che invidiare quei ragazzi, ci sentiamo di colpo grati all'Italia che ci ha dato un tetto e un piatto caldo a pranzo e a cena. Nonostante gli imbrogli e quelli che hanno approfittato della nostra debolezza, capiamo quanto siamo stati aiutati. Vorrei dirlo ai ragazzi del centro che si lamentano sempre. Ma non lo faccio: perché so benissimo che è la volta buona che riprendono a menarmi.

Con il passare delle settimane ci sentiamo sempre più inadeguati: la padrona di casa ci comunica che dobbiamo pagare 500 euro di luce e gas per i primi due mesi e, anche se la cifra ci sembra spropositata, non abbiamo nessuna esperienza. Ci informiamo, capiamo che anche lei sta cercando di fregarci, ma come al solito la nostra parola vale pochissimo. Peggio: non ci vuole molto perché casa nostra si trasformi in una specie di porto di mare e lei abbia tutte le ragioni per desiderare di sbatterci fuori. Abbiamo un contratto, non può farlo: e allora pretendere che noi si paghi anche la sua di bolletta è forse il modo con cui ci invita a levarci dai piedi. Penso ai miei, al loro piatto in più sempre a tavola, ma la situazione ormai ci è sfuggita completamente di mano: i ragazzi passano a tutte le ore e noi prepariamo sempre qualcosa per loro, ci sentiamo in dovere di farlo con il risultato che la padrona comincia a lamentarsi del rumore e del continuo via vai cui non siamo in grado di porre un freno, e le nostre tasche si svuotano alla velocità della luce.

Resistiamo solo due o forse tre mesi. Quando arriva settembre e mi dicono che ho passato l'esame di ammissione al terzo anno di ragioneria, mi è chiaro, come lo è a Otman e Ovidio, che stiamo per arrenderci.

8 **la volta buona** l'occasione giusta per fare qc – 13 **spropositato** che non è giusto, inadeguato – 20 **levarsi dai piedi** andare via – 22 **sfuggire di mano** entgleiten – 25 **un via vai** movimento di persone che vanno e vengono

Facciamo domanda per un altro centro di accoglienza, questa volta per maggiorenni, e quando viene accettata, paghiamo le ultime bollette, rivendiamo i materassi e torniamo al nostro mondo, con altri ragazzi smarriti e precari come noi. Ma sappiamo che l'avventura è solo temporaneamente rimandata e che ci riproveremo.

4 **smarrito** perduto – 4 **precario** senza un lavoro fisso

15. Due afghani in Scandinavia

Il viaggio per Stoccolma si avvicina, il biglietto è stampato e appeso a una parete a mo' di Post-it. La sera, quando sono in silenzio a letto, è l'immagine di Hassam, a Roma o a Patrasso, ad affollare i miei pensieri. Vorrei ricordarmi solo cose belle, visualizzare i momenti di pace, a Roma al parco, o alla tendopoli a giocare a calcio con gli altri ragazzi. Ma a tornarmi in mente è un episodio in cui io sono molto debole e lui molto forte. E nel quale Hassam, che muoio dalla voglia di rivedere dopo tutti questi anni, è Hassam: una persona che, perso mio fratello, ha cercato di proteggermi ogni volta che ha potuto.

Sono a due passi da un traghetto e ci sono dei poliziotti greci che mi urlano contro. Hanno la voce forte, dura e tagliente, e rispetto a loro sono fragile come un bicchiere di cristallo. Mi circondano e uno mi tira un calcio che mi colpisce agli stinchi e mi fa tremare le ginocchia.

Sento di nuovo urlare, ma la voce arriva da altrove, non è più la loro, qualcuno si è accorto di quello che sta succedendo. C'è un turista, a pochi metri da noi, che ci guarda sbalordito: che panorama strano dev'essere per uno che, in vacanza in un'isola da sogno, finisce per assistere a degli adulti in divisa che colpiscono un ragazzino. L'uomo urla qualcosa nella sua lingua, vorrebbe aiutarmi, ma i poliziotti fanno finta di niente, incerti se prendersela anche con lui o fingere che si tratti solo di un malinteso. Faccio ancora in tempo a prendermi un altro colpo prima del fermo immagine, quello in cui la scena si cristallizza per qualche secondo.

I poliziotti infatti mollano per un attimo la presa e io riesco a svicolare e mi metto a correre. A destra e a sinistra ci sono le

1 **avvicinarsi** sich nähern – 2 **a mo' di** come (→ a modo di) – 4 **affollare** riempire, dominare – 6 **tornare in mente** ricordare – 8 **morire dalla voglia** kaum erwarten können – 12 **tagliente** scharf – 13 **fragile** zerbrechlich – 14 **colpire** schlagen – 14 **lo stinco** Schienbein – 24 **un malinteso** Missverständnis – 25 **fermo immagine** Standbild – 27 **mollare la presa** loslassen

auto in fila pronte a salire sul traghetto per tornare in Italia, ma io penso solo a scappare. Ho dolori dappertutto ma la paura mi dà forza; sento le gambe muoversi all'impazzata, mi accorgo troppo tardi dello specchietto di un camper che sporge e per evitarlo inciampo. Di nuovo dolore che si somma ad altro dolore, una signora si avvicina per aiutarmi ma tiro dritto. Non so se mi stiano seguendo, non ho il tempo di girarmi, so soltanto che non devo smettere di scappare.

Quando vedo Hassam, sto finalmente rallentando e non ho quasi più fiato. Lo riconosco e lì per lì mi vergogno: dal suo nascondiglio deve aver visto tutto, deve avermi visto correre e poi finire a terra come uno stupido. Vorrei scomparire, farmi ancora più piccolo.

Hassam è veloce come sempre, sbuca agile da dietro un camion, so benissimo che non era lì per me e che stava provando a salire clandestinamente sul traghetto per l'Italia, ma adesso sono io il suo obiettivo, mi si fa incontro, mi soccorre, si china per mettere il braccio sotto il mio.

«Forza,» mi incita, «forza,» ripete di nuovo. Ci allontaniamo dal porto, dalle auto, dalla polizia, con lui che mi sostiene.

Tremo, fatico a respirare.

«Cos'è successo? Alì, cos'è successo?» mi domanda e intanto con la mano mi solleva il mento delicatamente per guardarmi negli occhi.

«Mi hanno preso… mi hanno preso…»

«Ti hanno picchiato? Stai bene?» mi chiede prima di qualunque altra cosa. Incrocio il suo sguardo, Hassam capisce e lascia la mano così che io possa chinare il capo e cominciare a singhiozzare.

3 **all'impazzata** wie verrückt, ununterbrochen – 5 **inciampare** stolpern – 9 **non avere più fiato** keinen Atem mehr haben – 10 **lì per lì** all'istante, direttamente (*auf der Stelle*) – 12 **scomparire** ≠ comparire, apparire – 18 **chinarsi** sich bücken, sich beugen – 21 **faticare a respirare** non riuscire a respirare bene – 26 **picchiare** dare botte – 29 **singhiozzare** piangere

«Ero arrivato ad Ancona, in Italia. Mi hanno scoperto. Catturato. Mi hanno menato.»

«Dai, sono qui… ci sono io,» sussurra in mezzo al rumore dei motori che si accendono uno dopo l'altro quando un segnale avverte che l'imbarco è iniziato.

«Riesci a camminare?»

Faccio un passo ma mi fa più male di prima. L'adrenalina se ne è andata. Mi appoggio a lui, mi sollevo i pantaloni fin sopra il ginocchio e gli mostro i lividi su una gamba.

Hassam mi afferra il polpaccio facendomi urlare dal dolore, prova a muovermi la gamba, fa piano ma io la ritraggo di scatto.

«Scusa.»

«Niente.»

«Riesci ad appoggiarla?»

«No.»

«Ti senti qualcosa di rotto?»

«Non lo so… non credo.»

«Cosa?»

«Non credo di avere nulla di rotto.»

«Lo sapresti.»

«Sei sicuro?»

«Certo.»

Mi calmo, raggiungiamo una panchina, mi siedo e rimango appoggiato a lui, il polpaccio ancora scoperto.

«Mi hanno riempito di calci.»

«Ti fa tanto male?»

«Un po'.»

«Dai, vieni. Andiamo.»

«Ma tu…» Non voglio che rinunci al suo piano per colpa mia.

«Domani. Il mio biglietto è per domani…»

Ride per la battuta, è allegro, come se aiutare me in quel momento sia la cosa più importante al mondo.

«Grazie.»

2 **catturare** prendere, afferrare – 2 **menare** picchiare – 8 **appoggiarsi** sich lehnen – 9 **un lịvido** blauer Fleck, Prellung – 10 **un polpaccio** Wade – 11 **ritrarre di scatto** plötzlich zurückziehen

«Andiamo. Piano, fai piano. Vedi che ce la fai ad appoggiarla?»

«Sì, grazie, grazie tante Hassam.»

«Va meglio?» mi domanda mezz'ora dopo alla tendopoli, tenendomi il ghiaccio sui lividi. «Si sta sgonfiando, vedi? Dai che non ti hanno fatto niente.»

Il ricordo di quella scena mi insegue per diversi giorni mentre lavoro o studio e mi fa pensare a quanto oggi sono fortunato.

Quando, superati i vari controlli e mostrata la carta d'imbarco, mi infilo nel tunnel trasparente che porta a bordo dell'aereo, la gioia di volare per la prima volta è immensa. È come un sogno e tutto assomiglia a come mi sono sempre immaginato: le hostess sorridono, belle e con le divise eleganti, vedono quanto sono imbranato e allora mi domandano il numero di posto, mi ci accompagnano, mi chiamano «Signore» facendomi ridere e mi dicono «Buon viaggio» quando mi sistemo.

«Si fa così?» chiedo a una signora seduta accanto a me.

Mi guarda stupita, come se non le fosse mai capitato accanto uno tanto buffo.

«Non ho mai volato. Fa paura?»

«Dipende,» risponde e poi sorride.

«Pronti a decollare,» annuncia il pilota e, quando sento l'aereo che accelera e l'asfalto che si muove veloce sotto il sedile, mi emoziono moltissimo. Non sono spaventato, la paura la conosco e questa è tutt'altra cosa. Sono più che altro felice, come nei primi minuti da solo sul pullman a Teheran, ma adesso so dove sto andando e questo paesaggio dal finestrino è ancora più bello.

Sorvoliamo Roma, la distesa di case è sconfinata, e poi ci infiliamo tra le nuvole. È come nei cartoni animati, ci ritroviamo per qualche secondo in un mondo tutto bianco e non vedo più niente, c'è qualche piccolo scossone ma il volo procede tranquillo. Stare in mezzo al bianco mi piace tantissimo: siamo

4 **sgonfiarsi** abschwellen – 21 **decollare** sollevarsi in volo, avviarsi (aereo) – 31 **uno scossone** Erschütterung, heftiger Ruck, Stoß

sopra le nuvole e sotto di noi c'è un mare di neve o di ovatta. È tutto così calmo e pacifico, il cielo è limpido e sotto c'è il mare Adriatico. Immagino di vedere Rimini, penso alla cuoca, la sento farmi i complimenti e in qualche modo sono fiero di me. Non conta che gli aerei ormai costino poco, quello che so è che nessuno della mia famiglia, né papà, né mamma, né Mohammed, ha mai potuto permettersi di volare. Sono il primo degli Ehsani in volo, mi sento come un esploratore, è un pensiero sciocco ma mi fa sentire importante.

«Stiamo sorvolando l'Austria,» dice il pilota e non posso non riflettere su quanto ho sudato e patito ogni volta che nella mia vita precedente ho dovuto oltrepassare un confine. Quello dei talebani, fra Kabul e Kandahar, quello per il Pakistan, le montagne fra quest'ultimo e l'Iran, poi la Turchia, la Grecia...

«Abbiamo passato la Cecoslovacchia,» dice la voce gracchiante del pilota una mezz'ora dopo. E mi domando perché tutto debba essere così difficile. Perché un afghano non possa andare a vivere in Svezia senza essere obbligato a passare clandestinamente.

Lascio correre i pensieri finché, quando l'aereo atterra e si apre il portellone, anche se non ho nessuno che mi domanda i documenti, non c'è nessuna montagna da aggirare o scafista da pagare, sono i miei pantaloncini da rapper e la mia maglietta da ragazzino di periferia che scimmiotta Eminem a farmi ricordare che ho passato diversi confini, ma che adesso sono in Svezia e non più a Roma. E in Svezia, anche ad agosto fa freddo.

Scendo le scale e subito mi metto a tremare, frugo fra le mie cose e recupero una felpa che ho infilato nella borsa il giorno prima più per sfizio che per necessità, ma quando la indosso mi sento comunque gelare. Guardo gli altri, hanno tutti la

1 **l'ovatta** Watte – 8 **un esploratore** Entdecker – 15 **una voce gracchiante** krächzende Stimme – 21 **un portellone** Klappe, Flugzeugtür – 24 **scimmiottare** imitare (→ una scimmia) – 28 **frugare** cercare – 29 **recuperare** *qui:* prendere – 30 **più per sfizio che per necessità** mehr zum Vergnügen als aus Notwendigkeit

giacca tranne un tipo alto due metri e con i capelli lunghi come i vichinghi che avanza con solo una magliettina aderente da cui sporgono i muscoli delle braccia. Invio un sms ad Hassam, gli dico di portarmi una giacca e poi salgo sul treno per la cittadina dove abita. Lì seduto, scopro che non è solo il clima a essere così diverso da Roma: le persone prendono posto e poi aprono tutte un libro e leggono in silenzio, senza praticamente far rumore neanche quando girano le pagine. Ogni tanto qualcuno si alza, va nel vano fra un vagone e l'altro, parla sommessamente al telefono, torna indietro con l'aria di scusarsi se ha disturbato e riprende a leggere. Non ho nessuno libro, niente, e ho una paura folle del costo del roaming telefonico. Fuori dal finestrino, dopo qualche minuto di città, il paesaggio si apre: davanti a me un panorama di prati verdissimi, qualche bassa collina e delle casette colorate sparse con poche strade a collegarle. Penso a quanto è strano immaginare in un posto del genere Hassam, afghano di Ghanzi, e a quando con mio fratello siamo passati dalla sua città mentre stavamo andando a Kandahar nascosti sopra un furgone. Avevo tirato fuori la testa da sotto la coperta e visto questa città in lontananza.

«Dove siamo?»

«Ghanzi.

«Ci fermeremo?»

«Non lo so. Cerca di non muoverti adesso,» mi aveva sussurrato all'orecchio Mohammed quando avevamo scorto per strada le prime persone.

Penso a quanto siamo sradicati, ma anche a quante possibilità ci offre la vita di provare ad adattarci ad altri mondi, ricominciare da capo in universi completamente nuovi.

Rimango per più di due ore su quel treno: quel silenzio un po' mi piace e un po' mi spaventa, come essere in una classe in cui tutti sono bravi e temi di passare per l'unico asino. Me ne sto buono, attento a non fare rumore quando chiudo il tavolinetto davanti a me perché viene annunciata la stazione

9 **un vano** uno spazio – 27 **sradicato** senza radici – 29 **da capo** dall'inizio, di nuovo

di Hävla, la cittadina dove abita Hassam, e il treno inizia a rallentare.

Siamo quasi fermi quando dal finestrino riconosco Hassam che mi aspetta sulla banchina. È cambiato, ma forse non quanto sono cambiato io. Scendo e corriamo l'uno verso l'altro, con gli occhi lucidi.

«Alì, ti è venuta la faccia da grande.»

«Anche a te.»

Ci osserviamo, timidi ed emozionati.

«Ma come ti sei vestito?» mi domanda un attimo dopo e ride prima ancora di abbracciarmi. «Cosa fai con 'sti pantaloni?» insiste, come se non ne avesse mai visti a vita bassa.

Gli spiego che è la moda, che è l'hip hop, che ascolto Eminem. Hassam non sembra tanto convinto.

«Prendila, Eminem.» Scuote la testa e mi passa una giacca pesante.

Gli domando perché fa così freddo, come se dovesse esserne stupito anche lui.

«Ma cosa studiate a scuola?» mi sfotte.

«Perché? Cosa c'entra?»

«Siamo più vicini al Polo che all'Africa. Siamo in cima all'Europa.»

Finisce la frase e poi si gira di colpo verso di me.

«Come sono felice di vederti! Alì, davvero, che bello che sei qui.»

«Ma è sempre così?»

«Cosa?

«Il tempo?»

«No, adesso è estate,» scherza. «Hai fame?»

«Tantissima. Ci prendiamo una pizza?»

«Meglio se andiamo a casa,» dice scuotendo la testa.

Rientriamo e sulla strada mi fa un corso accelerato di Svezia: tutto è carissimo, un panino costa dieci euro perciò cucina sempre a casa.

20 **cosa c'entra?** was hat es damit zu tun? – 23 **di colpo** plötzlich

Quando apre la porta, entro in un bel salottino con una cucina ordinata e le finestre grandi anche se non c'è altro da vedere che strade piccole, casette e dei prati qua e là. Mi vengono in mente le nostre chiacchiere, quando lui dormiva alla stazione e insisteva per sapere come ero sistemato nel primo centro di accoglienza. Ripenso al suo tono disperato.

Vado in bagno e anche quello non è affatto male: che strano, non c'è il bidet, ma per il resto è tutto pulito e nuovo.

«Ci vivi da solo? È tutto tuo?» gli chiedo sbalordito perché sembra proprio di sì e non riesco a evitare di fare confronti con il mio monolocale romano.

«Sì.»

«Ma quanto paghi?»

«Non pago, me lo dà lo Stato.»

«Cavolo.»

«Ti va il bolany? L'ho preparato stamattina,» dice, infilando una pirofila nel microonde.

Quel sapore familiare, l'accento di Hassam, quel suo continuare a chiedermi se sto bene, se ho bisogno di qualcosa: non ci metto tanto a sentirmi a casa. Lo osservo gesticolare mentre parla, guardo le sue braccia forti e le gambe lunghe e penso che la mia famiglia è lui. Anche Ovidio, certo, ma lì, in quella cucina con all'esterno quella luce così particolare, so che con Hassam è diverso, è speciale. Perché oltre all'amicizia c'è l'Afghanistan, c'è una serie di consuetudini, gli abbracci, mio padre e mio fratello, il «ti ho preparato il pranzo perché sei mio ospite», il «puoi rimanere qui quanto vuoi», il «hai freddo, hai caldo, hai sete… sei a casa mia e voglio che tu stia bene, anzi, benissimo».

Boccone dopo boccone, Hassam mi aiuta a ricostruire quello che è successo dopo l'ultima volta che l'ho visto a Termini, preoccupato di non riuscire a partire per via della malattia della pelle. Gli leggo negli occhi quanto è stata dura anche per lui

5 **insịstere in qc** auf etw bestehen – 17 **una pirofila** feuerfeste Form – 25 **una consuetụdine** Gewohnheit, Brauch – 30 **boccone dopo boccone** Biss für Biss

ma non lo interrompo perché voglio sia lui a decidere che cosa condividere e che cosa è troppo doloroso rivangare. Forse è solo che il passato gli interessa meno che a me, parla tanto del presente, mi racconta che in Svezia, quando ottieni lo status di rifugiato politico e chiedi di poter studiare, ti danno un appartamento finché non potrai lavorare e sarai nelle condizioni di pagare un affitto. Quando parla di futuro è per dire che spera che, appena si sarà sistemato e avrà un lavoro, suo fratello potrà raggiungerlo: gli manca tanto. Gli scappa fuori ma poi, siccome è Hassam, se ne dispiace e mi guarda come per scusarsi. Passa ad altro, mi spiega che tra un anno prenderà il diploma di infermiere e con quello potrà avere un posto di lavoro.

«Sono in pochi, c'è sempre bisogno,» conclude.

«Cavolo,» continuo a ripetere io a bocca aperta.

«E tu?»

E io? E io non ho ancora ben chiaro se il bicchiere è mezzo pieno o mezzo vuoto. Gli racconto del diploma. Del fatto che sono stato tanto aiutato nei vari centri ma anche che mi hanno imbrogliato. «Mi mancano Mohammed, mia madre e mio padre,» sussurro. «Ogni tanto passa ma solo per poco.»

Racconto dell'appartamento con Otman e Ovidio, a Roma, e dei nostri cinquecento euro di affitto, ma lascio subito perdere i confronti perché gli leggo in faccia che quella che mi ha appena raccontato è solo una parte della storia. Diciamo la parte rosa, ma so che c'è anche quella grigia o nera.

«È stata durissima, ho sofferto tantissimo,» confessa infatti poco dopo. «Sono stato per due anni chiuso in una casa famiglia: non potevo studiare, lavorare, solo aspettare. Pensavo di impazzire,» dice e non serve che aggiunga altro. «È stato un incubo.»

Afferro un pezzo di pane, lo mastico piano, penso che solo noi sappiamo quanta fatica abbiamo fatto, quanto è stata dura.

1 **interrọmpere** unterbrechen – 2 **ri(n)vangare** ricordare cose passate e quasi dimenticate – 14 **in pochi** ≠ numerosi – 20 **imbrogliare** betrügen

Rimaniamo un po' interdetti a domandarci se questo sfogo ci fa bene. O se è meglio guardare avanti, smettere di parlare, scendere in strada e fare due passi.

A un tratto, a interromperci è il campanello di casa.

«Scusa un momento,» mi dice Hassam. Va alla porta, la apre ma la persona che ha suonato indugia sulla soglia. Capisco dalla voce che è una ragazza, lui la bacia e poi si mettono a parlare fitto. Hassam sembra molto sicuro con lo svedese, ci sono tutte queste consonanti e dei suoni come quelli della voce registrata sul treno. Mi riempie di orgoglio vederlo così consapevole, forte e a suo agio. Vanno avanti per un po' finché lui spalanca la porta e lei entra: è biondissima, altissima e con gli occhi davvero azzurrissimi.

«Ciao,» le dico in italiano. Lei risponde credo la stessa cosa in svedese, mi sfiora la mano senza veramente afferrarla, la sua pelle è molto chiara mentre la mia è lucida dall'imbarazzo.

A un tratto si volta, come se si fosse ricordata improvvisamente di un appuntamento, bacia sulla bocca Hassam e scompare dietro la porta lasciandomi lì imbambolato.

«Ingrid?» dico qualche istante dopo con un sorriso ebete.

«Astrid,» sorride Hassam, soddisfatto e fiero.

«Cavolo, Hassam, è davvero… bionda!» commento facendolo ridere.

«Andiamo a Oslo domani mattina, ti va?»

«Dov'è?»

«In Norvegia. Ma, veramente, cosa diavolo studiate a scuola?» ripete ridendo.

Mi addormento presto e, quando mi sveglio nel cuore della notte per prendere un bicchier d'acqua in cucina, il sole è alto e passa attraverso le finestre.

«Hassam, svegliati, è già mattina.»

1 **interdetto** senza parole – 1 **uno sfogo** *fig* Ausbruch, freier Lauf – 6 **indugiare** esitare – 10 **riempire di orgoglio** essere molto orgoglioso – 11 **sentirsi a proprio agio** sich wohlfühlen – 15 **sfiorare** toccare leggermente – 16 **lucido** glänzend – 16 **l'imbarazzo** Verlegenheit – 19 **imbambolato** perso in pensieri o sogni, assente – 20 **un sorriso ebete** dummes Lächeln

«Dormi.»

«Hassam, si deve essere fermato l'orologio, c'è il sole...»

«Dormi, fidati.»

«Hassam, ascoltami.»

«Siamo in Svezia, il sole c'è tutta la notte, dormi ti prego,» borbotta un po' disperato.

Viaggiamo in pullman e, quando arriviamo a destinazione, mi rendo conto che Oslo è del tutto diversa dalla cittadina mezza addormentata in cui abita Hassam: ci incamminiamo verso il porto, ci sono ragazzi ovunque, tutti bevono, chiacchierano. Hassam mi spiega che è per via dell'estate. E che, dopo tutti quei mesi al freddo, appena ci sono venti gradi gli scandinavi impazziscono, si scolano una birra dopo l'altra e rimangono in giro tutta la notte perché tanto non fa mai buio. Non bevo né birra né vino, ma osservare tutta quella vita mi rende felice, mi fa venir voglia di essere allegro, su di giri.

Ci incontriamo in una piazza con altri due afghani amici di Hassam, passeggiamo sul lungomare, l'acqua è scura come non l'ho mai vista e dappertutto ci sono yacht, barche e la sensazione di benessere e ricchezza. Nessuno ci guarda, nessuno si guarda, è un altro mondo rispetto a Roma, pieno di discrezione. Anche se Hassam si lamenta per quanto è fredda la gente, a me qui piace. Venendo dal caos di Roma, la Scandinavia, per quello che vedo, mi trasmette un senso di pace, di una vita meno faticosa. Ci sdraiamo sull'erba, mangiamo un panino e, come al solito, ci scambiamo racconti su come siamo arrivati in Europa e questa volta mi sembra che parlarne mi faccia meno male. Mi accorgo che è la mia prima vera vacanza, che è tutto così normale: chiacchierare con un amico, andare a vedere un monumento, essere felici di stare insieme, senza drammi. Forse, penso, il peggio è passato e il futuro non potrà che essere migliore.

6 **borbottare** murmeln – 13 **scolarsi una birra dopo l'altra** ein Bier nach dem anderen trinken – 16 **su di giri** eccitato – 19 **uno yacht** [jɔt] Yacht

Rimaniamo a Oslo per un paio di giorni e poi torniamo a casa di Hassam perché ricominciano i suoi corsi. Lui esce sempre prestissimo, mentre io me la prendo comoda: al mio risveglio, ci sono bigliettini dappertutto, ogni volta trovo un piatto che mi ha preparato la sera prima, con spiegato come scaldarlo, cosa aggiungere. È come una mamma e, quando mi accompagna al treno per tornare a Stoccolma, ci diciamo arrivederci e per la prima volta sappiamo che è vero. Sappiamo che ce la possiamo fare.

Quando qualche ora dopo arrivo a Fiumicino, mi sembra che un po' di paura se ne sia andata e che in qualche modo ce la farò anch'io. Anche se non mi è chiaro se sto pensando a una Ingrid o a un vero lavoro.

16. Una domenica speciale

Capitava talvolta, quando ancora vivevamo a Kabul, che Mohammed stesse fuori di casa tutto il giorno e rientrasse tardi la sera. Dal letto, sentivo che papà e mamma si preoccupavano, ma se lei era in pensiero perché temeva gli fosse successo qualcosa di brutto, papà era sempre convinto che mio fratello fosse in giro con qualche ragazza.

«Bada che non venga un giorno qui da noi un genitore che mi dice che sua figlia è incinta e che tu sei il padre,» gli diceva quando lo sentiva rientrare. Ascoltavo di soppiatto quei loro discorsi, nel buio profondo di casa nostra dove non c'era corrente e, anche se ero un bambino e non sapevo quasi nulla di quelle cose, mi sembrava bello immaginare che mio fratello avesse un mondo segreto, che fosse da qualche parte con una ragazza, a tenerle la mano di nascosto in qualche via poco battuta di Kabul.

Ci ho pensato tanto a quei discorsi, ma ora che sono più grande credo che ad aver ragione di preoccuparsi fosse solo mamma. Temo che papà si sbagliasse e che Mohammed fosse con qualche amico a chiacchierare e al massimo a fantasticare su qualche ragazza che gli piaceva o di cui si era innamorato. È una cosa che ho capito solo dopo, quando ho cominciato a riflettere su come si comportava in certe situazioni. C'era un gioco che Mohammed faceva sempre con me quando eravamo da qualche parte, seduti su un muretto o a chiacchierare in una piazza: indicava una ragazza che per lui era bella e mi domandava se mi piaceva.

«L'hai vista?»

«Chi? Quale?» rispondevo io facendo il finto tonto.

«È abbastanza bella per te, Alì?»

Io dicevo che sì, era bella, forse addirittura bellissima.

7 **badare** *qui:* fare attenzione – 8 **incinta** schwanger – 9 **di soppiatto** di nascosto – 11 **la corrente** Strom – 15 **battuto** *qui:* befahren, belebt

E allora lui continuava: «Ok, allora, non ti preoccupare. Ci vado a parlare se vuoi, così le dico che ti piace e magari, che ne so, vi innamorate».

Io ogni volta diventavo paonazzo, provavo a fermarlo, gli dicevo: «No, no, ti prego, smettila, perché lo fai? Non voglio!».

Di solito insisteva ancora un po' per poi lasciar perdere. «Be', allora non ti piace così tanto,» scherzava.

Ma era tutto un trucco: era lui a essere interessato a queste ragazze e usava il bambinetto che ero come scusa per attirare la loro attenzione.

Con le ragazze, Mohammed era troppo timido, non aveva mai avuto il tempo di conoscerle. Papà si era sposato senza praticamente aver mai rivolto la parola alla mamma e, quando siamo cresciuti, non era cambiato granché. Forse nei quartieri dei ricchi le cose erano diverse; ricordo che si diceva ad esempio che negli alberghi in città le donne fumassero e stessero con i capelli al vento, ma per noi che eravamo turkmeni e vivevamo gomito a gomito con gli hazara, vedere un maschio chiacchierare con una ragazza sarebbe sembrato assurdo come tornare a casa e trovare la tavola imbandita e con i piatti di ceramica. In Iran era ancora peggio e in Turchia, dove c'era più libertà, Mohammed si era fermato troppo poco per pensare di stringere qualche amicizia. Oltre al fatto che, dovendo occuparsi di me, non avrebbe probabilmente avuto modo di offrire neanche un gelato a queste eventuali fidanzate.

Ci ho pensato tanto e credo che, fra le cose che si è perso e che non ha mai potuto vivere, ci sia anche questo. Credo non abbia mai avuto una ragazza. E un giorno è salito su un canotto con due amici e ha cercato di realizzare un sogno senza aver avuto né tempo né modo di trovare un amore tutto suo.

4 **paonazzo** knallrot – 8 **un trucco** Trick – 13 **rivọlgere la parola a qu** parlare a qu, indirizzarsi a qu – 14 **granché** molto – 17 **capelli al vento** capelli sciolti, *qui:* capelli non coperti dal velo – 17 **un turkmeno** una persona dal Turkmenistan, un paese confinante dell'Afghanistan – 18 **gọmito a gọmito** molto vicini – 18 **gli hazara** un gruppo etnico dell'Afghanistan – 20 **imbandito** apparecchiato per una festa

Con Violeta, la mia ragazza, ci conosciamo a scuola, poche settimane dopo essere stato da Hassam. Io ho diciannove anni e, preso il diploma al professionale, sono appena stato ammesso direttamente al terzo anno di ragioneria.

Molti ragazzi non capiscono perché vado avanti a studiare e mi sfottono, ma io rimango convinto della mia scelta: ho abbandonato la casa in affitto che non mi potevo più permettere, sono riuscito a farmi accettare in un altro centro di accoglienza per maggiorenni, ho lasciato il posto nello studio grafico e sono alla ricerca di un modo per guadagnare soldi la sera e il weekend.

Fra noi non c'è un momento, né un giorno in cui tutto ha inizio, ma tanti momenti e tanti giorni. È un amore che sboccia in maniera semplice: lei prende il caffè e io l'acqua alla macchinetta della scuola, e ogni volta ci scambiamo dei sorrisi. Andiamo avanti così per settimane e, se io vivo di quegli attimi di attenzione che lei mi regala e in camera li rievoco pezzo per pezzo, lei credo che per parecchio tempo faccia davvero poco caso a me. Per Violeta sono solo un ragazzino tremendamente impacciato che infila delle monete nella macchinetta e cerca in tutti i modi di esserle utile.

Le nostre prime chiacchiere vertono su cose da niente, «Hai da cambiare dieci centesimi?», «No, mi spiace», «Se vuoi ti presto un euro» senza mai presentarci o chiederci dove abitiamo o in che classe siamo. «Oggi non funziona», «Attenta che a me ha fregato i soldi.»

«Violeta,» mi dice lei un pomeriggio, allungando la mano verso di me.

«Come?» le chiedo io. È la prima volta che sento quel nome e ho una paura folle di aver capito male. O di farle una brutta impressione prendendole la mano.

3 **al professionale** alla scuola professionale (*Berufsschule, Berufskolleg*) – 13 **sbocciare** nascere, fiorire – 17 **rievocare qc** ricordarsi di qc, richiamare qc alla memoria – 18 **fare poco caso** non accorgersi – 20 **impacciato** imbarazzato, vergognoso – 22 **vẹrtere su qc** sich um etw drehen

«Mi chiamo Violeta. È così strano?»

«È un nome bellissimo...» me ne esco io, con il tono sognante di uno a cui hanno appena fatto una proposta di matrimonio.

«E tu come ti chiami?»

«Alì, sono Alì.»

Ha una mano calda, accogliente, sono emozionatissimo e passo i giorni successivi a diventare il mago del cambio moneta: da quel momento, da quel pomeriggio, ogni mattina prima di andare a scuola cerco di avere tanti spiccioli in tasca, da dieci, da cinque, anche da uno o due. All'intervallo e nella pausa di mezzogiorno gironzolo sempre attorno alla macchinetta in modo che, quando la vedo avvicinarsi, cerco di farmi trovare pronto ad aiutarla. Per il resto me ne sto defilato, ho troppo paura di incontrarla nei corridoi, dove non saprei bene come comportarmi. Lì, con gli spicci in tasca, va tutto bene: per qualche ragione, a lei mancano sempre le monete. Anni dopo, mi sono chiesto se la sua non fosse una strategia, ma in quei giorni mi sembrava solo di avere una fortuna sfacciata.

Trascorro quelle settimane con un senso di beatitudine: Violeta è sempre gentile con me e, anche se decisamente più sciolta, si mostra contenta di vedermi almeno quanto lo sono io. Quei brevi incontri mi sembrano già troppo, una sorta di dono inaspettato, e sono lontanissimo dal pensiero di invitarla fuori o proporle altro: sono ancora troppo afghano per fare qualsiasi mossa. Le ragazze italiane sono eccessivamente sveglie per me e persino oggi, dopo tutto questo tempo a Roma, non mi sono mai affrancato dal senso di sorpresa vissuto quando dall'Iran ho messo piede in Turchia e ho visto, per la prima volta nella mia vita, ragazze con il volto scoperto o in jeans e con le gonne corte. Era uno spettacolo del tutto nuovo

3 **una proposta di matrimonio** Heiratsantrag – 9 **gli spiccioli** *m pl*, **gli spicci** *m pl* Kleingeld, Münzgeld – 11 **gironzolare** herumlaufen, schlendern – 13 **defilato** isolato, appartato, separato – 18 **una fortuna sfacciata** unverschämtes Glück – 19 **la beatitudine** Glückseligkeit – 21 **sciolto** *qui:* lässig – 21 **almeno quanto** mindestens genauso viel wie – 25 **una mossa** un movimento, un'azione, *qui:* un passo in avanti – 27 **affrancarsi** liberarsi, dispensarsi

e mi sembrava bello, così giusto e libero, ma tuttora, per me che sono afghano, quel mondo rimane qualcosa che non smetto di osservare con stupore.

Nelle ore in cui sono in classe cerco di concentrarmi per recuperare terreno in quelle materie che per i miei compagni sono già note dal primo anno ma per me del tutto nuove. Le mie giornate sono piene come non mai. In parallelo allo studio, infatti, lavoro: un amico mi regala un vecchio scooter malridotto e con quello riesco a trovarmi un impiego come fattorino in una pizzeria.

«Tre margherite, una diavola e due ortolane in via Nomentana 5,» urla il pizzaiolo e io parto, cercando di fare il più in fretta possibile. È un lavoro semplice, ma in una zona che non conosco: nei primi tempi arranco con la mappa di Roma aperta ai semafori finché imparo a conoscere bene le strade e divento veloce. Sono di turno fra le sette e le dieci e poi da lì corro a ripassare la lezione del giorno dopo. Mi cerco un angolino tranquillo nel corridoio delle camerate, ripeto dentro l'MP3 le cose che fatico a ricordarmi finché mi addormento con la mia voce in cuffia che ripete: «Il diritto di proprietà... la partita doppia in contabilità...»; è dura imparare tante parole nuove ma, come speravo, una volta superati gli scogli peggiori, gli argomenti mi appassionano e neanche per un momento mi pento di essere ripartito quasi da zero.

Mi restano libere le mattine e i pomeriggi del weekend e non ci metto tanto a capire che i guadagni da fattorino mi bastano appena per pagarmi il pranzo che, adesso che siamo in un centro di accoglienza per maggiorenni, è giustamente a nostre spese, diversamente dalla cena che ci viene invece offerta alla mensa. Faccio girare la voce che sto cercando altro, ed è un amico a presentarmi a un signore che gestisce un bar allo stadio Olimpico. Ha sempre bisogno di quelli che a Roma chiamano

3 **lo stupore** (Er)Staunen – 5 **recuperare terreno** aufholen – 6 **noto** conosciuto – 9 **malridotto** in schlechtem Zustand – 11 **un'ortolana** pizza alla verdura (→ **l'orto:** il giardino) – 14 **arrancare** *qui:* schwanken – 22 **gli scogli** Klippen, *qui fig:* Hindernisse, Schwierigkeiten

«bibitari», i ragazzi che girano sugli spalti in mezzo ai tifosi con una borsa a tracolla a vendere bibite e snack. Non mi spiega granché, mi anticipa solo che quando la Roma perde c'è sempre qualcuno che si sfoga con i bibitari e di non prendermela perché tanto non succede nulla e c'è polizia dappertutto.

«Vai tranquillo,» mi dice un pomeriggio. Ci sono migliaia e migliaia di persone, lo speaker sta leggendo le formazioni e con la coda dell'occhio riesco a vedere i giocatori che, appena scesi in campo, si scaldano.

Dieci minuti dopo, la Roma è sotto di un gol, l'umore sugli spalti è nero ma anch'io inizio male, non so neanche come si tiene la borsa e, al posto di mettermela a tracolla, sistemo la cinghia attorno al collo. La borsa così pesa da pazzi, sono come un asino e vado avanti a domandarmi come facciano gli altri a reggere per due ore, finché mi vede il principale e, dopo parecchie risate e prese in giro, mi mostra qual è il modo giusto per portarla.

Di colpo tutto migliora, capisco che è sempre la stessa storia, basta avere un po' di pazienza: all'inizio si sbaglia, ci si mette da soli nei guai e poi, pian piano, si arriva a fare le cose al meglio. Con in mente i fiori che voglio regalare a Violeta, riesco a superare la fatica e, soprattutto, la paura di questa enorme massa di gente che mi vede solo come un fastidio fra loro e il potersi godere in pace la partita.

«Lévate, nun vedo niente, lévate stronzo,» mi urlano contro i tifosi. Ma a «stronzo» non importa, «stronzo» sogna di poter avere i soldi per fare dei regali a una ragazza che ha conosciuto e va avanti senza pensarci.

È un periodo di grande crescita per me: quando non sono impegnato allo stadio, nei fine settimana, frequento infatti in zona Trastevere la parrocchia di don Peppino, il sacerdote che

1 **un tifoso** un fan – 2 **una borsa a tracolla** Umhängetasche – 4 **sfogarsi con qu** confidarsi con qu (*jdm sein Herz ausschütten*) – 8 **la coda dell'occhio** Augenwinkel – 11 **gli spalti** Tribüne, Ränge – 12 **mẹttere a tracolla** umschnallen – 25 **lẹvate** *dialetto romano* spostati – 25 **uno stronzo** *volg* Scheißkerl – 31 **una parrocchia** Pfarrei

mi ha presentato l'insegnante che mi aveva portato in gita a Firenze. Mi piace il modo in cui mi tratta, parla sempre ad alta voce, «ciaooo, bravo che sei arrivato, vieni, sono contento che sei qui,» grida ogni volta che mi vede.

Mi sembra diverso dagli altri preti, ne ho conosciuti alcuni prima di lui, usavano parole antiche, che non capivo. Don Peppino invece parla come noi ragazzi e fa esempi semplici. La prende alla larga: non mi chiede se sono cristiano o musulmano, se ho una famiglia oppure no.

«A che squadra tieni?» comincia.

«Inter,» rispondo e senza volerlo lo faccio contento. Mi spiega che tiene all'Inter perché è cresciuto a Milano anche se ha vissuto per tanti anni in Brasile e adesso sta a Roma.

«Tu, invece?»

Gli spiego che Ronaldo è il mio idolo e quindi, siccome gioca nell'Inter, ho deciso di tifare per i neroazzurri.

Va avanti, racconta del Brasile, mi spiega che ci ha vissuto per quindici anni, che gli piaceva tanto la musica che suonavano là e mi fa vedere qualche passo di danza. «Un giorno ti ci porto,» dice, «davvero, vedrai,» aggiunge quando gli sembro poco convinto.

Mi riempie di pacche sulle spalle e intanto mi insegna tante cose su Gesù Cristo che mio papà non ha mai avuto il tempo di raccontarmi. Lo fa in modo molto semplice, mi parla di amore e di rispetto del prossimo.

È diverso da altri sacerdoti: don Peppino è allegro e fresco e io gli vado subito dietro.

Ma non è solo lui a piacermi: mi piace anche l'effetto che mi fa pregare, seguire la messa, cantare le canzoni di chiesa. Mi calma, mi dà pace, sento di averne bisogno, di non farcela da solo e la protezione che mi dà credere in un Padre, in qualcosa di superiore, è enorme.

7 **prẹnderla alla larga** um den heißen Brei herumreden, sich über ein Thema verbreiten, ausholen – 16 **tifare** Fan sein – 16 **i neroazzurri** l'Inter Milano (neroazzurro è il colore della squadra dell'Inter)

Cerco di andare da don Peppino almeno un'ora ogni settimana, è un vero e proprio corso di recupero per me che non so niente di niente. Di volta in volta, mi spiega della comunione, mi insegna cos'è la Quaresima, sempre come un gioco, facendomi ogni tanto dei piccoli disegni perché le parole si chiariscano meglio. Un giorno disegna una piramide.

«Vedi,» spiega, «Dio sta qui, in alto. Secondo te,» mi domanda, «è Lui che scende verso di noi o noi andiamo da Lui?»

Lo guardo, ci ragiono come se fosse una domanda di fisica: più facile che venga giù Lui visto che è su, penso.

«È Lui che scende,» rispondo sicuro.

«No,» lo faccio ridere, «siamo noi che andiamo da Lui. Ma non importa, capirai, vedrai. ciaooo, scusa Alì, ma adesso devo andare. Torna presto!»

Ci torno e la volta dopo mi spiega perché la mia risposta è sbagliata, mi fa capire che a Dio ci si arriva con la fede, comportandosi bene, ascoltando le sue parole.

Passato un anno, don Peppino inizia a parlarmi del battesimo, sostiene che secondo lui sono pronto e che se me la sento mi mette in un gruppo con altri adulti che come me si sono avvicinati a Dio da grandi.

Ne parlo al professor Affinati, mi sembra una cosa bellissima e, quando domanda se ho già pensato a un padrino, rivolgermi a lui mi pare la cosa più ovvia. Gli racconto anche di Violeta, del fatto che mi sono innamorato.

«Hai il suo numero di telefono?»

«Sì.»

«Bravo.»

Insieme al mio padrino, a sua moglie che accetta di farmi da madrina, e all'insegnante che mi ha fatto conoscere don Peppino, qualche settimana dopo mi presento all'ingresso della basilica di San Giovanni in Laterano. Ho il tempo di guardarmi intorno e di ridere fra me e me del fatto che un pomeriggio di

2 **un corso di recụpero** Nachhilfeunterricht – 4 **la Quaresima** Fastenzeit – 16 **la fede** Glaube – 18 **il battẹsimo** Taufe – 23 **il padrino** Pate – 30 **la madrina** Patin – 33 **rịdere fra sé e sé** ridere per sé stesso (*in sich hineinlachen*)

qualche anno prima sono stato in quella stessa piazza a fare rap su un palchetto improvvisato, ma quando intravedo don Peppino mi dimentico di tutto e mi prende un'emozione pazzesca. Mi accompagna dentro, mi avvio verso l'altare «scortato» dal mio padrino e dalla mia madrina e, improvvisamente, a preoccuparmi di più sono questioni decisamente pratiche. Mi domando come facciano a battezzare noi adulti: dovrò entrare in una piscina o qualcosa del genere? Forse dovrei avere un asciugamano? Oppure mi serve un cambio per quando uscirò fradicio?

Spio i movimenti di quelli che mi precedono, cerco di capire, ma mi vergogno troppo per chiedere una spiegazione. Avanzo in fila con gli altri, faccio congetture: forse il prete avrà un secchio d'acqua benedetta e ce lo rovescerà sul capo? Dovrò svestirmi e rimanere in mutande?

Sono a pochi metri dal sacerdote quando mi accorgo che la mia insegnante mi sta mettendo una bacinella d'acqua sopra la testa.

«Tieni la testa bassa,» sussurra.

Il prete recita una preghiera e comincia a bagnarmi con l'acqua santa. Dura un momento e poi mi danno un piccolo asciugamano con il quale mi asciugo e ci allontaniamo.

«Complimenti, sei battezzato,» mi dice il prof quando ancora penso che sia solo l'inizio e di dovermi infilare in una vasca piena d'acqua.

«Complimenti,» mi dice don Peppino. Sono felice ed emozionato, rimaniamo davanti alla chiesa a chiacchierare per un po', faccio ridere tutti spiegando i miei timori. Mi sento amato e benvoluto, è bellissimo.

«Dai, andiamo a mangiare qualcosa,» propone la mia insegnante.

Pranziamo insieme e, dopo esserci salutati, sulla strada verso il centro di accoglienza digito finalmente il numero di telefono che Violeta mi ha dato qualche giorno prima.

5 **scortato** *qui:* accompagnato (*geleitet*) – 10 **fradicio** bagnato – 13 **fare congetture** fare ipotesi – 14 **rovesciare** umkippen – 17 **la bacinella** Schüssel – 28 **il timore** la paura

«Ti va un gelato?» le scrivo.

Mi risponde subito, ci diamo appuntamento in piazza Bologna, mi metto in tasca trenta euro e ci vado con gli stessi vestiti eleganti che ho usato per il battesimo: camicia bianca e pantaloni scuri.

«Sembri quelli che vendono le bibbie per strada,» mi prende in giro Ovidio, ma è il primo appuntamento e mi va di andarci in ordine.

Quando esco dal metrò, Violeta non c'è, non so ancora della sua abitudine di essere sempre in ritardo e nel giro di pochissimo comincio a preoccuparmi. Vorrei scriverle un messaggio, ma temo di rendermi ridicolo e quindi aspetto, convinto che mi darà buca. Forse non le piaccio, forse sono brutto, forse ha capito da dove vengo e dove abito: mi accarezzo la tasca coi soldi e mi faccio coraggio dicendomi che quando arriverà le potrò offrire il gelato più grande che c'è.

Dieci, quindici minuti dopo, la vedo arrivare, ci salutiamo ed è evidente che lei è molto più a suo agio di me.

Ci sediamo su un muretto, Violeta mi racconta di sé e io mi limito a rispondere alle sue domande. Sono un po' più grande di lei, le do dei consigli sulle materie, lei non ha nessuna voglia di studiare e io invece sono un secchione tremendo. Mi prende in giro, da una sua frase capisco che pensa che io sia nepalese, non so perché, ma voglio passare un pomeriggio tranquillo, lascio il racconto del mio passato a un'altra occasione. Un'ora dopo ci salutiamo senza dire nulla e quando torno a casa ripercorro per filo e per segno il pomeriggio, con quello che ho detto e quello che forse avrei potuto dire meglio.

«Rilassati, mica te la sposi domani,» è quello che si limita a dirmi un amico dopo un'ora che lo torturo confidandogli i miei dubbi.

10 **nel giro di pochissimo** subito – 13 **dare buca** hängen lassen – 18 **evidente** chiaro – 22 **tremendo** terribile – 27 **ripercorrere** *qui:* vivere di nuovo, rievocare nei pensieri – 27 **per filo e per segno** nei minimi dettagli

17. Vieni a mangiare da me?

Quella stessa sera, Violeta mi manda un messaggio, mi ringrazia per il pomeriggio e mi domanda se mi va il giorno dopo di andare con lei al cinema.

Ne ho una voglia pazza e quindi mi faccio bello prima di uscire, salto sul treno e ci troviamo davanti a un multisala. Ci salutiamo lì, in mezzo a una folla di ragazzi: sul tabellone ci sono decine di titoli di film ma finiamo entrambi per scegliere un cartone animato anche se è da un po' che abbiamo smesso di essere bambini. Passiamo due ore vicini, mano nella mano, e dal momento che usciamo da quella sala diventiamo inseparabili. Fin da subito ci viene spontaneo fare tutto insieme, lei cerca sempre me e io cerco sempre lei. Trascorriamo ore e ore in maniera semplice, rimaniamo a chiacchierare dopo la scuola, mangiamo gelati nelle piazze, popcorn al cinema, camminiamo in centro tenendoci abbracciati.

Sono innamorato, e mi sento così riconoscente alla vita che mi ha permesso di incontrarla e, insieme, terribilmente spaventato all'idea di perderla.

Continuo a non aprirmi, sto sulle mie, è troppa la paura che si allontani. Come si fa a raccontare alla prima fidanzata che si ha che «Vedi lì, sotto i portici della stazione, ci dormivo quando sono arrivato in Italia», «Sai, sono arrivato nascosto sotto un camion...»?

Non ho una casa, non ho dei genitori: mi vergogno tanto all'idea che un giorno glielo dovrò confessare.

Lei per fortuna preferisce sfogarsi e spiegarmi perché non va d'accordo con il nuovo compagno di sua madre, ma ogni volta temo che cominci a farmi domande più dirette. E che succeda quello che è successo qualche anno prima con la famiglia di Marco, quando ho provato a entrare nel mondo dei «normali».

4 **avere una voglia pazza** avere tanta voglia – 5 **un (cinema) multisala** Kino mit mehreren Sälen

«Ti va, Alì, di venire un giorno a casa mia dopo la scuola? Potresti mangiare da me e poi facciamo i compiti,» mi chiede una mattina un mio compagno di classe. Siamo in terza media, l'insegnante sta spiegando Foscolo, parla tanto di patria e tombe anche se fatico a capirne il collegamento. Guardo fisso Marco.

È la prima volta che ricevo un invito e non so bene cosa si deve rispondere.

«Ho un sacco di giochi per la Playstation...» aggiunge, stupito dal mio silenzio.

«Shhh,» interviene l'insegnante.

«Ne parliamo dopo,» faccio segno a Marco con la mano.

«Allora?» insiste lui appena finisce la lezione.

«Oggi meglio di no. Magari un altro giorno, grazie.» Rifiuto a malincuore perché in testa ho le parole di mia madre che mi diceva sempre di non accettare gli inviti di nessuno perché poi non avremmo potuto ricambiare.

Ma siamo a Roma e non a Kabul e, qualche giorno dopo, Marco torna all'attacco. Mi invita di nuovo e, quando dico che non posso perché ho una partita con la mia squadra di calcio, lui ribatte che allora potrebbe venire a vedermi.

«Ok, se vuoi vengo a pranzo.» Lo fermo prima di mettermi in guai peggiori.

«Oggi puoi?»

«Sì, sì, certo, grazie.»

Un'ora dopo veniamo accolti dal sorriso di sua madre che ci dice di entrare. «È pronto, venite a tavola. Ti piace l'amatriciana?» mi domanda, come se non stessi già sognando di sedermi con loro nel momento stesso in cui ho sentito sulla soglia di casa il profumo del guanciale che frigge nella padella.

Mi prende la giacca e la sistema dentro un armadio pieno di altre giacche tutte ordinate. È straordinariamente gentile e io

4 **Ugo Foscolo** (1778–1827), poeta e scrittore italiano tra il neoclassicismo e il romanticismo – 5 **una tomba** Grab – 14 **rifiutare a malincuore** widerwillig ablehnen – 19 **tornare all'attacco** riprovarci di nuovo – 30 **un guanciale** Schweinebacke

percorro il corridoio guardando a destra e sinistra la moltitudine di foto di Marco e sua sorella con i genitori. Vorrei guardarle una per una: sono in costume, con la tuta da sci, davanti a una piramide, in cima a una torre, a cavalcioni su un materassino, con i piedi a mollo nell'acqua...

«Ragazzi, è pronto! La pasta si fredda, è bella calda,» cinguetta allegra la mamma di Marco quando ci attardiamo. «Spero tanto che ti piaccia, Alì. Che bello che sei venuto a trovarci. Marco mi ha parlato tantissimo di te, dice sempre che studi tantissimo, bravo.»

Cominciamo, la pasta è deliziosa, mangio piano, sto attento a come tengo le mani, le braccia, i gomiti, e quando mi domanda se ne voglio ancora fingo di rifiutare.

«No, grazie, veramente.»

«Ma non ti piace? Dovevi dirmelo che non gli piaceva,» sgrida suo figlio.

Ne prendo altri due piatti per convincerla del contrario e nel frattempo suona la porta.

«Lei si chiama Amelia. E lui è Alì,» dice la mamma, seguita da una ragazzina poco più piccola di noi.

«Mia sorella,» sbuffa Marco.

Amelia si siede, sua madre torna in cucina per riscaldarle la pasta mentre noi ci abbuffiamo di arrosto e patate al forno.

«Sei cinese?» mi chiede Amelia, dopo avermi studiato per un po'.

«È afghano, Amelia, viene dall'Afghanistan,» la ferma sua madre. Comincia a spiegarle dell'Afghanistan, che è completamente diverso dalla Cina anche se è in Asia.

«Giusto, Alì?»

«Sì, sì, signora, certo.»

«Ero un disastro in geografia,» scherza.

«Ci sono diverse etnie in Afghanistan,» le spiego, «io sono turkmeno. Comunque, sì,» continuo ora guardando Amelia, «è vero che sembro un po' cinese, me lo dicono sempre tutti.»

4 **a cavalcioni** rittlings – 5 **a mollo** aufgeweicht – 7 **cinguettare** zwitschern – 12 **un gomito** Ell(en)bogen – 23 **abbuffarsi** sich satt essen

Sto per raccontarle di quando sono arrivato in Italia. E di come anch'io all'inizio scambiassi tutti i cinesi per afghani. Ma mi fermo prima che sia troppo tardi.

Il pranzo è buonissimo e la madre di Marco non smette di chiedermi se voglio qualcosa, un bicchiere d'acqua, una merenda, se sto comodo, ma evita domande troppo personali. Finiamo i compiti, giochiamo alla Playstation e la mia testa è costantemente altrove: penso a Marco che ha una camera tutta per sé, con le sue cose messe in ordine negli armadi e sugli scaffali. Con i poster alle pareti e i biglietti del concerto a Roma di Justin Bieber e delle partite allo stadio. «Ci sei stato veramente?» gli domando a un certo punto pazzo d'invidia.

«Sì, sì,» dice lui, come se nulla fosse.

Due minuti dopo, esce dalla stanza per andare in bagno e io osservo le fotografie, scorro la parete e in un momento è come se seguissi la sua biografia: bambino in costume, ragazzino vestito da calcio, l'estate scorsa in montagna, accanto ad Amelia che pensa che io sia cinese. Vorrei essere lui, almeno fino alla fine del pomeriggio. E penso a come è strano avere la stessa età, essere nella stessa scuola, nella stessa classe e avere due vite tanto diverse.

«Vuoi che ti accompagni con la macchina? Dove abiti?» mi domanda sua madre quando ormai fuori è buio e gli occhi cominciano a farmi male dopo tutte quelle partite alla Playstation.

«No, si figuri, signora, non c'è bisogno,» dico io, all'improvviso spaventatissimo, come se mi fossi svegliato da un incantesimo.

«È buio, figurati, abiti vicino alla scuola? Ci metto un attimo,» insiste, prima di capire che proprio non mi va.

«Non la voglio disturbare, signora. È già stata gentilissima, grazie.»

«Torna presto. Sei il primo che riesce a far fare i compiti a Marco, ti ringrazio molto,» conclude e poi ride con una fila di denti belli e bianchi che brillano nel corridoio con le foto.

Torno al centro di accoglienza, non mi sono fatto vedere per tutto il pomeriggio e i ragazzi mi chiedono dove sono stato.

Sono infastiditi, invidiosi, «Adesso non montarti la testa,» mi sfottono. Tonto come al solito, faccio l'errore di dire che la mamma era molto carina. Voglio dire «gentile» ma, evidentemente, me le vado a cercare.

«Ti piaceva quindi?» chiede uno. «Anche un amico mio si è fatto una mamma,» commenta un altro. «Dopo i quaranta sono indiavolate,» conclude un terzo.

Vanno avanti così per un po' finché cambiano tono e, pur in mezzo a frasi e battute volgari, capisco che sono curiosi: vogliono sapere tutto, capire com'è una casa romana, com'è un pranzo con una mamma, com'è avere una cameretta coi poster. Mi domandano cosa ho mangiato, com'erano i piatti, che lavoro fa la mamma del mio amico, se c'era anche il papà, se Marco aveva una stanza tutta per sé. E di colpo non sono più spavaldi, sono solo dei ragazzi con tanta nostalgia.

«Sa che abiti qui?»

«Come faccio a dirglielo?»

«E allora meglio che scompari,» mi dice uno.

«Prima però te la devi fare,» aggiunge un altro, provando a scacciare l'amarezza che ha preso tutti.

Penso che è vero, devo chiudere, ma qualche giorno dopo, appena Marco comincia a dirmi che devo assaggiare il polpettone che è la specialità di sua mamma, sogno già di avere il tovagliolo legato attorno al collo e la forchetta in mano.

Ci vado di nuovo, è tutto più sciolto, sua madre è sempre deliziosamente gentile, ma questa volta mi fa le domande che ha tenuto dentro di sé la volta prima. Mi chiede dei miei, del perché sono a Roma. Lo fa con affetto e perché credo non immagini neanche lontanamente la verità.

Mi ritrovo con le spalle al muro. Non ho nessuna versione di riserva: le spiego della guerra, di papà e mamma, le dico che sono scappato con mio fratello e che sono arrivato qui da solo.

1 **infastidito** verärgert – 1 **invidioso** neidisch (→ l'invidia) – 1 **montarsi la testa (per qc)** sich etw zu Kopf steigen lassen – 2 **tonto** *fam* stupido, imbecille – 7 **indiavolato** besessen (→ il diavolo) – 14 **spavaldo** frech, dreist – 20 **scacciare** → cacciare – 20 **l'amarezza** Bitternis, Bitterkeit (→ amaro) – 23 **un polpettone** Hackbraten

Quando dico «da solo», lei insiste. «Come da solo?» domanda, convinta di aver capito male. Mi chiede se ho qualche parente, qualche amico di famiglia, insomma, è chiaro che anche solo la metà di quello che le ho raccontato le risulta insopportabile. E che forse, come milioni di italiani, non ha la minima idea di quali storie si nascondano in noi che arriviamo da lontano. Non è colpa sua: semplicemente i due mondi è difficile che si incrocino.

Ogni tanto guarda me e poi guarda suo figlio, è a disagio e spaventata. Vorrei cambiare argomento, come quando al telegiornale scorrono delle immagini troppo forti o dolorose e si cambia canale.

«Mi dispiace, mi dispiace tanto,» dice, e so che è vero.

«Ma adesso sto bene, signora.» La interrompo e la conforto perché voglio che mi inviti ancora in questa bella casa e perché a nessuno fa piacere che gli altri provino pietà per lui.

«E adesso dove vivi?»

«In un centro di accoglienza,» rispondo, senza specificarne il nome. Troppi ragazzi che escono da lì sono finiti sui giornali per furti e altri guai nei quali un giorno hanno deciso di mettersi.

«Sono contenta. Ti trovi bene?»

«Sì, sì. Ho molti amici, ci aiutiamo fra noi,» mento. «E poi si mangia bene. Ma lei, signora, è la migliore,» provo a fare il galante per sdrammatizzare.

Sorride tesa, mi serve l'ennesima fetta di polpettone. È in difficoltà, ha paura che al mio racconto possa seguire il silenzio ma non sa bene come continuare. Comincia a dire che sono bravo: «Marco, pensa che coraggio che ha avuto il tuo amico». Mi serve di nuovo, è agitata e penso a come fare a calmarla. Ho il piatto pieno di carne e patate, me le ammonticchia sopra e intanto non smette di farmi complimenti, «Vedrai che andrai

5 **insopportabile** unerträglich – 11 **il telegiornale** die Nachrichten – 14 **confortare qu** consolare qu, dare conforto a qu (trösten) – 24 **fare il galante con qu** zu jdm höflich, charmant sein – 31 **ammonticchiare** (auf)häufen

lontano». Lei parla e io quasi ascolto solo il suono, voglio bene a questa mamma e al mio amico che me l'ha fatta incontrare. È da Istanbul, da quando mio fratello se n'è andato e io sono stato aiutato dal suo datore di lavoro turco, che non mi siedo a tavola con una famiglia.

«Dai, andate a giocare,» dice con sollievo quando vede i nostri piatti puliti. Ci alziamo e adesso anche il mio amico è imbarazzato. Fissiamo lo schermo della Playstation per non dover incrociare gli sguardi.

«Ma era una bomba o un missile?» mi domanda Marco all'improvviso.

«Cosa?»

«No, scusa, non volevo,» dice e poi torna zitto.

«Oggi però Alì ti fai accompagnare, mi offendo, eh,» mi incalza sua madre a fine giornata e mi sento così in colpa per averle rovinato il pomeriggio che non provo neanche a farle cambiare idea.

Quando le spiego dove sto, lei apparentemente non fa una piega e continua a guidare. A dirmi cose gentili, a farmi capire che è scossa ma solo perché le dispiace.

«Dai, ti accompagno dentro,» dice quando siamo di fronte al portone che conduce ai diversi «quartieri».

Vorrei cercare di convincerla che è meglio che ci salutiamo lì, ma come? Procediamo, a destra e a sinistra ci sono i vigneti, «Bello,» commenta lei, ed è vero che è bello, ma poi va fino in fondo e parcheggia in mezzo al piazzale, quello dove facciamo teatro. So cosa sta per succedere, basta solo aspettare un istante. Scendo dall'auto e i ragazzi la circondano, la salutano con la mano e poi cominciano a fare battute sconce.

«Bella questa signora. Ma io invece non ti piaccio, non ti vado bene io?» sbraita uno. «Alì non fai conoscere anche a me questa mammina?» grida un altro. Sono in tanti, lei è da sola, non

4 **un datore di lavoro** Arbeitgeber – 10 **un missile** Rakete – 18 **non fare una piega** nicht mit der Wimper zucken, keine Miene verziehen – 20 **scosso** commosso – 29 **battute sconce** scherzi volgari

capisce che sono solo maleducati, gelosi di me, annoiati. Ma che non le succederà nulla e che non deve avere paura.

«Basta,» provo a fermarli, ma loro vogliono divertirsi.

«Scherzano,» le dico, ma mi dispero perché vedo che lei è spaventata. E quando finalmente le permettono di fare inversione e andarsene, so che le dispiace e che ha capito che io non sono così, ma so anche che per lei è troppo. E che non mangerò più il suo polpettone.

Sono passati cinque o sei anni da quell'episodio quando, una mattina a scuola, Violeta mi dice che i suoi genitori vogliono conoscermi. Sua madre il giorno prima le ha chiesto di nuovo con chi passa tutto il tempo a chattare e lei finalmente le ha risposto «con il mio ragazzo».

Sentirle dire «con il mio ragazzo» e pensare che è di me che parla mi rende pazzo di gioia, ma un momento dopo sono già angosciato al pensiero che adesso saranno curiosi di sapere chi è questo «mio ragazzo».

«Vieni una sera a cena, allora?»

«Certo,» dico io.

Aspetto il primo intervallo e poi convoco d'urgenza un mio amico in corridoio. È italiano, ma ha una vita e una famiglia sufficientemente inguaiata per capirmi.

«Cosa devo portare, secondo te?» è la mia prima domanda.

«Dove?» mi risponde, preso alla sprovvista.

Ne discutiamo per un po', ci chiediamo se sia meglio un regalino per Violeta da dare davanti ai suoi, un regalino per sua mamma, uno per il suo patrigno.

«Se prendo qualcosa per tutti e tre?» butto lì.

«Non esageriamo.»

Sorrido per un secondo.

«I fiori, quelli vanno sempre bene,» va avanti lui.

5 **fare inversione** tornare, cambiare la direzione – 20 **convocare** zu sich rufen, zusammenrufen, einberufen – 22 **inguaiato** *fam* trovarsi in difficoltà – 27 **il patrigno** Stiefvater

«Ma magari il suo patrigno...»

«Lui bisogna che lo convinci in altri modi.»

«Mi chiederà di me?»

«Sì, sembri un po'cinese ma non abbastanza.»

«Che vuoi dire?»

«Che sarebbe meglio se lo fossi davvero.»

«Perché?»

«Perché tutti pensano che i cinesi in un modo o nell'altro se la cavano sempre.»

Mi spiega che la gente guarda i soldi, se hai quelli, la razza non conta.

«Pensi che Balotelli abbia paura a incontrare i suoceri?» mi domanda.

«No, credo proprio di no,» rispondo e non mi serve certo tempo per pensarci

«Ti chiederà da dove vieni,» continua. «Anche se magari Violeta gliel'ha già detto.»

«Non mi ha mai chiesto niente.»

«Non ci credo.»

«Giuro.»

«Comunque, non raccontare balle. Perché tanto se ne accorgono.»

Mi viene in mente che è la stessa cosa che mi hanno consigliato per il permesso di soggiorno. Ma temo che qui sarà ancora più difficile.

Casa di Violeta è bella, elegante, e il suo patrigno è un dirigente della Banca d'Italia che si è sposato in seconde nozze con sua madre, una signora rumena separata dal marito, e padre della mia fidanzata, che invece vive a Bucarest. Consegno a lei i fiori, ho discusso un sacco con il fiorista bengalese per trovare quelli giusti. «Che fai, le rose rosse per 'na suocera?» mi ha sgridato in perfetto romanesco.

Ci sediamo a tavola e loro mi guardano, mi guardano moltissimo. Non so se sono il primo «amichetto» di Violeta, so

21 **le balle** *fam* le bugie ≠ la verità

per certo, quando prendo posto, che sono il primo a essere stato invitato a cena.

Sono teso ma si comincia dalla scuola. Su quello sono forte, ho voti alti e anche Violeta comincia subito a raccontare che studio sempre.

«Bravo,» dice il suo patrigno.

«Violeta dice che l'aiuti con la ragioneria.»

«Sì, lui sa tutto,» commenta lei sbuffando e con una punta di fastidio.

Sua madre è molto gentile, sposta per qualche minuto il discorso su altro, ridiamo del fatto che ci piace guardare i film di animazione, insomma, che sembriamo due ragazzini e che ci comportiamo come se lo fossimo davvero. Intervengo poche volte e, per il resto, mi limito a sorridere, ma sono talmente in ansia che mi chiedo se non sto facendo delle smorfie. Tengo la mano sinistra fissa sul tavolo, di fianco al piatto come mi hanno insegnato: Violeta ogni tanto la prende e poi guarda i suoi, come se le interessasse saggiarne la reazione.

«Che vuoi fare da grande?» mi chiede finalmente il suo patrigno.

«Non lo so ancora, magari l'infermiere.»

Mi sembra un buon piano, ma mi accorgo che è la risposta sbagliata. Lo vedo rabbuiarsi e non so bene perché.

«Lo vorrei fare per aiutare gli altri. Sono stato operato qualche anno fa di appendicite.»

«Mi spiace. È stato doloroso?» mi interrompe sua madre.

«Non tanto. Anche perché erano tutti molto gentili con me. Soprattutto gli infermieri. Mi è sembrato un lavoro importante. E poi c'è richiesta, vorrei fare un corso dopo il diploma e poi mettermi subito a lavorare.»

Non importa se spiego, aggiungo, integro: la prima risposta continua a essere quella sbagliata.

8 **sbuffare** stöhnen, keuchen – 15 **fare (del)le smorfie** eine Grimasse schneiden, das Gesicht verziehen – 18 **saggiare** testare, provare – 23 **rabbuiarsi** diventare serio, pensieroso – 25 **un'appendicite** *f* Blinddarmentzündung

La strada adesso è in salita e le domande vere, le peggiori, stanno per arrivare.

«E i tuoi? Ti sono stati vicini? Abitano a Roma, vero?» mi chiede sua madre.

«Ah mà, quanto parli,» interviene Violeta.

«Sì, è vero, mangia che si fredda,» dice sua mamma. È una tregua ma so che non durerà.

Torno al mio piatto, ma il suo patrigno che è rimasto zitto un po' non mi toglie gli occhi di dosso. Mangio tanto, mangio poco, accetto il bis, non lo accetto, parlo io, me ne sto zitto: Dio mio, come si fa? Mi viene in mente papà, che la prima volta che si è presentato ai suoceri aveva con sé delle galline per conquistarli.

«Violeta mi ha raccontato che vieni dal Nepal,» torna all'attacco il suo patrigno pochi minuti dopo. «Sai, sei il primo che conosco che viene…»

La guardo stranito.

«Il Nepal?»

«Ci sono tante montagne, vero? Dev'essere bello,» continua il suo patrigno. Il suo sguardo salta da me a Violeta, come se sospettasse qualche complotto e temesse di essere raggirato.

«No, mi scusi, Violeta forse ha capito male. Sono afghano, non del Nepal,» dico senza sapere se prendermela con lei.

«Come?» chiede il suo patrigno.

«Dall'Afghanistan?» chiede anche sua madre. «Non c'è la guerra, lì? E i tuoi genitori? Come sei arrivato qui?»

Racconto un po', non scendo troppo nei particolari ma non ometto quelli importanti. Semplicemente evito di dire che quando un missile ha colpito la mia casa con dentro papà e mamma ero così piccolo che pensavo di aver sbagliato via, o di spiegare come mi sono sentito quando ho capito che mio fratello era annegato e non sarebbe tornato.

La mia voce si fa quasi un sussurro, ormai sono solo io a parlare, mi hanno lasciato una scena che non desideravo. E

9 **di dosso** *qui:* su di me – 10 **il bis** ripetizione, seconda volta – 21 **raggirare** ingannare, truffare – 28 **ometttere** weglassen

più descrivo il mio passato, più mi ritrovo quasi in sintonia con l'espressione che si stampa sul viso del patrigno di Violeta. È un'espressione preoccupata, spaventata, smarrita. Dovrei perorare la mia causa di ragazzo sfortunato che non si è mai arreso ma, mentre mi ascolto, istintivamente faccio gli stessi suoi pensieri. Come si fa a essere contenti che una figlia esca con un ragazzo con una storia come la mia? Come si fa a non immaginarsi non solo che non ho soldi né famiglia, ma anche quello che posso sognare o non sognare dopo una vita così disgraziata?

«Quindi dove abiti? Come fai a pagarti gli studi?» vuole sapere sua madre dopo un silenzio che sembra di ore.

Ecco.

Provo a spiegare, ma è come con la storia di fare l'infermiere: li ho persi, sono tutti e due lontani. Non ascoltano più me e guardano solo Violeta.

Perché ci fai questo? sembrano domandare. Lo fai per farci star male? È una cosa contro di noi, vero?

Vado avanti a rispondere anche se so che ormai non serve a nulla.

«Consegno tutte le sere le pizze e il fine settimana vendo le bibite allo stadio,» dico, e per un momento non balbetto né sussurro. Racconto il mio lavoro e improvvisamente mi scopro orgoglioso di quello che ho raggiunto, di quello che ho fatto, di non essere diventato un ladro o una persona cattiva. Certo le mie parole cadono debolissime su quella tavola mentre quelle del suo patrigno che vuole capire meglio e mi incalza pesano come macigni. Ma, dopo un po' che racconto, non è più la sua voce quella che sento ma quella del ristoratore che apostrofava me e Mohammed.

«No, non c'è posto qui per voi, mi dispiace.»

E poi la mia che si rivolge a mio fratello: «Ti ci porto io in un bel ristorante, Mohammed, vedrai che ti ci porto io».

3 **smarrito** perso – 5 **arrẹndersi** capitolare, sottomettersi – 10 **disgraziato** infelice – 27 **incalzare qu** jdn bedrängen – 28 **un macigno** una roccia, una pietra colossale

18. Farfalle al Colosseo

Quand'ero bambino, ogni mattina papà usciva presto con un carretto con sopra della merce che andava a vendere in qualche piazza nel centro di Kabul. Erano tutti oggetti di scarso valore, ma papà stava sempre molto attento a cercare di capire che cosa sarebbe servito ai suoi clienti della giornata: andava a vendere arnesi per la casa in quartieri dove sapeva che non c'erano ferramenta o si presentava con dei vestiti da cerimonia se qualcuno gli aveva raccontato che in quella via ci sarebbero stati di lì a poco dei matrimoni. Faceva sempre dei piccoli sconti o aggiungeva agli acquirenti un regalino: un fermaglio per i capelli da regalare alla figlia o un paio di uova che un vicino con una gallina gli aveva regalato quel giorno. Era un modo per tenersi buona la clientela e, lo vedevo con i miei occhi, funzionava. Pur in una città devastata da anni di guerra, che sprofondava nella miseria più nera, coltivava una sua idea degli affari e credo sia stata proprio questa sua attenzione ai dettagli a salvarci dalla fame.

Di solito io non lo sentivo svegliarsi, ma un paio di volte mi era capitato di alzarmi per bere e, andando al pozzo in cortile, l'avevo visto preparare le sue cose sempre con molta cura. Lo osservavo e mi colpiva come amasse il suo lavoro. Usciva sempre alla stessa ora in tutte le stagioni, con il freddo e con il caldo, senza mai un lamento, e non credo abbia mai pensato che vendere la sua povera mercanzia fosse una cosa da poco o che non fosse abbastanza per lui: quello, in quel preciso istante della sua vita, era il suo lavoro e voleva svolgerlo nel modo migliore. Poi, se la buona sorte l'avesse aiutato, avrebbe magari trovato un impiego che gli permettesse di guadagnare qualche

2 **una merce** Ware – 3 **scarso** ≠ molto – 6 **un arnese** *m* Werkzeug, Gerät – 7 **le ferramenta** *pl* Eisenwaren – 9 **di lì a poco** presto – 10 **l'acquirente** *m, f* un, una cliente – 10 **un fermaglio** Spange – 14 **pur(e)** persino – 14 **devastare** distruggere, rovinare – 15 **sprofondare** versinken – 19 **un pozzo** Brunnen – 21 **colpire** *qui:* impressionare – 23 **un lamento** Klage – 27 **una sorte** Schicksal, Los

soldo in più, magari sognava che da vecchio avrebbe avuto un banco tutto suo senza dover fare sempre avanti e indietro. Ma finché c'era il carretto e la merce sopra esposta, lui ne andava comunque fiero. Come io lo ero di lui, ogni volta che lo vedevo tornare con un pezzo di carne, del pane o altro da mettere in tavola per la sua famiglia.

Il mio «carretto» è invece a motore: freno, accelero e poi freno di nuovo a bordo del mio motorino in mezzo al traffico, e pensare a papà mi dà molta forza. Quando mi prende lo sconforto, quando piove, fa freddo o mi dispero per la fatica di trovare l'appartamento giusto nei vari lotti di questi enormi condomini romani, immaginarmelo che esce la mattina presto dopo una notte di neve mi infonde coraggio. Come per altri lavori, scopro che fare il fattorino non è solo sgasare o arrivare in fretta. Entrare in così tante case mi insegna moltissime cose, consegnare le pizze mi aiuta molto più della scuola a colmare la distanza fra me e quel mondo di «italiani normali» che tutti noi ragazzi sentiamo così incredibilmente distante.

Busso a portoni tutti diversi, talvolta mi invitano a entrare e in questo modo visito tantissimi appartamenti. Di romani poveri così come di stranieri ricchi, di persone gentili e di maleducate, di famiglie piene di bambini che urlano, di gruppi di amici che si danno appuntamento per vedere la partita e urlano uguale, di madri che hanno lasciato a casa i figli per prendersi una pausa dalle famiglie. Ci sono quelli che bevono tanta birra, che fumano, musulmani che ordinano bottiglie enormi di bibite analcoliche e non vogliono la birra offerta con più di quattro pizze, bengalesi che ordinano pizze margherite e poi, nel momento stesso in cui le poso sul tavolo, le guarniscono con salse piccantissime preparate in anticipo. Quelli che le vogliono più cotte, meno cotte, quelli che si lamentano che hai fatto tardi e quelli, ci sono, che protestano perché hai fatto troppo in fretta e non sono ancora pronti.

2 **un banco** *qui:* Ladentisch – 4 **fiero** orgoglioso – 10 **lo sconforto** Verzagtheit – 13 **infọndere** einflößen – 16 **colmare** (aus)füllen

Conosco una porzione di mondo e, allo stesso tempo, imparo che, anche nelle attività più semplici, come nel caso di papà, c'è sempre un segreto per farle al meglio. Scopro come devo comportarmi, come si suona il campanello per risultare simpatico e non invadente, il tono che conviene usare per salutare a seconda del tipo di persona, dell'età, della classe sociale. Dopo qualche settimana, riesco a «leggere» i caratteri, capisco rapidamente con chi ho a che fare. Mi muovo disinvolto, supero la timidezza, cerco di essere affabile, gentile, di fare in modo che si ricordino del mio viso o anche solo della mia cortesia. C'è una clientela fissa con delle abitudini consolidate, molti prendono la pizza sempre lo stesso giorno e alla stessa ora, imparo anche questo, il rito del sabato sera in famiglia o quello di invitare amici il venerdì. Dopo la seconda o terza consegna mi salutano. Intuisco quanto la pizza sia ancora importante per gli italiani che magari ordinano sushi o indiano o cinese ma in certe occasioni vogliono solo la pizza.

«Vuoi una Coca? Mangiatene una fetta che tanto per i bambini è troppo grande,» cominciano a dirmi.

Mi invitano a prendermi una pausa, oppure mi «coprono» quando mi metto nei guai: come un giorno in cui scivolo con le pizze in mano, il formaggio mi finisce dappertutto e quando salgo ho il terrore di immaginare cosa penseranno una volta aperte. Invece capiscono che questo mezzo cinese ce la sta mettendo tutta, che fa il possibile perché la pizza arrivi presto e quindi la prendono bene. «Non dico niente al capo, vai tranquillo, mi raccomando, però, la prossima con il formaggio sopra,» mi rassicurano e poi ridono.

«Come ti chiami?»

«Alì.»

«Ci vediamo settimana prossima, Alì.»

«Buon lavoro, Alì.»

5 **invadente** aufdringlich – 9 **disinvolto** ungezwungen, ungeniert – 9 **affạbile** liebenswürdig, umgänglich – 15 **una consegna** Auslieferung – 15 **intuire** (er)ahnen – 20 **coprire** *qui*: decken, in Schutz nehmen

Capisco che gli italiani ragionano strano in politica: entro in case modeste con poster di leader politici che vorrebbero gli stranieri fuori dai piedi e dopo due volte mi trattano come un cugino e poi entro in salotti eleganti con esposta in ogni stanza la bandiera della pace e non mi danno mai la mancia né si ricordano il mio nome. Le eccezioni sono tante, non mancano le sorprese, ma l'idea che mi faccio è che l'odio per gli immigrati è un sentimento diffuso che per fortuna non ha risvolti concreti: nessuno mi tratta male, a nessuno per fortuna, né a me né agli altri ragazzi delle consegne che sono tutti stranieri, succede qualche episodio brutto. Nel cervello di molti, secondo me, il razzismo è più un'idea teorica: ce l'ho con «loro», ma quando ce ne ho uno davanti me ne dimentico.

Osservo, imparo, registro, ma più di tutto sono un fattorino innamorato. Un fattorino con le ali ai piedi e le farfalle nello stomaco. E quindi mi incanto a guardare il Lungotevere con le luci dei ristoranti e le coppie che si baciano sui ponti, rimango senza fiato ogni volta che costeggio il Colosseo fra penombra e fari, accelero in prossimità dei Fori imperiali e sogno di consegnare l'ultima pizza della serata per poter correre a mangiarmi un gelato sotto casa del mio amore. Sono un assoluto dilettante in quel campo, ma ci metto davvero poco ad accorgermi di come uno faccia meglio tutto quando sa che avrà qualcuno a cui raccontare quello che gli è successo, una persona che pensa a te e che, in qualche modo, si aspetta di sentirti o vederti a fine giornata.

Quelli che mi portano al mio secondo diploma di scuola superiore, in ragioneria, sono anni faticosi, fra scuola, stadio e pizze, ma anche colmi di felicità. Ci sono attimi di pura bellezza ma soprattutto c'è l'osservare come progressivamente la mia vita si avvicini a essere «normale». A tratti, anche se tutto è

8 **un risvolto** una conseguenza – 12 **avẹrcela con qu** jdn auf dem Kieker haben, auf jdn böse sein – 18 **costeggiare** einlanggehen, -fahren (→ una costa) – 22 **mẹtterci poco** non avere bisogno di molto tempo

sempre così fragile e precario, vivo la sbalorditiva sensazione di essermi messo alle spalle la paura costante di poter precipitare in ogni momento e che basti una singola sconfitta o delusione per abbattermi. Ovidio mi comunica l'intenzione di trasferirsi definitivamente in Francia ma questa volta non ne faccio un dramma, non frigno, non mi sento cadere il mondo addosso. Sono contento per lui, come farebbe un qualsiasi ragazzo italiano alla notizia che il suo migliore amico parte per l'Erasmus. Hassam è in Svezia: certo, mi manca, ma so che non lo perderò, che ci rivedremo presto.

Benché Violeta abbia una famiglia caotica e un patrigno con cui a volte litiga, i suoi problemi e le sue preoccupazioni non sono neanche lontanamente paragonabili ai miei o a quelli di Ovidio o di Hassam. Non ha avuto una vita semplice ma ha delle scorte di energia e amore che a noi mancano. Abituato alla durezza dei rapporti tra soli maschi al centro di accoglienza, a dover sempre reprimere i miei sentimenti per mostrarmi forte e non essere schiacciato, vivo la dolcezza del suo tono e dei suoi modi come un dono di pura beatitudine.

E poi Roma è così bella quando si può camminare mano nella mano con la propria ragazza. Di giorno con il sole, di sera nel silenzio, fingendo di essere in qualche film degli anni sessanta, quelle commedie italiane in bianco e nero che spesso vedo la sera in televisione.

La giriamo tutta, un giorno siamo a Villa Borghese a fare un picnic con prosciutto e melone, un altro mangiamo una granita a Monte Mario per guardare dall'alto tutta la città senza il caos delle strade affollate. Facciamo cose buffe, ci comportiamo come due innamorati che vanno al luna park nel tunnel delle streghe e si baciano quando sono al buio.

1 **sbalorditivo** verblüffend, erstaunlich – 2 **mettersi alle spalle** sich aufbürden – 3 **precipitare** cadere (*abstürzen*) – 6 **frignare** quengeln – 15 **una scorta** Vorrat – 18 **schiacciato** *fig* erdrückt – 26 **una granita** halbgefrorenes Wassereis(getränk) aus Fruchtsaft – 29 **un luna park** Vergnügungspark – 29 **un tunnel delle streghe** Geisterbahn

Ogni tanto usciamo anche con altri amici, ma quello che ci piace di più è stare insieme noi due, raccontarci le nostre cose, parlare di quello che vorremmo fare da grandi.

Anche se riesco sempre più spesso a metterlo a tacere, il passato è comunque sempre lì accanto a me: alla sua famiglia non va troppo a genio che Violeta si leghi a una persona con il mio vissuto e il suo patrigno continua a non essere per nulla convinto che io sia la persona giusta per lei. Ma non è il solo, anch'io sono preoccupato per il nostro futuro, sono angosciato all'idea di come farò a trovare i soldi per vivere con lei. Condivido i pensieri del suo patrigno, ma forse lui non sa quello che so io: che sono innamorato e l'amore non fa sentire la stanchezza. Ti fa portare più pizze, vendere più bibite allo stadio, studiare di più.

Mi impegno a fondo per farglielo capire, per dimostrarglielo, mi rendo utile ogni volta che può servire, divento idraulico e imbianchino quando mi chiede aiuto per sistemare un appartamento del figlio, facchino quando ha bisogno di trasferire dei mobili da una casa all'altra, mi sostituisco a lui e sua moglie quando sono via e Violeta ha la febbre, portandole le medicine e aiutandola a guarire. E intanto spero che un giorno valuti più i miei comportamenti e le mie azioni che non quello che rappresento.

Ma non sono mai completamente tranquillo e a mio agio: c'è sempre quel po' di vergogna ogni volta che metto il naso fuori dal nostro «giardino». La proviamo tutti al centro questa vergogna, anche se fra noi è tabù perché parlarne non è liberarsene ma rischiare che ci schiacci. È per questo che quando uno di noi riesce a sfondare quel muro del suono, come quando il mio compagno mi invitava a casa sua, gli altri cercano in tutti i modi di sabotarlo. Perché, invece di pensare che ce la faremo tutti o di capire come ce l'ha fatta uno, è più semplice immaginarsi che non ce la possa fare nessuno.

6 **non andare a genio a qu** jdm gegen den Strich gehen – 16 **un idraulico** Installateur – 17 **un imbianchino** Anstreicher (→ bianco) – 18 **un facchino** (Gepäck)Träger – 22 **valutare** apprezzare, giudicare – 29 **sfondare** durchstoßen, durchdringen

Sono pensieri che ci teniamo per noi: sappiamo che nel momento in cui ci diremo che abbiamo paura di non meritarci qualcosa, una ragazza, un lavoro o un amico, finiremo per mollare il colpo e, in qualche modo, confermare i pregiudizi nei nostri confronti.

Dite che noi stranieri siamo tutti ladri? Bene, allora rubiamo. Che siamo tutti spacciatori? Ok, spacciamo. È un processo psicologico che può apparire strano, ma che ho osservato ogni giorno della mia vita: è l'impotenza ad abbattere le persone e a spingerle al crimine, molto più che la necessità. La percezione che comunque non ce la si può fare.

Questi pensieri mi accompagnano anche quando vado a casa di Violeta. Per questo arrivo già «mangiato», perché sappiano che mai approfitterei della loro ospitalità, o mi fingo inappetente per non mostrarmi affamato, o rimango in piedi per non far vedere quanto, fra lavoro e studio, sono morto di fatica. A ogni invito di Violeta, accetto con la speranza che non si tratti di una sua iniziativa, ma che l'invito venga anche dai genitori. Poi però suono il campanello e colgo lo stupore negli occhi di sua madre, il fastidio in quelli di suo padre seduto sul divano a leggere il giornale, e so che la strada sarà in salita anche quel giorno.

Cerco di essere ottimista: grazie a Violeta trascorro il primo Natale in famiglia della mia vita italiana. Ritrovarsi in una casa affollata di parenti e amici che si fanno regali e si scambiano auguri è per me una cosa meravigliosa.

Compro regali per tutti, Violeta dice che ci saranno dei cugini che non ho mai visto e io prendo un pensiero anche per loro, aiuto sua madre in cucina, mi guardo intorno tutto allegro come se fossi un bambino. Forse perché a vent'anni è il mio primo Natale all'italiana: con Violeta ci sediamo sul divano, stiamo vicini spalla contro spalla e guardiamo contenti film come *Mamma ho perso l'aereo* o *Tutti insieme appassionata-*

9 **abbattere** niederdrücken, zu Fall bringen – 10 **spingere qu a (fare) qc** jdn dazu bringen, etw zu tun

mente. Sorrido ogni volta che fanno le pubblicità del panettone, della Coca-Cola o del pandoro, canticchio le musichette. Violeta mi prende in giro ma lo fa con amore, come una che capisce benissimo perché per me è così importante.

Quando arrivano gli ospiti, il suo patrigno non sa come presentarmi.

«Lui è Alì,» si limita a dire indicandomi.

«È il mio ragazzo,» aggiunge sempre Violeta mentre sua mamma si volta dall'altra parte per non incrociare lo sguardo degli altri.

L'atmosfera è regolarmente tesa, piena di sottintesi: faccio finta di non capire che è a me che sta parlando il suo patrigno quando racconta di questo o quello straniero che sembrava affidabile e poi ha rubato in casa di un suo amico, oppure della figlia di un collega che si è innamorata di un marocchino e hai visto com'è finita.

Faccio finta perché guardo lontano, guardo più in là. E spesso, mentre torno al centro con l'autobus, fantastico di essere con Violeta a una di quelle incredibili feste di matrimonio che si fanno da noi a Kabul. Con duecento, trecento persone sedute a tavola a mangiare fino a star male, che poi si alzano e si mettono a ballare con l'orchestra che suona per tutta la notte. La sala decorata con dei fili lunghissimi su cui sono infilati gusci di noci e altra frutta come segno di prosperità e gioia. La sposa che arriva con tutti i familiari e comincia a ballare con le altre donne. Io sto in disparte, la osservo finché mi chiama in mezzo alla pista e ci lanciamo in una danza scatenata con i nostri amici che applaudono battendo il ritmo. Io e Violeta, in mezzo, e tutto attorno amore.

Fantastico e mi dico che devo avere pazienza, sempre questa maledetta insopportabile pazienza, ma che un giorno ci arriverò.

11 **un sottinteso** Andeutung – 14 **affidạbile** zuverlässig (→ la fiducia) – 23 **un guscio (di noce)** Schale – 26 **in disparte** abseits

19. Mollare tutto e andare via

Avere pazienza mi consuma, corrode i miei pensieri ma non mi distrugge. Altri ragazzi che sono con me al centro di accoglienza per maggiorenni invece non ce la fanno più, prima si lasciano andare e poi si perdono. Mollano la scuola, il lavoro, giocano a calcio, fumano, ci provano con le ragazze, buttano via le loro giornate. Poi un giorno piove, oppure è inverno e fa freddo, oppure sono stufi dello stesso muretto e della stessa panchina e se ne vanno in giro per negozi, centri commerciali, vie del centro. Guardano le vetrine e sognano, sognano un paio di scarpe o una giacca elegante non solo come oggetti belli ma come strumenti di riscatto. Ma è proprio in quei momenti, quando imitano la vita dei «normali», che scoprono quello che hanno sempre saputo: che sono dei paria e non interessano a nessuno. Che non hanno chance di essere guardati dalle ragazze che neppure sanno che esistono. Hanno vent'anni, magari di più, e improvvisamente si accorgono che la loro vita se n'è andata. Ed entrano in un circolo vizioso in cui procurarsi soldi e prestigio in modo rapido, e quindi quasi sempre illegale, diventa la soluzione più semplice.

Negli anni ho visto tante vite andare a pezzi in questo modo, tanti miei compagni del centro prendere strade sbagliate. Ragazzi che scelgono percorsi che sembrano più veloci, così come altri che si trovano con le spalle al muro. Suona terribile, lo so, ma credo che, in certi frangenti, il fatto di non aver avuto nessuno a cui badare mi abbia aiutato. Molti di questi ragazzi, infatti, finiscono male non solo perché si sentono invisibili, ma anche perché soffrono troppo di non poter fare nulla per i parenti a casa. Magari è proprio grazie a uno di loro che sono riusciti ad arrivare in Italia e non se la sentono di deluderli

1 **corrọdere** zerfressen, verätzen – 11 **un riscatto** Befreiung, Los-, Freikaufen – 17 **un cịrcolo vizioso** Teufelskreis – 24 **un frangente** *qui:* una situazione difficile – 25 **badare a qu** sich um jdn kümmern, auf jdn achtgeben

raccontando che non era come pensavano, spiegando quanto è dura la vita in quella Europa che credevano la terra promessa. Fingono sia loro che i loro amici, così la favola che in Italia tutti sono ricchi non va incontro a smentite. Millantano assunzioni inesistenti, guadagni fuori da ogni logica. Per vantarsi e per non farli preoccupare. Ma un momento dopo è già troppo tardi, un secondo circolo vizioso si è innescato: papà a Kabul, a Damasco, a Tangeri o Dakar è orgoglioso di loro, mamma è felice. Scrivono dai villaggi, telefonano dalle campagne per dire quanto sono contenti, ma insieme ai complimenti non cessano di sottolineare quanto invece loro soffrano, quali siano i disagi che su di loro incombono e quali i bisogni che vorrebbero soddisfare. Non chiedono direttamente, si limitano a raccontare. Spingendo inconsapevolmente quello stesso ragazzo che ha avuto fino a quel momento pazienza e ha cercato di non sbandare, a prendere una scorciatoia. Perché non vuole ammettere che ha fallito. O, più semplicemente, perché, quando c'è un fratellino che ha bisogno di medicinali perché è malato o un padre e una madre che non riescono ad andare avanti coi propri mezzi, guadagnare vendendo hashish sembra ben più che un gesto ragionevole. È quasi un atto di giustizia.

Quando incrocio per caso Ibrahim, molti anni dopo il nostro ultimo incontro, capisco subito che per lui la festa è finita da un pezzo. Mi basta guardare in basso: non ha più scarpe firmate, adesso indossa un paio di sneaker consumate e ha lo sguardo di chi ha perso tutto. Mi fa così tanta impressione vederlo in quello stato che quasi passo oltre, preoccupato di imbarazzarlo, ma è lui a fermarmi. È felice di vedermi, gli si illuminano di nuovo gli occhi per un momento, ma subito si

4 **una smentita** Widerruf, Dementi – 4 **millantare (di) qc** mit etw prahlen – 4 **un'assunzione** un impiego (Anstellung) – 5 **vantarsi** lodarsi, mostrarsi orgoglioso (*sich brüsten*) – 7 **innescare** zünden, *qui:* sich anschließen, sich in Gang setzen – 12 **incombere** minacciare (*drohen*) – 16 **sbandare** (vom Weg) abweichen, entgleisen – 16 **una scorciatoia** una strada meno lunga rispetto a quella principale

rabbuia. Ci sediamo su una panchina, vicino a un'aiuola con ciclamini viola e gerani rossi, e mi racconta che è stato arrestato.

«Mi dispiace.»

«Ho fatto due anni e poi sono uscito.»

Capisco da come lo dice che non è stata l'unica volta.

«Ti ricordi la storia della macchina?»

«Certo. L'hai comprata poi?» Glielo chiedo fiducioso, come se, vedendolo così disperato, cercassi di trovare un argomento a favore. È stupido, ma per un momento vorrei dirgli una cosa sciocca tipo: «Be', almeno te la sei goduta».

Mi spiega che stava guadagnando bene, ma si era indebitato per acquistarla. Perché aveva appena mandato altri soldi per aiutare i suoi a Fez, in Marocco. Ha preso troppi rischi, si è esposto. E l'hanno arrestato. Non so bene cosa dirgli ma, neanche fossi don Peppino, provo a incoraggiarlo.

«Hai il permesso di soggiorno, trovati un lavoro, ricomincia,» lo esorto.

Inizia a piangere e non riesce più a parlare.

«Non ci credo, te lo sei venduto?»

Ne ho sentito parlare: so di ragazzi che hanno guadagnato su quello, convinti che tanto sarebbe stato loro rinnovato. Ma la politica si muove veloce, i governi in Italia cambiano continuamente e un cambio di maggioranza parlamentare può significare rubinetti che si aprono o che si chiudono. E in tal caso addio permesso, futuro, vita.

Ibrahim prosegue, piange e ormai non ha più nessuna maschera da indossare. Mi racconta che adesso dorme lungo il Tevere, in una tenda, con altri ragazzi. Conosco il posto e so che è il capolinea.

«E tu, come stai tu? Che fai?» mi domanda, perché vuole che mi trattenga.

«Be', me la cavo.»

1 **rabbuiarsi** *fig* diventare buio – 2 **un ciclamino** Alpenveilchen – 7 **fiducioso** → la fiducia (*Vertrauen*) – 10 **sciocco** dumm, albern, banal – 11 **indebitarsi** sich verschulden – 14 **esporsi** sich bloßstellen – 29 **un capolinea** l'ultima fermata – 31 **trattenersi** einhalten, sich zurückhalten

«Che fai per vivere?»

«Consegno le pizze, vendo bibite all'Olimpico. Vado ancora a scuola. Fra due o tre settimane ho l'esame. Se va tutto bene, divento ragioniere.»

Ride amaro.

«Sai, ci ho pensato a quella cosa. Che insistevo che salissi sul motorino con me. Meno male che quel giorno te ne sei andato.»

«Potevi essere tu a scendere.»

«Lo so. Ci vediamo, ragionier Ehsani.» Si allontana provando a sfottermi come faceva prima. Lo guardo e penso a quanto basti poco, se non hai attorno una famiglia o qualcuno vicino, per cadere a terra e non riuscire più a rialzarti.

Le due o tre settimane passano veloci, sostengo per la seconda volta l'esame di maturità e divento, come dice Ibrahim, il ragionier Ehsani. Non festeggio granché, giusto una pizza con Violeta e un brindisi di sollievo per essere venuto a capo anche di questo. Vorrei essere felice, ma ho sempre l'impressione di trovarmi a metà del guado: come uno che scala una cima e ogni volta si accorge di essere ancora lontanissimo dalla vetta.

Dopo la pizzeria, con Violeta consumiamo le scarpe passeggiando ore e ore nella notte romana, raccontandoci tutto quello che non potremo dirci nelle cinque o sei settimane successive, quando lei sarà in Romania per andare a trovare qualche parente della mamma. Le racconto quello che mi ha detto il mio padrino Eraldo Affinati, i consigli che mi ha dato per continuare a studiare.

«Non è che mi abbia detto quale facoltà scegliere. Però secondo lui ce la posso fare a continuare a studiare.»

«Certo che sì.»

«Ma cosa dovrei fare, secondo te?»

«Che ne so... Tu cosa pensi?»

4 **un ragioniere** (Bilanz)Buchhalter – 16 **un brịndisi** l'atto di alzare i bicchhieri per festeggiare qu/qc – 18 **ẹssere a metà del guado** essere nel momento più difficile di una situazione di passaggio, di transizione – 18 **una cima** la parte più alta (di un monte) – 19 **una vetta** una cima

«Penso che forse è troppo, no?»

«Cosa?»

«Che uno come me vada all'università.»

«Che cavolo stai dicendo! Vuoi che te meno?»

Non scherza, alza il pugno come per colpirmi. Rido.

«Dai, vieni anche tu in Romania. Così la smetti con 'sti pensieri idioti,» prova a insistere Violeta.

Vorrei andarci, anche se temo come al solito che sarei un ospite indesiderato. E soprattutto, prendermi una vacanza è al di là delle mie possibilità: devo lavorare per mettere da parte un po' di soldi e studiare per prepararmi ai test di ammissione. Non sono sicuro di niente, forse lascerò perdere, ma metto come prima scelta la scuola per infermiere e, contemporaneamente, mi iscrivo al test di Giurisprudenza dicendomi che ho già fatto diversi esami di diritto e in caso non dovessi passare il primo potrei provare anche quello. Sembrano due cose molto lontane, ma nella mia testa non lo sono: un avvocato, l'ho visto sulla mia pelle, può aiutare gli altri almeno quanto un infermiere.

Il giorno dopo io e Violeta ci troviamo per l'ultima volta a fare colazione insieme, il suo aereo parte nel primo pomeriggio e, dopo un cornetto e un cappuccino, rimaniamo per qualche minuto abbracciati senza dire niente. Ci salutiamo, penso a quanto mi mancherà e spero sia lo stesso per lei.

Intensifico i turni per le consegne e, quando arriva agosto e la pizzeria chiude, un amico che vuole trasferirsi in Australia mi «passa» il suo lavoro di manovale idraulico. Il mio capo è un italiano di sessant'anni, Manlio, che fa quel lavoro da almeno cinquanta. È un tipo simpatico e, dopo il primo giorno in cui si accorge che non ho il pranzo e divide il suo con me, si fa preparare sempre dalla moglie qualcosa per tutti e due: una pasta in insalata, un panino alla coppa, che lui accompagna sempre con un paio di buoni bicchieri di vino rosso.

11 **un test di ammissione** Aufnahmeprüfung – 27 **un manovale** Hilfsarbeiter, Handlanger – 32 **alla coppa** al prosciutto

Con il passare del tempo mi racconta di lui, dei suoi figli, dei suoi sogni e di come il suo lavoro gli sia sempre piaciuto. Si affeziona molto a me e scopro che anche quello dell'idraulico è un bel lavoro. Dà un sacco di soddisfazione sgorgare un lavandino: arrivi, l'acqua stagna, prendi i vari arnesi, provi con un metodo, magari non funziona, ne provi un secondo, va già meglio, finché trovi la soluzione. E quando l'acqua torna a scorrere sono tutti contenti.

Fra un lavandino e l'altro, il mese di agosto scorre via rapido, la città è calma, c'è poco da fare e ne approfitto per preparare al meglio i test. Li supero entrambi e presento domanda per ricevere una borsa di studio e un alloggio nel campus della facoltà di Infermieristica. Compilo diversi moduli, non ho nessuno a cui chiedere aiuto e quindi procedo in totale solitudine, convinto di aver capito tutto. I moduli sono scritti in una lingua complicata, ci sono alcuni passaggi che mi sfuggono e, anche se mi sento sufficientemente sicuro, mi rimane la sensazione che qualcosa non vada.

Poi, finalmente, in un luminoso pomeriggio di settembre, torna Violeta. Rimango un po' sotto il portone ad aspettarla, con il cuore in gola e un piccolo regalino in mano, ma quando compare mi sembra diversa. Anch'io sono teso, preso dai miei test e dal timore di aver commesso qualche errore. Eppure mi accorgo che c'è qualcosa di strano, qualcosa che mi sfugge, come se in qualche modo trascorrere così tanto tempo lontana da me e vicina alla sua famiglia abbia fatto pendere la bilancia dalla loro parte. Mangiamo un gelato ma abbiamo poco tempo, devo tornare all'università, ai miei moduli di iscrizione. Il campus è enorme, ci sono migliaia di ragazzi che ridono, scherzano, vanno, vengono e nella mia testa regna il caos. Ogni facoltà è piena di dipartimenti, ognuno dei quali ha dei sotto-dipartimenti, delle segreterie dedicate.

È ormai notte quando, dopo la consegna delle pizze, rientro al centro di accoglienza. Mi sdraio sul letto sfinito ma mi prende

4 **sgorgare** durchspülen, reinigen – 21 **col cuore in gola** *fig* mit Herzklopfen

l'angoscia e stavolta non è per via dell'università. Penso a Violeta, ricostruisco il suo atteggiamento, rifletto sulle sue parole. Mi riprometto di chiamarla appena sveglio ma è lei ad anticiparmi. Abbiamo appuntamento per il giorno dopo, ma verso mezzanotte mi scrive che non ce la fa perché si è dimenticata di dover vedere un'amica. Le rispondo ma nel frattempo ha spento il telefono. Lancio il mio sul materasso, non c'è privacy per noi ragazzi e Nunu, il mio compagno di stanza, un afghano come me, non può fare a meno di chiedermi cosa sta succedendo.

«Niente, Violeta... Dai, dormiamo.»

Mi sveglio, torno all'università, giro da un dipartimento all'altro, cerco di non farmi prendere dallo sconforto, e poi sento Nunu che mi propone di fare un giro in motorino. Non ce lo diciamo ma, ovviamente, abbiamo in mente solo una cosa: girare nel quartiere di Violeta, sperando di incontrarla. Mi vede preoccupato e vuole aiutarmi. Passo in rassegna i posti dove di solito andiamo insieme, i bar dove ci sediamo per una Coca o una spremuta. Niente, non la vedo.

Le scrivo di nuovo ma lei non mi risponde. Quando la incontro un paio d'ore dopo, è con un ragazzo. La riconosco da dietro, camminano vicini, parlano. Li raggiungo e per qualche istante procedo accanto a loro senza che mi notino. Finché Violeta mi vede: devo avere una faccia orribile perché ho la sensazione che per la prima volta abbia paura di me. Scendo dal motorino, vado verso il ragazzo.

«Tu chi cazzo sei?» gli chiedo con le stesse parole e lo stesso tono che ho sentito usare migliaia di volte nel centro, ma dagli altri, non da me.

Nei successivi dieci minuti faccio solo sbagli: accuso lei, minaccio lui. Mi comporto male, come un primitivo, sono improvvisamente un ragazzo del centro di accoglienza, un delinquente come tutti pensano che siamo. Nunu mi prende

13 **farsi prẹndere dallo sconforto** perdere il coraggio (*verzagen, sich entmutigen lassen*) – 17 **passare in rassegna** abschreiten

per un braccio per togliermi da lì, mi libero dalla sua presa, torno dal ragazzo, lo insulto e poi per fortuna ho il buon senso di levarmi dai piedi. Non ragiono più, non sono più in grado di accettare che la mia vita sia di nuovo appesa a un filo: dura ma bella con Violeta, insopportabile e disperata senza di lei. In qualche modo la sensazione dei mesi passati di essere uscito da una continua emergenza mi ha tolto quella determinazione che mi ha permesso di non arrendermi mai e ora il pensiero di tornare solo mi toglie il fiato.

Una volta rientrato in università trovo finalmente qualcuno che mi spiega come stanno le cose: ho fatto degli errori. Ho mancato una scadenza e non c'è possibilità per me di ricevere la borsa di studio né di frequentare il corso per infermiere per l'anno che sta per cominciare. Mi dico che per fortuna ho passato il test di Legge, farò quello allora, ma sono a terra. So quanto devo faticare per mantenermi, so che quella borsa mi spettava per i voti buoni che avevo preso e, soprattutto, capisco che ancora una volta partirò in salita.

Mi guardo oggi e vorrei poter dire a quel ragazzo disperato che ogni tanto nella vita le porte si chiudono perché se ne aprono di migliori, che qualcuno, che sia Dio o la buona sorte, ci aiuta. Ma quel ragazzo forse ne ha passate troppe per capirlo e non sa ancora che frequentare Legge sarà la sua grande fortuna.

Rientro a casa spaventato. Annientato. Peggio: vado avanti a comportarmi da stupido. Non ragiono più, di colpo sto affogando nelle sabbie mobili e, invece di stare fermo per non affondare completamente, mi agito come un matto pensando che sia il modo giusto per salvare la pelle. Scrivo a Violeta.

Mi dispiace, scusa… ci vediamo?

Ti prego.

17 **spettare a qu** jdm zustehen – 25 **spaventato** intimidito, scoraggiato – 25 **annientato** distrutto, depresso (→ niente) – 27 **affogare** ertrinken – 27 **la sabbia mọbile** Treibsand – 28 **affondare** untergehen, versinken (→ il fondo)

Ho bisogno di parlarti.

Dai, rispondimi, non volevo, ho sbagliato.

Non sono arrabbiato, ti giuro.

Per diversi minuti vado avanti a scriverle senza ricevere risposta. Potrebbe essere in giro, potrebbe non aver visto i miei messaggi. Ma non ci credo neppure per un attimo, vago nervosamente per la stanza e tengo il telefono in mano come se servisse a farla rispondere subito. Sempre più in paranoia, scrivo e scrivo. La accuso e poi mi pento, precipito in un gorgo ossessivo, fatto di paura di perderla, di terrore che tutto possa essere finito.

Forse è meglio se non ci vediamo più. Anche i miei non vogliono che ci vediamo, ho raccontato quello che hai fatto prima.

Ti prego.

No, basta, mi hai deluso.

Sempre con il telefono in mano vado verso l'armadio, prendo una valigia, infilo dentro qualche vestito, recupero tutti i miei risparmi nascosti in una calza ed esco. Nunu mi guarda stupito.

«Che fai?»

«Niente,» gli rispondo prima di sbattere la porta.

«Alì!» prova a richiamarmi.

Sono fuori di me, corro verso la stazione, ci arrivo con il fiatone e quando sono nell'atrio osservo il tabellone elettronico. Non so esattamente cosa sto cercando, ma quando leggo München Hbf, Stazione centrale di Monaco di Baviera, lo sguardo si ferma: mancano tre quarti d'ora. Non ho nessun piano in mente, ho solo 500 euro in tasca che ho messo da parte e una gran voglia di andarmene. Non so quello che farò, voglio solo ricominciare da zero, mettermi alle spalle tutto questo dolore.

Mi sposto davanti a una bacheca con gli orari stampati, quelli bianchi e gialli con gli arrivi e le partenze, controllo l'orario di

9 **un gorgo** Strudel – 23 **con il fiatone** außer Atem – 32 **una bacheca** Schaukasten

arrivo: 6.10. Sono le 17 e l'idea di poter essere la mattina dopo in Germania, lontano da tutto, mi dà sollievo.

Mi sistemo in coda per prendere il biglietto. Suona il telefono, non rispondo. Non voglio sapere nulla. Fine.

Ci sono ancora due persone davanti a me: una signora digita il pin del bancomat per acquistare il biglietto.

«È sbagliato, signora,» dice la donna dietro al vetro.

«Guardi, sono sicura, questo è il numero. Controlli se il Pos è difettoso.»

«Signora, riprovi per cortesia, è la prima volta che non funziona da stamattina. Se no, ha per caso dei contanti?»

Si mettono a discutere, una dice che l'altra ha torto, mi sposto in un'altra fila ma adesso le persone davanti sono tre.

E il mio telefono suona di nuovo.

«Grazie.»

«Buon viaggio.»

«A lei.»

Manca solo una persona. Controllo i soldi in tasca, una donna dietro di me mi fa segno che mi sta suonando il telefono. Sì, lo so che sta suonando. Perché non lo spengo allora, sembra dire il suo sguardo. Fisso il display.

Non è Violeta.

«Pronto?»

Il treno per Milano è in partenza... recita la voce registrata.

«Dove sei? In stazione?» mi domanda Nunu, dopo un momento di esitazione.

«Voglio andare in Germania, non voglio più tornare.»

«Alì...»

«Cosa?»

«Ascoltami.»

«Devo riattaccare, fra poco tocca a me.»

«Aspettami lì, arrivo. Non partire, ti prego, non partire, non dargliela vinta.»

8 **il Pos, POS** kontaktlose Zahlungsmethode – 33 **dare vinto qc/qu** jdn/etw aufgeben, verloren geben

«Che cosa stai dicendo?»

«Sto dicendo che se molli tutto e scappi diranno che avevano ragione. Che non valevi niente. E che sei un vigliacco.»

«Non importa, non ce la faccio più.»

«Lo so e infatti sto arrivando.»

Rimango ancora per qualche istante in coda, guardo di nuovo il tabellone delle partenze. Tocca a me.

«Dica,» mi chiede l'impiegato dietro il vetro. «Dove vuole andare?» insiste spazientito.

Mi sfilo e rimango in mezzo alla folla, la gente mi passa accanto correndo per non perdere il treno e io mi domando se ho fatto bene o male.

Nunu arriva pochi minuti dopo, veloce come un supereroe.

«Bravo che non sei partito. Vieni, fratello,» dice e mi abbraccia. «Andiamo.»

«Dove?»

«All'università.»

Mi obbliga a pagare la retta, sa che senza quei soldi non posso più partire, mi sta addosso per tutto il pomeriggio. Quando torniamo a casa non sto molto meglio di prima. Ho solo meno rabbia.

Mi chiudo in bagno, mi infilo nella vasca, sprofondo nell'acqua come se potessi decidere di annegare. Non ho più una stilla di energia, vorrei solo scomparire, lasciare questa vita. Non mi importa se deluderò tutti, non mi interessa chiedermi cosa ne penserebbe mio padre. Non c'è, se ne è andato, mi ha lasciato qui da solo ad avere sempre forza, coraggio, determinazione.

Sento Nunu fuori dalla porta, non si muove, sa benissimo quello che mi passa per la testa.

«Apri subito,» mi ordina, ma la sua voce è lontana.

3 **un vigliacco** Feigling, Schwächling – 10 **sfilarsi** uscire da una fila – 18 **una retta** il conto per un pasto – 19 **stare addosso a qu** jdm im Nacken sitzen – 22 **una vasca (da bagno)** Badewanne – 23 **annegare** affogare (*ertrinken*) – 24 **una stilla** Tropfen

Rimetto la testa sott'acqua, le sue grida sono solo un'eco, affondo il capo sempre di più. Schiaccio con le mani la faccia verso il basso: il mio corpo si ribellerà, si chiama istinto di sopravvivenza, funziona così, ma in quel momento penso solo che vorrei andarmene il più velocemente possibile.

«Apri,» urla di nuovo Nunu e questa volta tira un calcio alla porta.

Riemergo di scatto, mi manca il fiato, tossisco fortissimo, esco lentamente dalla vasca. Giro la chiave.

«È finita, Alì, basta. Devi combattere. Dare battaglia. L'hai sempre fatto.»

Non dico niente, ma so che Nunu ha ragione.

20. Chiedilo alle stelle

Negli anni successivi, ogni volta che mi sono sentito prendere dallo sconforto, ogni volta che ho avuto l'impressione di ritrovarmi di nuovo con le spalle al muro, mi sono domandato che cosa ne sarebbe stato della mia vita se fossi partito. Non avevo nessun piano in mente, ma se ci ragiono lucidamente so che il solo disponibile era quello già sperimentato senza successo da Khaled: avrei dato un nome falso e avrei provato a ricominciare da lì, sperando che nessuno risalisse alla mia vera identità dalle impronte. E poi? E poi avrei dovuto imparare il tedesco, integrarmi in una nuova cultura, aprire più spesso l'ombrello, chiudermi più stretta la giacca e comprarmi cappotto e scarpe più pesanti come Hassam.

Ma non è tanto quello che non succede quel giorno a essere importante, quanto una frase di Nunu sulla quale non ho mai smesso di riflettere in tutti questi anni. Quando mi raggiunge alla stazione, con attorno a noi la folla dei romani e dei turisti che si affrettano verso i treni, Nunu mi ricorda un proverbio afghano. Che più o meno dice così: «Quando qualcuno vuole allontanarci o farci del male, ci colpisce sempre nel nostro punto più debole». Che per me è e sarà sempre non avere un padre e una madre.

Nel momento stesso in cui a otto anni ho capito, alcuni giorni dopo la loro morte, che i miei genitori non sarebbero mai più tornati, non ho mai smesso di cercare qualcuno che andasse a colmare questo vuoto. Ho provato in tutti i modi a farmi voler bene, a costruire qualcosa che potesse anche solo vagamente assomigliare a quelle serate attorno a un tavolo. Modesto, non tanto imbandito né apparecchiato, ma intorno al quale regnava amore fra i suoi componenti.

Per qualche anno, ho avuto mio fratello che ha fatto tutto quello che era in suo potere per sostituirsi a loro, per farmi

28 **imbandire** preparare per una festa

sentire meno la nostalgia di papà e mamma. Una volta diventato adulto, perché da bambino pensavo solo a me stesso e a quello che io non avevo, mi sono spesso domandato come facesse Mohammed a reggere a quell'età. Probabilmente ci è riuscito solo perché sperava in un futuro migliore.

Dopo che lui è annegato in mare, per un po' la mia famiglia è stata quella del negoziante turco dove aveva lavorato Mohammed. Non mi hanno fatto mancare niente, ma purtroppo non potevo rimanere: senza documenti sarei sempre vissuto come un fantasma e non avrei mai potuto studiare a Istanbul.

Arrivato in Italia, negli anni successivi, ogni volta che tornavo da una gita di classe, sul pullman pensavo a quanto erano fortunati gli altri ragazzi che avevano un padre e una madre che sarebbero venuti a prenderli. Ricordo benissimo che osservavo i ragazzi che si dicevano: «Uffa, che noia, adesso torniamo a casa, si stava così bene fra noi», ma appena il pullman girava nella via della scuola venivano presi da una strana euforia nel ricongiungersi ai loro cari. Si vergognavano di quella gioia, volevano sentirsi grandi, ma erano così evidentemente felici: cominciavano a cercare fra la massa dei genitori mamma e papà, i fratellini, il cane. Ricordo che, anche quando eravamo via, a Firenze a vedere gli Uffizi o a Venezia sul Canal Grande, ricevevano telefonate.

«Ciao mà, qui è bellissimo.»

«Ciao, pà, te devo racccontà.»

I genitori li chiamavano per sapere se faceva freddo, caldo, se era bello, brutto, se si divertivano e a me non telefonava mai nessuno. Avevano dei soldi, magari anche più di semplici spiccioli, mentre io ero sempre con le tasche mezze vuote. Partivamo per una qualsiasi località e io pensavo a quanto mi sarebbe piaciuto rimanere via per sempre perché in quei giorni di vacanza con la scuola ero finalmente uguale agli altri. Sapevo invece che, di ritorno al centro di accoglienza, nessuno mi

4 **reggere** *qui:* standhalten

avrebbe chiesto dove ero stato anche perché molti non si accorgevano neppure che ero partito. Lì, a due passi dal pullman, osservavo i genitori che abbracciavano i miei compagni e li invidiavo da morire.

La Germania, già il giorno successivo a quella partenza abortita, sembra lontana. Sono in ritardo, non posso più perdere tempo: quando nelle settimane successive inizio a frequentare i corsi di Giurisprudenza è autunno e io, per via dei tre anni supplementari di ragioneria, sono più vecchio anche del più somaro dei ripetenti. La maggior parte dei ragazzi ha diciannove anni e io ne ho ventidue: molti si conoscono fra loro, altri si chiudono in gruppi, tutti sembrano faticare moltissimo a gestire il passaggio dalle superiori all'università. Non sono solo i libri a essere più grossi, scritti più fitti e senza figure. Sono i corridoi lunghissimi in cui è difficile trovare le aule giuste, i dipartimenti sparpagliati su un campus vastissimo. Anche i ragazzi mi sembrano diversi: me li aspettavo più aperti di quelli delle superiori ma al contrario sono più chiusi e quando non riesco a fare amicizia con gli italiani decido di fare squadra con gli stranieri. Una ragazza francese a Roma con il progetto Erasmus, pazza dell'Italia e della pasta cacio e pepe, un ragazzo congolese ricco che ha nostalgia di casa e ha un appartamento tutto suo, una studentessa iraniana timida che indossa il velo.

Sono di nuovo ai piedi della montagna, la cima sopra la mia testa è lontanissima e, quando imbocco la salita, attraverso l'ennesima fase durissima della mia vita. Violeta si nega, non ha voglia di parlarmi né di ascoltarmi e io devo fare davvero i salti mortali per non disperarmi, concentrarmi sul lavoro e, contemporaneamente, non rimanere indietro nelle lezioni. Certe mattine vorrei arrendermi, tanto sono stanco, svuotato.

6 **abortire** *qui:* fallire – 10 **somaro** ≠ intelligente, sapiente – 10 **un ripetente** chi ripete una classe – 14 **fitto** dicht, eng, voll – 16 **sparpagliare** verstreuen – 24 **indossare** portare, vestirsi di

Spio fuori dalla finestra, penso che potrei prendere il sole, Roma è così bella quando c'è il cielo azzurro, potrei sedermi su una panchina in un parco come molti miei compagni di sorte e aspettare che faccia sera. Rubacchiare qualcosa per procurarmi il pranzo e poi tornare al centro di accoglienza per cenare. Ma invece mi tiro su dal letto perché, anche se una famiglia non ce l'ho, loro sono con me. Ogni sera, quando mi corico, c'è sempre mio fratello, o mio padre, o mia madre, parlo con loro. Mi chiedono cosa ho fatto, e come potrei raccontare che sono diventato un perdigiorno?

Arriva Natale e io, dopo tre anni a casa di Violeta, comincio a prepararmi a essere di nuovo solo per le feste. Compro comunque dei regali per lei e la sua famiglia, spendo più di quello che posso sperando che serva a fare una buona impressione, li consegno in portineria intorno al 20 del mese e poi aspetto. La mattina della vigilia mando a tutti un sms di auguri: Violeta mi risponde, mi ringrazia e mi augura un buon Natale, ma non ricevo nessun invito a cenare con loro. Capisco che mi sono solo illuso, che ho creduto di essere in uno di quei film infantili in cui in prossimità del Natale i problemi si risolvono. Passo quindi dalla pizzeria e chiedo, anzi, imploro di poter lavorare quella sera.

«Chi è che mangia la pizza il 24 dicembre?» mi chiede il mio capo vagamente infastidito. «Ma non ce l'hai qualcuno, una famiglia...» sembra domandarmi il suo sguardo. No, non ce l'ho. Appunto.

Provo a studiare ma non ce la faccio, esco, salto sul motorino e comincio a girare per la città. Mi dirigo verso il centro di Roma ma continuare a vedere gente allegra, nuclei familiari che si infilano nei portoni dopo aver urlato «Buon Natale» nel citofono e bambini che scendono correndo dalle automobili e parlano di quello che sperano di ricevere mi fa soffrire. È troppo, vado

10 **un perdigiorno** Taugenichts (→ perdere, → un giorno) – 24 **infastidito** verärgert – 30 **un citofono** Sprechanlage

verso Roma est, parcheggio in una zona che conosco e dove so che non incontrerò nessuno. C'è un grande prato, isolato, anche se è la notte di Natale non fa freddo per niente. Mi tolgo la giacca, la appoggio a terra per proteggermi dall'umidità e mi ci sdraio sopra. Faccio pensieri strani, tristi, disperati. Penso che mi manca una famiglia. Che le ragazze fanno soffrire. Che è meglio non averle. Guardo il cielo, c'è solo una stella, a tratti piango, mi addormento sull'erba, mi sveglio singhiozzando. Mi alzo, torno a girare sul mio motorino, io e lui, a farci coraggio l'uno con l'altro nella notte del Natale romano.

Un giorno di qualche tempo dopo Violeta torna da me, anche se da sola: il mio rapporto con la sua famiglia non si ricuce più ma almeno siamo di nuovo insieme. Non ci diciamo niente, non c'è nulla che debba essere spiegato: torniamo a camminare per le strade di Roma e a tenerci vicino l'uno all'altra.

Nel frattempo, supero il primo esame di Diritto contando sul fatto che alcune cose le ho già studiate a Ragioneria: prendo 25/30 e capisco che non devo scoraggiarmi perché anche questa volta ce la farò. Ma è durissima: trascorro ore a cercare di capire il senso di singole frasi, consulto il vocabolario come se fossi sbarcato in Italia da un mese e non da quasi dieci anni, ripeto le lezioni registrandole e poi la sera, quando vado a dormire, le riascolto finché non mi addormento. Combatto per avere una borsa di studio, farmi assegnare una stanza nello studentato ma per tutto il primo anno sono sempre al centro di accoglienza. I ragazzi mi prendono in giro, ridono dei miei libri e della mia voce nelle cuffie che spiega il diritto di proprietà o il numero di deputati in parlamento.

È una corsa contro il tempo. Nelle settimane in cui mi avvicino agli esami, centellino le ore di lavoro come fattorino per non sottrarre tempo allo studio. Mi presento agli appelli con il cuore in gola e il portafoglio vuoto e con in testa l'idea

12 **ricucire i rapporti con qu** *fig* die Beziehungen zu jdm wiederherstellen – 27 **una cuffia** Kopfhörer – 30 **centellinare** auskosten

che un'ora dopo dovrò pensare a come raggranellare velocemente qualche soldo. Con Violeta cerco di non parlarne, già sono poco presente per via di tutti i miei impegni e nelle poche ore che abbiamo per noi evito di caricarla dei miei problemi economici. Ma quando torno a casa, spesso trovo nelle tasche banconote da dieci o da cinque, oppure monete da due euro. Capisco che me li infila lei di nascosto per non mettermi in imbarazzo e impedirmi di rifiutare. Un giorno le dico che me ne sono accorto, lei prima fa la finta tonta, poi ride: le prometto di restituirglieli e ogni volta lo faccio.

Ogni tanto mi chiama Eraldo, il mio professore, mi invita fuori a mangiare una pizza e mi chiede come vanno le cose. È come se avesse un sesto senso per quando sono a terra: ci incontriamo e quando rientro a casa ho di nuovo la forza di riprendere a studiare e lavorare.

«Hai finito gli esami del primo anno, bravissimo!» mi dice a settembre del 2013, quando gli mostro orgogliosamente il mio libretto.

«Sai, professore, mi hanno dato una stanza alla Sapienza,» gli racconto. Sono felice: avere finalmente uno spazio mio in un mondo meno violento, meno rabbioso di quello dei centri di accoglienza, è un enorme sollievo per me.

«Bravo, non mollare,» mi incoraggia lui.

«Non mollo, professò, non mollo.»

Un giorno, nell'estate del 2014, Eraldo mi telefona: ha raccontato per caso la mia storia a una giornalista del «Corriere della Sera» e adesso lei mi vuole incontrare. Dice che la mia storia l'ha colpita tanto per come è cominciata ma soprattutto per come sta proseguendo: con l'università, gli esami, una futura possibile laurea.

Non so cosa aspettarmi ma, ovviamente, accetto subito di vederla. Ci diamo appuntamento in un bar vicino a piazza di

1 **raggranellare** zusammenkratzen, zusammenkriegen – 9 **fare la finta tonta** sich dumm stellen – 19 **La Sapienza** un'università statale italiana a Roma; una delle più antiche università del mondo

Spagna, chiacchieriamo, mi chiede di me, di come sono arrivato in Italia, di cosa vorrei fare nella vita, se sono felice a Roma. Due giorni dopo mi chiama, l'articolo è uscito anche sul web e mi manda il link. Lo leggo eccitato, c'è una foto che le ho dato io, fatta con il telefono, non è un granché ma perlomeno sorrido e ho l'aria ottimista. La giro a Violeta, lei ride, dice che sto già cominciando a tirarmela.

«Come con quella storia che volevi andare in Germania. Solo per darti importanza.»

«Non è vero,» le rispondo, e so che non sto mentendo.

«Anzi, lo so perché volevi andare: perché ti piacciono le bionde...»

Ridiamo, questo articolo ci mette di buon umore e fra noi sembrano tornati i tempi migliori.

È estate e io, come al solito, sto lavorando come assistente idraulico. Sto sistemando l'allaccio di una tubatura quando sento il telefono vibrarmi in tasca. Controllo chi è, leggo sul display «prof. Eraldo». Vado avanti con quello che devo fare e lo richiamo in pausa, convinto che voglia farmi i complimenti per l'articolo e, come suo solito, prendermi anche un po' in giro. Fa effettivamente un paio di battute sul pezzo del «Corriere» e poi si fa serio e mi parla di una cosa. Dice che all'improvviso sembra che tutti lo chiamino per sapere di me. Dopo la giornalista, l'ha cercato uno da Milano, una persona molto generosa che da anni aiuta persone in difficoltà che giudica meritevoli: padri di famiglia che hanno perso improvvisamente il lavoro e non sono più riusciti a sostenere i propri cari, vittime di qualche incidente dal quale non riescono più a risollevarsi. Insomma, bisognosi. Non ama mettersi in mostra come benefattore, ma la voce su quello che fa si è sparsa e a Milano molti lo chiamano l'Angelo invisibile.

7 **tiṛarsela** sentirsi importante – 16 **un allaccio** Anschluss – 16 **una tubatura** Rohrleitung (→ un tubo) – 26 **meritẹvole** verdienstvoll – 28 **risollevarsi** rialzarsi, rielevarsi

«Dice che ti vuole incontrare,» conclude Eraldo. «È rimasto impressionato dall'articolo e vuole conoscerti. Si farà sentire lui.»

Due ore dopo sono al telefono con questo signore, che si presenta come Andrea anche se non credo sia il suo vero nome. Lui è straordinariamente gentile e io incredibilmente imbarazzato. Dice che al momento è all'estero ma che sarà a Milano nel giro di tre o quattro giorni. Mi domanda quando posso esserci per prenotarmi il treno. Chiedo un permesso al mio capo idraulico e due giorni dopo sono sul Frecciarossa.

Mi siedo in un posto in prima classe o qualcosa del genere, quello che so per certo è che gli altri passeggeri attorno a me sono tutti molto eleganti e che mi vengono offerti una bibita e uno snack. Tre ore dopo ci incontriamo con Andrea nella piazza della stazione, è la mia prima volta a Milano e la città mi sembra incredibilmente tranquilla e ordinata rispetto a Roma. Più simile alla Svezia che alle altre città italiane dove sono stato. Andrea è affettuosissimo, mi porta a pranzo in un bel ristorante, mi racconta di quanto l'ha colpito la mia storia e di quanto ammira gli sforzi che ho fatto.

Lo dice ed è come se me ne rendessi conto anch'io in quello stesso momento: non riesco a dire nient'altro che «Grazie, grazie, lei è molto gentile».

«Dammi pure del tu.»

Mi fa tante domande sul mio passato, cerca di capire quello che mi è successo e poi mi spiega un po' di sé: dice che suo padre ha lavorato tutta la vita, che ha guadagnato tantissimo e che fino a qualche anno prima anche lui ha fatto lo stesso. Per poi rendersi conto all'improvviso che stava buttando via la sua vita e che non sapeva nemmeno cosa farsene di tutti quei soldi. Mi spiega che ha creato una fondazione, che ha cominciato a studiare alcuni casi, italiani o stranieri, di persone che meritano di essere aiutate e che lui mette nelle condizioni di superare le difficoltà. Mi parla di miseria, di disperazione, di padri che non

10 **il Frecciarossa** treno italiano di alta velocità – 20 **uno sforzo** Anstrengung, Mühe, Kraft

ce la fanno più a pagare l'affitto, di madri che non riescono a mantenere i figli. Mi chiede del mio lavoro, gli spiego dello stadio, gli dico che nel frattempo da bibitaro sto diventando steward sugli spalti ma che lo studio mi impegna molto e fatico a guadagnare più di 250 euro al mese.

«Ti do io quello che ti serve,» mi dice, e a me, grazie a lui, sembra di vivere in una favola. «Mi dai il tuo numero di conto e ti faccio ogni mese un bonifico finché non finisci il triennio, d'accordo?»

Lo guardo a bocca aperta. Non so cosa dire, come ringraziarlo. Mi domando se posso accettare.

«Ok?» chiede lui.

«Ok, certo, ok.»

«Scrivimi l'iban appena sei a casa.»

Apre una borsa e mi mostra un computer portatile ultimo modello. Dice che adesso è mio e che nella custodia ci sono anche dei soldi per aiutarmi in queste settimane.

Ci salutiamo e in treno sono come sotto choc. Riesco solo a pensare a quanto è strana la mia vita in cui a dolori grandissimi seguono sempre incontri straordinari. I miei che muoiono e mio fratello che diventa tutto per me; mio fratello che perde la vita nel Mediterraneo e la famiglia turca che mi salva. La famiglia di Violeta che non mi vuole più vedere e Andrea che mi telefona e, proprio come un angelo, mi dà la forza e il sostegno per arrivare in cima.

Scendo alla stazione, mi viene a prendere Violeta, le racconto quello che è successo a Milano e quasi non ci crede. Per me è lo stesso, non mi sembra possibile. Non diminuisco il mio impegno neanche per un giorno, quando ricevo il primo bonifico non me ne capacito e vado avanti a non crederci neanche nei due anni successivi. Ogni volta mi dico che non

3 **un bibitaro** venditore di bibite – 8 **un triennio** *qui:* un periodo di studio di tre anni – 30 **un bonifico** (Bank)Überweisung – 30 **non capacitarsene** etw nicht fassen können (→ capace, una capacità)

devo dare nulla per scontato, non mi siedo né mi adagio. Quello che mi è successo è una specie di miracolo e so che devo solo ringraziare Andrea se riesco a finire l'università e se incontro chi mi aiuterà a raccontare la mia storia in un libro. Ogni tanto qualcuno dice che me lo sono meritato, ma io non riesco a non pensare a tanti altri ragazzi come me, ragazzi con grandi sogni che non hanno avuto la mia stessa fortuna.

So che non è mai finita, so che le persone che ho perso non torneranno mai più ma, allo stesso tempo, nei mesi successivi, per la prima volta dal giorno della morte dei miei genitori, mi sento come quegli alpinisti che vedono profilarsi la vetta e sanno di essere a un passo da poter fare una fotografia in cima. Poi bisognerà scendere, non bisogna abbassare la guardia: ma quello che è stato fatto è un gran bel pezzo di strada.

1 **dare qc per scontato** etw als gegeben hinnehmen – 1 **adagiarsi** mettersi comodo, sdraiarsi, lasciarsi andare – 12 **ẹssere a un passo da qc** einen Schritt von etw entfernt sein – 13 **una guardia** Wache, *qui:* Wachsamkeit

Epilogo

I sogni, quelli grandi

E poi? E poi sono arrivati nuovi incontri, altre persone che mi hanno aiutato, qualcuno che mi ha ostacolato, il mio amico Hassam che non ho mai perso e che finalmente è venuto a trovarmi a Roma dalla Svezia. Sono arrivati la laurea, un lavoro, un libro e tante altre cose. Ma, nonostante siano ormai trascorsi molti anni e la mia vita abbia preso direzioni nuove, non dimentico da dove arrivo e non do mai per scontati i sacrifici e le rinunce che la gente continua a fare per me.

Qualche tempo fa, in un piccolo centro dell'Italia del sud, un libraio mi ha invitato a raccontare la mia storia e, dopo una chiacchierata con dei lettori nel suo negozio, mi sono accorto che era in imbarazzo. Era tardi, avevo un gran sonno e tanta voglia di andare a dormire.

«Ci siamo quasi,» mi ha detto per strada il libraio, ma sentivo che c'era qualche problema. Era a disagio, ha cominciato a scusarsi, a dirmi che ci aveva tenuto tanto a invitarmi ma che purtroppo non poteva permettersi di offrirmi altro che una stanza in una pensione molto semplice.

«Ma sei matto!» gli ho detto. «Va benissimo. Se vuoi dormo direttamente da te sul divano.»

Un'altra volta, invece, ero in un posto molto chic, con in bagno le saponette profumate e per colazione i croissant appena sfornati, e ho pensato a quanto mi sarebbe piaciuto raccontarlo a mio fratello, regalargli una notte tra quelle lenzuola pulite e goderci insieme tutto quel lusso.

Nonostante il pomeriggio in cui ci siamo salutati per l'ultima volta sia ormai lontanissimo, il dialogo, immaginato o sognato,

4 **una laurea** italienischer Hochschulabschluss – 23 **sfornare** tirare fuori da un forno

con mio fratello Mohammed non si è mai interrotto. Nei miei pensieri e nei miei sogni è come se lui non se ne fosse mai andato: ho dimenticato il nome di mio padre, non saprei ricostruire il viso di mia madre, ma mio fratello mi è rimasto sempre accanto. È un interlocutore quando cerco conforto per certe mie sensazioni, un consigliere se mi sento smarrito, un compagno ogni volta che ho bisogno di protezione. Dicono che dopo i tre o quattro anni si dovrebbe smettere di avere un amico immaginario come fanno i bambini ma, insomma... io ho lui, che è ben più di un amico immaginario, e non intendo rinunciarci!

A volte Mohammed ha lo stesso viso da ragazzino di quando, a Istanbul, l'ho visto partire verso il mare con il canotto. Altre volte è sposato, ha dei figli, è felice.

Mi sento spesso come un ladro nei suoi confronti, come uno che gli ha portato via quello che avrebbe potuto essere suo. Non posso fingere di non sapere che, se fosse andato avanti da solo, senza dover badare a me, probabilmente ce l'avrebbe fatta. Avrebbe trovato la ragazza che desiderava tanto, conquistato la serenità di poter entrare in un bel ristorante senza vergognarsi e la felicità di guardare con orgoglio quello che era riuscito a diventare.

Sono cose che invece ha voluto donare a me, coscientemente, e che io ho potuto vivere grazie al suo amore fraterno, che ha prevalso su tutto. E anche se qualcuno ha provato a dirmi che devo esserne felice perché lui lo sarebbe stato per me, ciò non toglie che, pur se tanto generoso, sono sicuro che sperasse di trovare una piccola porzione di gioia anche per sé.

Per un po', già a Roma, già grandicello, ho accarezzato una specie di fantasia: che fosse sopravvissuto, che si fosse salvato ma che avesse perso il telefono e non fosse più riuscito a mettersi in contatto con me. Ci ho sperato tanto, pur di poterlo rivedere anche solo un'ultima volta per ringraziarlo e per dirgli

25 **prevalere** valere di più, avere maggiore importanza, dominare – 29 **grandicello** abbastanza grande

che ho capito la sua fatica, il suo tentativo disperato di raggiungere la Grecia con quei mezzi di fortuna, persino la severità o le rare sberle con cui ha cercato di trasformare il piccoletto piagnucoloso che ero in una persona forte e in grado di cavarsela da solo. Avrei tanto voluto raccontargli di quando ho guadagnato i miei primi mille euro, e che sapesse che ho compreso l'enormità del dono che mi ha fatto.

Qualche tempo fa ho fatto un sogno. Nitido. Limpido.

Io e Mohammed eravamo a Istanbul, seduti su una collinetta da cui si vedeva il mare, e guardavamo quelle stesse onde che se lo sarebbero portato via solo pochi giorni dopo. Lui sembrava più grande di come me lo ricordavo, più uomo, mentre io avevo l'aspetto di quell'epoca: un bambino con addosso una maglietta rossa un po' troppo grande e un paio di pantaloncini a righe. Quel mio io ancora bambino, però, nel sogno sapeva le cose che so adesso.

«Alì, ce l'hai una ragazza?» mi ha chiesto mio fratello. Il mare era leggermente mosso e lui fissava le increspature sulle onde senza guardarmi, come se fosse curioso ma non volesse darlo troppo a vedere.

«Sì, ce l'ho.»

«È bella?»

«Sì.»

«E come l'hai conosciuta?»

«A scuola.»

«Sei sempre stato un po' imbranato.»

«Perché?»

«Perché quelli imbranati le trovano a scuola...» ha scherzato nel suo solito modo.

«Lavori?»

«Sì.»

«Bravo... Te la sei fatta una macchina?»

3 **una sberla** Ohrfeige – 4 **piagnucoloso** weinerlich, quengelig (→ piangere) – 8 **nịtido** chiaro, preciso – 8 **lịmpido** chiaro – 18 **un'increspatura** Kräuselung

Sono rimasto un momento interdetto.

«Lo sapevo... non ce l'hai.»

«Sei deluso?»

«Avrei voluto che mi portassi a fare un giro.»

«Ti ci porterò.»

Si è zittito per un po' ma poi, all'improvviso, mi ha chiesto una cosa che era chiaro che gli girava per la testa, stava solo aspettando di trovare il tono e il momento giusto.

«Alì, ci ho pensato tanto... Dimmi, era come sognavamo che fosse? Ne valeva davvero la pena?»

Capivo quanto quella domanda fosse importante per lui, perciò ho messo bene in ordine le idee e ho cominciato a raccontargli.

Gli ho spiegato che non è stato semplice come ci eravamo immaginati. O come lui mi aveva promesso. Che anche in Europa la vita è dura, non è facile neanche per chi ci è nato, che bisogna lottare e non arrendersi mai.

«Si incontrano persone buone e cattive, come ovunque.»

Mohammed ascoltava attento, ma aveva l'aria preoccupata. Non sembrava soddisfatto del mio racconto.

Allora ho lasciato che fosse il cuore a parlare e gli ho detto di quanto sono belli i tramonti sul Tevere e le lunghe passeggiate ai Fori imperiali e di come mi sento felice quando cammino con la mia ragazza per le strade di Roma nelle luci della sera. Gli ho raccontato che, dopo anni, sono riuscito a viaggiare un po', gli ho descritto quanto è meravigliosa l'Italia: la Puglia, la Sicilia, Napoli, Cagliari, Venezia, Firenze...

Mohammed non smetteva di fissarmi, muto, e continuava ad ascoltarmi.

Gli ho spiegato che, dove sto ora, i ragazzi e le ragazze possono uscire insieme liberamente, innamorarsi e lasciarsi, e indossare i vestiti che vogliono.

Gli è scappato un sorriso, ma è tornato subito serio.

6 **zittirsi** tacere, non dire (più) niente

«Sai, Mohammed,» ho continuato, «era vero quello che dicevi.»

Non si era sbagliato: in Europa si può essere più liberi. Liberi di pensare, di scegliere, di essere felici. Non solo: uno può persino baciare la propria ragazza per strada, davanti a tutti.

«Giuro,» ho concluso, guardandolo fisso negli occhi.

Sembrava finalmente soddisfatto, forse stava pensando ai baci, o ai tramonti, o alla macchina con cui un giorno sarei andato a prenderlo. Non ne ero certo, ma so che la sua bocca si è aperta in un sorriso.

«Bene, bene, sono contento, Alì. Sei stato davvero bravo.»

«Perché?»

«Perché ci hai creduto.»

«A cosa?»

«Ai sogni. Quelli grandi. Quelli che non devi mai smettere di fare.»

Mi ha guardato un'ultima volta, come per accertarsi che avessi capito, e si è alzato di scatto. Si è allontanato di pochi metri ma poi, improvvisamente, si è girato verso di me ed è scoppiato a ridere. Fortissimo, da non riuscire a camminare dritto, da fare fatica a stare in piedi.

Anch'io ho accennato un sorriso, e intanto lui rideva. Mi guardava e rideva, rideva con le lacrime agli occhi, rideva tenendosi la pancia, finalmente pazzo di gioia.

18 **di scatto** improvvisamente, d'un tratto

Ringraziamenti

Senza l'aiuto e l'affetto di alcune persone speciali, questa sarebbe stata una storia completamente diversa. Un ringraziamento di cuore, scusandoci in anticipo nel caso ci fossimo dimenticati qualcuno, va quindi a Silvia Costa, Pierluigi Bartolomei e tutto lo staff delle scuole elis, Giulio Corrado, Giovanna Razzano, Antonio, Ella e Luca Femiano, Violeta Ivan, Elisa Bertoli, Don Robin Weatherill, Maria Grassi, Pino Pascullo, Marina Leone, Mara Graziano, Catalin Blaj, Elena Grippa, Carmen Deiana, Lucio Fumagalli, Francesca Maiorano, Maria Cataldo, Valentina Critarolo, Cinzia Tedeschi, Pasquale Donvito, Fabrizio Pellizzari, Pierpaolo Campostrini, Enrico Campofreda.

Desideriamo inoltre dire grazie a chi ha creduto alla nostra voglia di raccontare questa storia e ci ha aiutati a diffonderla: dai librai agli insegnanti, dagli educatori alle associazioni. Un sentito grazie va a Lamberto Bertolé, Barbara Molinario, François e Matteo de Brabant e il nostro editore francese Belfond, nella persona di Carine Verschaeve, che si sono spesi in prima persona per far circolare e promuovere il più possibile le tematiche affrontate.

Infine la nostra più profonda riconoscenza va a tutto lo staff della Feltrinelli per la dedizione, la passione e la competenza con cui hanno accompagnato il nostro lavoro.

Abbreviazioni e simboli

f	*femminile*
fam	*familiare*
fig	*figurato*
jdm	jemandem
jdn	jemanden
m	*maschile*
qc	qualcosa
qu	qualcuno
volg	*volgare*
≠	contrario di
→	rimanda a un vocabolo della stessa famiglia